职业院校
汽车类"十二五"规划教材

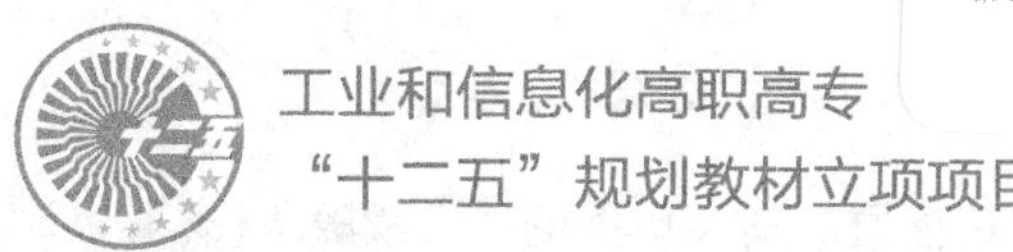

工业和信息化高职高专
"十二五"规划教材立项项目

汽车文化（第2版）

Automobile Culture (2nd Edition)

◎ 王丽霞 刘金华 主编
◎ 杨建新 周立香 朱艳丽 李钢 副主编

人民邮电出版社
北京

图书在版编目（CIP）数据

汽车文化 / 王丽霞，刘金华主编. -- 2版. -- 北京：人民邮电出版社，2014.12（2019.12重印）
职业院校汽车类“十二五”规划教材
ISBN 978-7-115-38263-4

Ⅰ. ①汽… Ⅱ. ①王… ②刘… Ⅲ. ①汽车－文化－高等职业教育－教材 Ⅳ. ①U46-05

中国版本图书馆CIP数据核字(2015)第035447号

内容提要

本书主要内容包括汽车发展历程、汽车构造、汽车外形与色彩、知名汽车公司及其车标、汽车消费与服务、汽车名人、赛车运动、新能源汽车及智能汽车和汽车新技术等。这些内容让读者在汽车的历史长河里徜徉，感受着汽车产业的迅速发展、强大，以及汽车给人们带来的诸多好处。本书注重汽车文化与各专业课程的相互衔接，以及知识和趣味的相互融合，图文并茂，再现了汽车的百年历史。

本书可作为高职高专院校汽车技术服务与营销及相关专业的教材，对于热爱汽车的人来说也是一本很好的读物，同时也可作为汽车相关行业人员、汽车技术学校的培训用书。

◆ 主　　编　王丽霞　刘金华
副 主 编　杨建新　周立香　朱艳丽　李　钢
责任编辑　刘盛平
执行编辑　王丽美
责任印制　杨林杰

◆ 人民邮电出版社出版发行　北京市丰台区成寿寺路11号
邮编　100164　电子邮件　315@ptpress.com.cn
网址　http://www.ptpress.com.cn
固安县铭成印刷有限公司印刷

◆ 开本：787×1092　1/16
印张：12.5　2014年12月第2版
字数：314千字　2019年12月河北第10次印刷

定价：29.80元

读者服务热线：(010)81055256　印装质量热线：(010)81055316
反盗版热线：(010)81055315

第 2 版前言

汽车不仅是交通工具和运输工具的代名词，更重要的是它给人们的日常生活和工作带来很多便利，还被赋予了很多文化内涵。多年来高职高专院校都把对学生开展汽车内涵教育当成一门对汽车知识的普及和拓展课程。

为了帮助高职高专院校的教师更好地、更系统地讲授这门课程，作者于 2010 年编写的《汽车文化》一书自出版以来，受到了众多高职高专院校的欢迎。全书按照人们对汽车的认知习惯和兴趣爱好进行编排。内容综合实际教学，运用大量图片，使读者从感官上认识汽车的构造、外观，了解和汽车相关的人。为了更好地满足广大高职高专院校的学生对汽车文化知识学习的需要，作者结合近几年的教学改革实践和广大读者的反馈意见，在保留原书特色的基础上，对教材进行了全面的修订，这次修订的主要内容如下所述。

- 对本书第 1 版中所存在的一些问题进行了校正和修改。
- 对本书中涉及的新车型、新政策、新事件进行了更新，内容与时俱进。
- 对本书中配有的车型图片进行了更新，无论在车的颜色方面还是车的外观方面都尽量去吸引读者的眼球，提高鉴赏能力。
- 增加了故事赏析部分，激发读者的学习兴趣。
- 进一步贴近人们的生活、切合学校对人才培养的需求，增加了很多新车型、新事件。

在本书的修订过程中，作者始终贯彻“人们对汽车历史、汽车发展及世界上和汽车相关的人和事等问题”这个思路进行内容组织、编写和修改，通过 8 个部分的呈现来解决对汽车文化内涵的理解和讲、说、读能力的培养。

修订后的教材，内容比以前更具针对性、实用性和时效性，叙述更加准确、通俗易懂和简明扼要，这样更有利于教师的教学和读者的自学。为了激发读者的阅读兴趣，本书每章结束还附有与汽车和车标相关的人和事的小故事，增强学生对汽车的喜好和了解，提高学生对汽车的鉴赏能力，满足汽车爱好者了解汽车技术概况的愿望。

本书的参考学时为 66 学时，各部分的参考学时参见下面的学时分配表。

章　节	课 程 内 容	学 时 分 配
第 1 章	汽车发展历程	4
第 2 章	汽车基础知识	10
第 3 章	汽车外形与色彩	4
第 4 章	汽车公司及其车标	20
第 5 章	汽车消费与服务	12
第 6 章	汽车名人	8
第 7 章	赛车运动	4
第 8 章	新能源汽车及智能汽车	2
第 9 章	汽车新技术	2
课时总计		66

本书由长春职业技术学院王丽霞、刘金华任主编，杨建新、周立香、朱艳丽、李钢任副主编。参加本书编写的还有陈霞、毕然、曲雪苓、马天博、崔宁、修丽娜。

本书在编写和修改过程中，查阅了大量的网上资料和图书，利用了很多汽车文化教学资源，在此对相关作者一并表示感谢。

由于编者水平有限，书中难免存在疏漏之处，恳请广大读者批评指正。

编　者

2014年9月

目　录

第 1 章　汽车发展历程 …… 1
1.1　世界汽车发展史 …… 1
1.1.1　汽车及汽车的诞生 …… 1
1.1.2　汽车的发展 …… 5
1.2　中国汽车发展史 …… 8
1.2.1　新中国成立前的汽车业 …… 8
1.2.2　新中国汽车工业 …… 9
复习思考题 …… 12
故事赏析 …… 12
第 2 章　汽车基础知识 …… 14
2.1　汽车分类 …… 14
2.1.1　根据汽车的结构分类 …… 14
2.1.2　根据汽车的用途分类 …… 15
2.1.3　根据汽车的设计理念分类 …… 16
2.1.4　国家标准规定的汽车分类 …… 19
2.2　汽车基本构造 …… 23
2.2.1　汽车的总体构造 …… 23
2.2.2　发动机 …… 24
2.2.3　汽车传动系统 …… 26
2.2.4　汽车行驶系统 …… 27
2.2.5　汽车转向系统 …… 29
2.2.6　汽车制动系统 …… 30
2.2.7　车身及附属设备 …… 31
2.3　汽车基本行驶原理 …… 35
2.3.1　汽车行驶的基本概念 …… 35
2.3.2　汽车行驶的阻力 …… 35
2.3.3　汽车的使用性能 …… 37
2.3.4　汽车的使用寿命 …… 42
复习思考题 …… 42
故事赏析 …… 42
第 3 章　汽车外形与色彩 …… 45
3.1　车身外形的完善 …… 45
3.2　汽车色彩 …… 47
3.2.1　汽车色彩的含义 …… 47
3.2.2　汽车色彩与安全 …… 50
3.2.3　汽车色彩的变迁 …… 50
3.2.4　汽车色彩的应用 …… 51
复习思考题 …… 52
故事赏析 …… 52
第 4 章　汽车公司及其车标 …… 54
4.1　美国汽车公司及其车标 …… 54
4.1.1　福特汽车公司 …… 54
4.1.2　通用汽车公司 …… 55
4.1.3　克莱斯勒汽车公司 …… 56
4.2　德国汽车公司及其车标 …… 57
4.2.1　奥迪汽车公司 …… 57
4.2.2　宝马汽车公司 …… 58
4.2.3　大众汽车公司 …… 58
4.2.4　戴姆勒—奔驰汽车公司 …… 59
4.2.5　保时捷汽车公司 …… 60
4.3　日本汽车公司及其车标 …… 61
4.3.1　丰田汽车公司 …… 61
4.3.2　日产汽车公司 …… 61
4.3.3　三菱汽车公司 …… 62
4.3.4　本田技研公司 …… 63
4.3.5　日本其他汽车公司 …… 63
4.4　法国汽车公司及其车标 …… 64
4.4.1　标致—雪铁龙集团 …… 64
4.4.2　雷诺汽车公司 …… 65
4.5　英国汽车公司及其车标 …… 66
4.5.1　劳斯莱斯汽车公司 …… 66
4.5.2　捷豹汽车公司 …… 66
4.6　意大利汽车公司及其车标 …… 67
4.6.1　菲亚特汽车公司 …… 67
4.6.2　阿尔法·罗密欧公司 …… 68
4.6.3　蓝旗亚汽车公司 …… 68
4.6.4　兰博基尼汽车公司 …… 69
4.6.5　法拉利公司 …… 69
4.7　韩国汽车公司及其车标 …… 70
4.7.1　现代汽车公司 …… 70

4.7.2 大宇汽车公司 …… 70
4.7.3 起亚汽车公司 …… 71
4.8 瑞典汽车公司及其车标 …… 71
4.8.1 萨博汽车公司 …… 71
4.8.2 斯堪尼亚汽车公司 …… 72
4.8.3 柯尼塞格汽车公司 …… 72
4.9 中国汽车公司及其车标 …… 73
4.9.1 中国第一汽车集团公司 …… 73
4.9.2 东风汽车公司 …… 74
4.9.3 上海汽车工业（集团）总公司 …… 75
4.9.4 天津一汽夏利汽车股份有限公司 …… 75
4.9.5 中国重型汽车集团有限公司 …… 76
4.9.6 北京汽车工业控股有限责任公司 …… 76
4.9.7 浙江吉利控股集团有限公司 …… 77
4.9.8 奇瑞汽车股份有限公司 …… 78
4.9.9 华晨金杯汽车有限公司 …… 78
4.10 汽车命名典故 …… 79
复习思考题 …… 80
故事赏析 …… 80
第5章 汽车消费与服务 …… 87
5.1 汽车选购 …… 87
5.1.1 汽车选购衡量指标 …… 87
5.1.2 汽车选购品牌类型 …… 89
5.2 汽车保险 …… 103
5.2.1 汽车保险种类 …… 104
5.2.2 汽车保险费用计算方法 …… 105
5.2.3 汽车保险理赔流程 …… 106
5.2.4 汽车保险公司的选择 …… 107
5.2.5 汽车保险险种的选择 …… 108
5.2.6 汽车投保方式的选择 …… 108
5.2.7 汽车投保注意事项 …… 109
5.3 新车入户 …… 110
5.3.1 新车入户前的准备 …… 110
5.3.2 新车入户费用 …… 110
5.3.3 新车入户流程 …… 111
5.4 汽车检验 …… 111
5.5 汽车维护及正确使用 …… 116
5.5.1 汽车的维护与保养 …… 116
5.5.2 正确使用汽车轮胎 …… 117
5.5.3 正确使用蓄电池 …… 118
5.5.4 正确使用汽车空调 …… 119
5.5.5 正确使用汽车离合器 …… 119
5.5.6 正确使用手动变速器 …… 120
5.5.7 正确使用自动变速器 …… 120
5.5.8 汽车维修九大误区 …… 121
复习思考题 …… 123
故事赏析 …… 123
第6章 汽车名人 …… 125
6.1 德国汽车名人 …… 125
6.1.1 卡尔·本茨 …… 125
6.1.2 戈特利布·戴姆勒 …… 125
6.1.3 威廉·迈巴赫 …… 126
6.2 美国汽车名人 …… 127
6.2.1 亨利·福特 …… 127
6.2.2 威廉·杜兰特 …… 128
6.2.3 阿尔弗雷德·斯隆 …… 128
6.2.4 李·艾柯卡 …… 129
6.3 中国汽车名人 …… 130
6.3.1 饶斌 …… 130
6.3.2 郭力 …… 130
6.3.3 孟少农 …… 131
6.4 其他各国汽车名人 …… 131
6.4.1 费迪南德·保时捷 …… 131
6.4.2 恩佐·法拉利 …… 132
6.4.3 劳斯和莱斯 …… 133
6.4.4 丰田喜一郎 …… 133
6.4.5 本田宗一郎 …… 134
复习思考题 …… 135
故事赏析 …… 135
第7章 赛车运动 …… 138
7.1 赛车运动的起源 …… 138
7.2 赛车运动的种类 …… 139
7.2.1 世界一级方程式赛车 …… 139
7.2.2 世界汽车拉力锦标赛 …… 148
7.2.3 世界汽车耐力锦标赛——勒芒大赛 …… 151

7.3 赛车运动的魅力 152
复习思考题 154
故事赏析 154
第 8 章 新能源汽车及智能汽车 156
8.1 新能源汽车 156
8.1.1 电动汽车 156
8.1.2 太阳能汽车 165
8.1.3 醇燃料汽车 167
8.1.4 燃气汽车 170
8.2 智能汽车 171
复习思考题 172
故事赏析 172
第 9 章 汽车新技术 174
9.1 环保新技术 174
9.1.1 节能减排 174
9.1.2 噪声控制 177
9.2 安全新技术 178
9.2.1 主动安全 178
9.2.2 被动安全 179
9.2.3 防盗安全 181
9.3 电子与电器新技术 183
9.4 新材料在汽车上的应用技术 185
复习思考题 188
故事赏析 188
参考文献 191

第1章

汽车发展历程

学习目标

- 了解世界汽车的发展史
- 了解汽车发动机、底盘、电气系统的发展
- 了解新中国汽车工业发展的3个阶段

1.1 世界汽车发展史

汽车在现代社会飞速发展已经势不可挡，这也标志着现代文明的快速进步。回顾汽车的发展，我们不禁为之慨叹。

1.1.1 汽车及汽车的诞生

1. 汽车的定义

在美国，汽车是指依靠本身的动力驱动（不包括人力、畜力），装有驾驶操纵装置的、在固定轨道以外的道路或自然地域上运输客货或牵引其他车辆的车辆。在日本，汽车则指自身装有发动机和操纵装置的、不依靠轨道和架线能在陆上行驶的车辆。在中国，汽车的定义和分类与美国和日本均有所不同。

中国对汽车的定义：由自身动力装置驱动，具有4个（或以上）车轮的无轨车辆。全挂车或半挂车并无自带的动力装置，它们与牵引汽车组成汽车列车时才属于汽车范畴。有些进行特种作业的轮式机械，如轮式推土机、铲运机、叉式起重机（叉车）以及农田作业用的轮式拖拉机等，在少数国家中作为专用车，而在中国则分别划入工程机械和农业机械范畴。

2. 汽车的创始人

人们在使用汽车这种交通工具的时候，可能不会想到汽车是何时诞生的。要想追溯这个问题，首先介绍两位为人类文明做出卓越贡献的先驱者。

尼古拉斯·奥托（1832—1891）（见图1-1），德国机械工程师，第一台四冲程内燃机的制造者。1832年6月11日奥托出生在拿骚，1891 年1月28日卒于德国科隆。1861年奥托开始对E·勒努瓦的煤气机产生兴趣，制造了他的第一种煤气机，并于1863年获得专利。1864年，他与德国工业家E·朗根合作成立了一个公司，制造和出售这种煤气机。1876年，奥托制成四冲程往复活塞式的单缸卧式煤气机，运转十分成功，1877年获得美国专利。在以后的十几年中，奥托共制造和出售了5万台这种内燃机。1878年美国开始生产奥托的内燃机。1886年奥托内燃机的专利被宣布无效，因为竞争者们提出在奥托之前，法国的罗沙已经获得过四冲程循环的发明专利。但罗沙并没有制成任何实际的四冲程循环内燃机，而奥托是第一个应用四冲程循环原理制成内燃机的人。所以人们习惯上用“奥托循环”来称呼点燃式的四冲程内燃机循环。

鲁道夫·狄赛尔（1858—1913）（见图 1-2），出生在法国巴黎。他的父母是在法国打工的德国工人。法德交战后，狄赛尔一家被驱逐回德国。家庭的生活也随之困难起来。但小狄赛尔学习勤奋，中学毕业时以最高分数获得了奖学金，进入慕尼黑工业大学学习。

图1-1　尼古拉斯·奥托

图1-2　鲁道夫·狄赛尔

1879年，年仅21岁的鲁道夫·狄赛尔大学毕业，当上了一名冷藏企业热机工程师。在工作中狄赛尔深感当时的蒸汽机效率太低，便萌发了设计新型发动机的念头。在积累了一些资金后，狄赛尔辞去了制冷工程师的职务，自己开办了一家发动机实验室。

针对蒸汽机效率低的弱点，狄赛尔专注于开发高效率的内燃机。当时尼古拉斯·奥托发明的点火式内燃机已较成熟，但那时奥托发动机的燃料是煤气，储存、携带均不方便，效率也受到影响。19世纪末，石油产品在欧洲极为罕见，于是狄赛尔决定选用植物油来解决机器的燃料问题（他用于实验的是花生油）。因为植物油点火性能不佳，无法套用奥托内燃机的结构，狄赛尔决定另起炉灶，提高内燃机的压缩比，利用压缩产生的高温高压点燃油料。后来，这种压燃式发动机循环便被称为“狄赛尔循环”。1892年狄赛尔提出：“在空气中注入燃料，通过压缩，空气温度升高，可使喷射在空气中的燃料自燃点火。”

狄赛尔与奥格斯堡机器制造厂老板签订了试制合同，于当年制成实验用柴油机。1892年1月28日，狄赛尔向柏林皇家专利局申请了发明专利，同年2月27日获得柴油机专利。1893年狄赛尔对这台缸径为150mm，行程为400mm的柴油机进行的实验失败了。1894年2月17日，改进的柴油机成功运行了一分钟。因为急于出售，第一批20台柴油机出售不久，用户纷纷退货，狄赛尔陷入困境，1913 年 10 月 29 日因绝望而跳海自杀。后人为纪念狄赛尔就将柴油发动机称为“狄赛尔发动机”。因此，“柴油机”的英文为 Diesel（狄赛尔）。

3. 汽车的发明

1886 年 1 月 29 日，德国工程师卡尔·本茨（见图 1-3）为其机动车申请了专利。同年 10 月，卡尔·本茨的三轮机动车获得了德意志专利权（专利号：37435a）。这就是公认的世界上第一辆汽车（见图 1-4），这也标志着汽车的诞生。本茨也就成了当之无愧的“世界汽车之父”。

图 1-3　卡尔·本茨

图 1-4　世界上第一辆汽车

这辆汽车采用了包括小型卧式单缸四冲程汽油机、电点火、化油器、水冷式散热器、转向系统和管式车架在内的众多个性化技术，为卡尔·本茨赢得了专利权，并造就了他“汽车之父”的地位。与其他发明家不同，卡尔·本茨并不是仅仅在原有的马车底盘上安装内燃机，使其能够自主运行，而是将设计理念延伸到了整车，在工程原理方面完全不同于马车。

4. 汽车的诞生史

汽车自诞生以来,已经走过了风风雨雨的一百多年。从卡尔·本茨造出的第一辆时速 15km/h 的三轮汽车到现在从速度为零加速到 100km/h 只需要 3s 多一点儿的超级跑车,这一百多年中汽车的发展速度是如此惊人。同时，汽车工业也造就了多位巨人，他们一手创建了通用、福特、丰田、本田这样一些在各国经济中举足轻重的著名公司。

汽车的诞生经历了下面这样一个过程。卡尔·本茨取得了汽车发明的专利，开创了汽车发展史的里程碑。但在他之前，已有许多人为汽车的发展做出了不可磨灭的贡献。他们有的留下了姓名，有的留下了成就，但更多的是不为人知的点滴积累。正是这些人默默无闻的奉献，才为卡尔·本茨的发明、汽车的成长铺就了成功大道。

1769 年，法国巴黎附近的一所军营中有一位工程师——古纳上尉。由于当时法国社会矛盾激烈，对外战事频繁。古纳觉得打仗时士兵用人力推动大炮又慢又累，便想用别的动力拖动大炮。恰在这时，瓦特的蒸汽机研制成功了。古纳便用他天才的想象力将蒸汽机装在了一个三轮车上，以蒸汽产生的动力来拖动大炮。就这样，这个三轮怪物轰动了整个军营。它有一个木制

的架子，架子前头有一个大肚子铜炉，用它产生的蒸汽力带动连杆来驱动一个前轮。架子的后部是两个又大又细的木制车轮。这辆车的噪声极大而且浓烟滚滚，每小时只能走大约4km，每隔10min就要停下来补充燃料。在“时间就是生命”的战场上，古纳觉得还是人推更快。第二年，他用这辆蒸汽三轮车拖动大炮做了一次行驶试验，试车结果却是车子一头撞到了墙上。这也是世界上公认的第一辆蒸汽汽车。

1804年，法国人脱威迪克制造出了一辆蒸汽汽车。该车比古纳的车有了很大进步，动力增强，噪声降低，速度也有了一定的提高，这辆车拖着十几吨的重物行驶了15.7km，创下了当时汽车负重行驶的记录。

1815年，捷克人普什克研制出了世界上第一辆载客汽车。该车有4个座位，以蒸汽为动力。但令人遗憾的是，因为当时普什克用于展览的钱被窃，在万分失望之余，他将自己的汽车砸了个粉碎。由此，世界上第一辆载客蒸汽汽车的原型车也就毁于一旦了。

1859年，法国人兰诺尔研制成功了世界上第一台二冲程内燃机。但其形式还相当原始，发动机并不压缩混合气体。后来他将这台内燃机装在了一辆马车上，其速度不到8km。但是，兰诺尔的发明为内燃机的发展提供了重要的实践经验。

1862年，法国人罗沙在兰诺尔的基础上提出了四冲程内燃机原理，这一原理的提出为奥托发明四冲程内燃机提供了重要的理论依据。

1876年，德国人尼古拉斯·奥托在法国人罗沙的基础上发明了“进气、压缩、做功、排气”的四冲程发动机。内燃机与蒸汽机相比，体积小、噪声小、动力性更强。奥托的发动机以煤气作为燃料，转速达到了200r/min。

1883年，在距离卡尔·本茨居住的斯图加特市80km的小城曼海姆，另一位与卡尔·本茨齐名的发明巨匠正在创造着他的汽车。这个人就是戈特利布·戴姆勒。早在1872年，戴姆勒曾受聘于奥托—朗根公司。作为技术部主任的他经过长时间研究，认为奥托的煤气发动机污染大且稳定性差。于是他用汽油代替煤油作为燃料。而且他还测定出91%的汽油与9%的空气相混合，其燃烧比最大。同时他还根据汽油发动机研制出了化油器：将点火装置的触点改用白金；把气缸数增至两个并用循环水方式加以冷却。这一系列改变，使得发动机的功率显著提高，转速达到了900r/min。白金触点的应用使汽车起动时更灵敏、更可靠。但由于在燃料这一关键问题上的分歧，戴姆勒总没有施展才华的机会。于是戴姆勒于1881年辞职建立了自己的工厂。1883年，他终于制造出了自己的汽油发动机。后来他将这台发动机装在了一辆木制车上，并反复试验。经过改装，世界上第一辆四轮汽车诞生了，其发动机排量为0.462L，最大功率为0.8kW（1.1马力），最高时速为16km/h，并取得了从斯图加特到康斯塔特的试车成功。

1885年，就在戴姆勒发明了他的汽车的同时，“世界汽车之父”卡尔·本茨也同时在实现着他的“不需要马拉的车子”的梦想。1879年，本茨在他自己的工厂中研制出一台二冲程发动机。虽然仅仅使用二冲程发动机，却是世界上公认的第一辆汽车。该车的发动机排量为785mL，最大输出功率为0.66kW（0.89马力），最高时速为15km/h。本茨的汽车噪声极大，因此遭到他人的厌恶，但本茨并未因此而放弃。也正是这辆车开辟了汽车历史的新时代。1886年，卡尔·本茨将这辆车申请专利并获“世界汽车之父”称号。

英国人认为汽车是“在普通公路上行驶的自行驱动的车辆。”美国人认为汽车是“用本身动力驱动的，装有驾驶操纵装置，在固定轨道以外进行客货运输的车辆。”中国的《汽车百科全书》

则认为汽车是“一种快速而机动的交通运输工具，一般指不占用轨道，不架线，自带动力装置，自行驱动的轮式车辆。”不同国家对汽车有不同的说法。正因为如此，到底谁是汽车的发明者就很难说了。

跨过历史流动的长河，走过汽车发展的长路。无数知名与不知名的人曾经或正在为汽车事业倾注着自己的心血。正是他们点滴的贡献创造了汽车，才最终撑起了汽车工业。谁又能说他们不是汽车的发明者呢？

1.1.2 汽车的发展

汽车的发展经历了几百年，随着科技不断进步，人们不断探索创新，社会对汽车功能及动力等方面的需求不断增加，使得汽车在发动机、底盘、电气设备及外形等方面都发生了很大的变化。

1. 汽车发动机的发展

汽车发动机是生在德国，长在日本。

发动机是汽车的“心脏”。汽车的发展与发动机的进步有着直接的联系。18 世纪中叶，瓦特发明了蒸汽机，此后人们开始设想把蒸汽机装到车子上载人。法国人居纽（N. J. Cugnot）是第一个将蒸汽机装到车子上的人。

1858 年，定居在法国巴黎的里诺发明了煤气发动机，并于 1860 年申请了专利。发动机用煤气和空气的混合气体取代往复式蒸汽机的蒸汽，使用电池和感应线圈产生电火花，用电火花将混合气点燃爆发。这种发动机有气缸、活塞、连杆、飞轮等。煤气发动机是内燃机的初级产品，因为煤气发动机的压缩比为零。

1867 年，德国人尼古拉斯·奥托受里诺研制煤气发动机的启发，对煤气发动机进行了大量的研究，制作了一台卧式气压煤气发动机，后经过改进，于 1878 年在法国举办的国际展览会上展出了他制作的样品。由于该发动机工作效率高，引起了参观者极大的兴趣。在长期的研究过程中，奥托提出了内燃机的四冲程理论，为内燃机的发明奠定了理论基础。德国人戴姆勒和卡尔·本茨根据奥托发动机的原理，各自研制出具有现代意义的汽油发动机，为汽车的发展铺平了道路。

1892 年，德国工程师狄赛尔根据定压热功循环原理，研制出压燃式柴油机，并取得了制造这种发动机的专利权。

1957 年，德国人汪克尔发明了转子活塞发动机，这是汽油发动机发展的一个重要分支。转子发动机的特点是利用内转子圆外旋轮线和外转子圆内旋轮线相结合的机构，无曲轴连杆和配气机构，可将三角活塞运动直接转换为旋转运动。它的零件数比往复活塞式汽油发动机少 40%，质量轻、体积小、转速高、功率大。1958 年汪克尔将外转子改为固定转子行星机构，制成功率为 22.79kW、转速为 5 500r/min 的新型旋转活塞发动机。该发动机具有重要的开发价值，因而引起各国的重视。日本东洋工业公司（马自达公司）买下了转子发动机的样机，并把转子发动机装在汽车上，可以说，转子发动机生在德国，长在日本。

2. 汽车底盘的形成与发展

最早的汽车没有专门的底盘，世界上第一辆汽车是在马车上安装发动机而得到的。随着汽车的发展，人们开始设计专门的底盘供汽车使用。

1891 年，法国人潘赫德和莱瓦索尔采用发动机前置、后轮驱动的结构形式设计了汽车，并为此设计了专用的汽车底盘。这一结构奠定了汽车传动的基本形式，在相当长的时间内被全世界广泛效仿。1894 年，法国人米其林兄弟发明了充气式橡胶轮胎。同年奔驰汽车公司将米其林发明的可拆卸式充气轮胎安装在维多利亚牌汽车上，以前使用的实心橡胶轮胎开始退出历史舞台。1895 年，法国人莱瓦索尔研制出用手操纵的齿轮变速传动装置。1898 年，法国人雷诺率先将万向节用于汽车传动，并发明伞齿轮式减速器传动装置，取代了传统的链条传动方式。1899 年，戴姆勒汽车公司将分挡变速器安装在自己的产品上。由此可见，在汽车发明后的短短十几年间，汽车底盘技术的发展是非常迅速的。

进入 20 世纪，随着科学技术的进步，汽车底盘的发展也是日新月异。奔驰汽车公司在 1900 年开始用钢材代替木材制作车架，同年倾斜式圆形方向盘首次面世。1916 年，在当时非常流行的倾斜式风窗玻璃上，安装了手动的刮水器。1918 年，美国人麦克姆·罗西德制成四轮液压制动器并获得专利。1923 年，索菲亚公司推出了可调整的方向盘。1924 年，博世公司开始生产电动刮水器。1926 年，凯迪拉克公司将防碎玻璃用于汽车。1930 年，奔驰汽车公司将液力耦合器用于汽车，改变了传统的机械传动方式。1931 年，出现了采用独立悬架的汽车。1934 年，采用流线型车身的克莱斯勒“气流”牌客车问世，同年雪铁龙公司推出了前轮驱动汽车。1939 年，奥兹莫比尔汽车采用了史无前例的液力—机械联合传动系统。1941 年，克莱斯勒公司研制成功四速半自动变速器及液力变矩器并很快将其装备在汽车上。1946 年，米其林公司研制出子午线轮胎。1952 年，转向助力器装车使用，同年美国人才开始采用座椅安全带。1958 年，无级变速器问世。

20 世纪 70 年代，计算机开始大规模进入人们的生活，各大汽车公司相继推出了各种各样的电控底盘结构。防抱死制动系统（Anti-Lock Braking System，ABS）、牵引力控制系统（Traction Control System，TCS）、可调空气悬架系统、巡航控制系统（Cruise Control System，CCS）、车身电子稳定系统（Electronic Stability Program，ESP）、安全气囊、电控自动变速器（Electronically Controlled Automatic Transmission，ECAT）、电子转向助力系统等纷纷问世，并逐渐成为汽车的标准配置，使汽车的操控变得更加容易，安全性能也得到进一步的提升。

3. 汽车电器的发展

21 世纪的汽车电子技术将进入成熟阶段，这是对汽车工业的发展最有价值、最有贡献的阶段，也是优化“人—汽车—环境”整体关系最为重要的阶段。在这个阶段，由于计算机技术、控制技术、信息技术、新材料、新工艺的不断进步，汽车电子技术的发展主要体现在以下几个方面。

（1）汽车上一些传统的机械装置被机电一体化装置所代替。很多电子控制系统被融入到机械结构中。线控技术（X-By-Wire），包括线控转向、线控制动、线控油门、线控换挡、线控悬架等，被广泛用于机电一体化装备中。总之，发动机和底盘中的很多总成都将采用电子控制技术。汽车也将成为未来电子技术大有发展前途的一个领域。

（2）电子元件微型化。随着电子技术的不断进步，电子元件微型化的趋势是十分明显。

例如，与 1978 年第一次装上轿车上的 ABS 相比，目前轿车上的 ABS 和 TSC 的质量与体积仅为原来的 1/4。又如德国博世公司的电控燃油喷射控制系统，在不断提高控制功能的同时，大大减少了零件数量、体积与质量。1979 年初次投产的电控汽油喷射控制系统，由 290 个零部件组成，总质量为 1.14kg。1987 年改进后的产品，零部件数减少为 255 个，总质量为 0.67kg。1996 年经进一步集成化后，零部件数仅为 82 个，总质量仅为 0.25kg。这归功于博世公司研究出的一种复合技术，即将半导体芯片、传感器及其他部件，采用特殊的装配及连接技术，紧凑地集成在陶瓷基体上，成为一种能承受对汽车电子元件极端苛刻要求的坚固的电控器件。该器件可在温度为-40℃～130℃、振动加速度达 100g 的环境中工作。

自 1976 年美国通用汽车公司成功地把微处理器应用于汽车发动机控制系统后，世界汽车工业的微处理器用量激增。1985 年微处理器为 200 万只，1989 年为 6 000 万只，1993 年则达到了 2 亿只。微处理器已广泛地应用于汽车安全、环保、发动机、传动系统、速度控制和故障诊断中。目前，美国汽车上 8 位微处理器占汽车用微处理器总量的 65%，16 位和 32 位微处理器所占比例正在迅速扩大，近年来 16 位微处理器的用量增加了约 50%，而 8 位微处理器的用量只增加了 11%。

（3）集成化、多路传输、局域网络、模块化。这是汽车电子的另一个发展前景。为了减小体积，减轻质量，提高可靠性，减少装配工时，要求将分散的部件组合成一个整体（模块）。例如，发动机的点火系统和供油系统，已经集成为一个发动机管理系统。进一步将电子变速系统集成进来，就成为动力传动控制系统。再进一步将 ABS/TCS 及 ESP 都集成进来，就可以共享传感器、控制元件、线束或网络，使零部件数量和连接点继续减少，以提高控制系统工作的可靠性。集成化的另一个例子就是西门子公司为奔驰 A 级轿车开发的 ECAT。它将控制元件及传感器都装入到变速器齿轮箱内，不仅节省了空间，其电线数也由 20 根减为 4 根。

多路传输技术在 20 世纪 90 年代开始推广，福特公司的林肯“大陆”型车、通用公司 1996 年的少数豪华车上都采用了多路传输技术。1998 年通用公司销售汽车中的 10%～20%也采用了此技术。多路传输技术需要有智能型传感器及执行机构的配合。应用此技术可减少汽车总质量，减少结构的复杂性（因减少导线），从而降低成本，提高控制可靠性。

（4）新一代汽车智能系统。从 1886 年德国工程师戴姆勒和本茨两人分别独立地研制出以汽油机为动力的实用型汽车到现在，随着人类社会的发展，对汽车提出了更多、更高的要求，尤其是在汽车驾驶舒适性和安全性方面。这就需要汽车在总体设计上更能体现人性化和智能化，因此智能汽车的发展受到普遍重视。近 20 多年来，随着现代电子及计算机技术水平的提高，汽车新技术和新结构不断出现。为了适应全球市场的竞争，世界各大汽车公司都投入了大量资金来进行汽车新产品和新结构的研制和开发，智能汽车不仅使汽车原有功能更加完善，而且在智能化、网络化、自动化以及信息交流与通信等方面不断有新的技术突破。

（5）新的控制理论和方法被大量应用。除了经典的 PID 控制方法外，随着控制技术的不断发展，一些新的控制方法被更多地应用于汽车的控制系统之中，如最优控制理论在汽车悬架系统中的应用、滑模控制在 ABS 控制中的应用、模糊控制在自动变速器控制中的应用，以及人工神经网络在四轮转向控制中的应用等。新的控制理论在汽车上的成功应用，极大地改善了汽车控制系统控制的品质和精度，提高了汽车的使用性能。

（6）光导纤维在汽车信号传输中的应用。汽车电子技术的进步，已逐步使各系统控制走向集中，形成了整车控制系统。这种系统除中心计算机外，还包括多达 23 个微处理器，以及大量的传感器和执行部件，形成一个庞大而复杂的信息交换与控制系统。车用计算机的容量要求已与个人计算机不相上下，且计算速度要求更高。随着车用计算机控制的系统数量不断增多，高速数据传输网络成为必备要求。将光导纤维作为传输介质，解决了电子控制系统防电磁干扰的问题。随着光导纤维成本的不断降低，有效降低了汽车的成本。

（7）诊断及维护提示装置。现代汽车电控系统都具备故障自诊断功能装置。例如，ABS、安全气囊等工作是否正常，在每次起动后都会自检显示。此外，对车门是否关好，行李箱盖、发动机罩是否锁好，是否系好安全带，制动系统有无故障，驻车制动是否松开等都会有所提示。随着对环境保护的要求日益提高，对汽车排放的要求日益严格，必须对发动机燃烧过程进行精确控制。因而现代发动机控制器必须进行自诊断，以保证功能使用正常。另外，故障保障功能使控制系统出现故障后，会启用直接控制程序使发动机能正常运转。过去汽车的维护（如更换润滑油）是按规定的期限或里程数来进行的，现在则可以用传感器检测润滑油油质的变化，提醒驾驶员不定期进行更换维护，使汽车维护更为经济合理。

（8）混合动力汽车四轮驱动系统。日本丰田公司推出的新式微型客车“天尊”THS-C，应用了电动四轮驱动系统。前轮驱动动力采用并联系统，由一台电喷汽油机、一台电动机/发电机装置、两个差速器、行星齿轮、动力切换装置和双离合器等组成。其中，发电机的额定电压、功率和转矩分别为 210V、13kW 和 110N·m。后轮完全由电动机驱动，电动机的额定电压、功率和转矩分别是 216V、18kW 和 108N·m。日本电装公司为“天尊”THS-C 制造了集成式皮带驱动的起动电动机。

1.2 中国汽车发展史

进入 20 世纪 90 年代以来，轿车开始进入我们的生活，买私家车就如同 20 世纪 70 年代的“四大件”、20 世纪 80 年代的家用电器一样成为众多家庭追求的目标，而这在 20 年前是无法想象的。这说明我国的经济实力不断增强，人民生活水平大幅度提高，同时也反映出民族汽车工业的巨大进步。下面就简单介绍我国汽车工业的发展历程。

1.2.1 新中国成立前的汽车业

中国从 1901 年开始有了汽车进口。清光绪 27 年（1901 年）冬，匈牙利人李恩时（Leinz）将 2 辆汽车带入上海，其中之一如图 1-5 所示。从此，中国有了“汽车”的概念。

同年腊月廿一日（1902 年 1 月 20 日），经公共租界工部局例会上讨论，决定先发临时牌照，次年发正式牌照。1902 年，袁世凯从香港买了一辆汽车（见图 1-6），作为慈禧太后 66 岁生日的礼物。

图 1-5　最早的进口汽车

图 1-6　从香港购买的汽车

它是德国杜尔依汽车公司（一说是奔驰公司）制造的。荒唐的慈禧太后想要乘车取乐，但不能容忍司机坐在她的前面，命令司机跪下开车。这当然不可能，慈禧只好回去坐她的十六抬大轿，这辆汽车就一直存放在颐和园中。

1907 年以后，中国少数沿海城市陆续出现汽车客运和汽车货运。1913 年，全国经济委员会成立，督导公路建设，拨款地方修路，鼓励民办汽车运输，将公路列为政要之一。1917 年，当时中国第一条汽车运输线路张（张家口）库（库伦，今蒙古乌兰巴托）公路通车。到 1927 年全国公路总长已达 29 170km，民用汽车保有量由 1912 年的 294 辆增长到 18 677 辆。1934 年公路委员会成立，统一路政，开展省际联运。到抗日战争爆发之前的这一时期，可以说是中国汽车运输业日趋繁荣的时期，每年平均进口汽车 5 500 辆，全国公路总长增加到 117 296km，民用汽车保有量 68 917 辆，出现了一批官办和民营的出租汽车公司和公共汽车公司。中国要建立民族汽车工业，制造汽车的愿望孙中山先生早已提出。1931 年在辽宁造出民生牌汽车，如图 1-7 所示。

1931 年 5 月试制成功第一辆汽车，定名为民生牌 75 型汽车。民生牌 75 型载货汽车可装载 1.8t 货物，适于城镇使用，曾计划制造另一种为 100 型的货车，可装载 2.7t，适用于较差路面。

第一辆民生牌汽车诞生后曾在上海 3 次参展，两次游行，表达了民众对国产汽车的钟爱，和当时对日本侵略者的义愤填膺。

图 1-7　民生牌汽车

1.2.2　新中国汽车工业

新中国汽车制造的发展过程可以分成 4 个阶段：创建阶段、独立自主发展阶段、对外开放阶段和快速发展阶段。

1. 创建阶段

1953—1958 年是中国汽车产业的创建阶段。1949 年，新中国刚一成立就决定发展自己的汽车工业。1953 年第一汽车制造厂（以下简称“一汽”）破土动工，这是中国有史以来第一次建设自己的汽车厂。1956 年我国生产的第一辆汽车——解放牌汽车（见图 1-8）下线。

对于当时工业整体水平非常落后的中国人来说，这确实是一次经济上的解放。1956 年是

中国汽车史上令人难忘的一年。1956 年 5 月，第一汽车制造厂成功试制东风牌轿车，如图 1-9 所示。这是中国自制的第一部轿车。

图 1-8　解放牌汽车

图 1-9　东风牌轿车

2. 独立发展阶段

1958—1984 年是中国汽车产业发展的第二阶段。1958 年左右，中国汽车产业与其他经济部门一起进入自力更生的时期。在初步形成了自己的基础工业之后，我国各地纷纷仿造和试制了多款汽车，逐渐形成了几个较有规模的汽车制造厂。除第一汽车制造厂外，规模较大的还有南京汽车制造厂、北京汽车制造厂等。1958 年北京汽车制造厂研制了由中国自主设计的第一辆轿车，起名“井冈山牌”，如图 1-10 所示。

从此，中国汽车产业进入了一个新的发展阶段——独立自主、自力更生的发展阶段。那时的中国轿车是中国第一代汽车技术人员和工人东拼西凑，手工敲敲打打造出来的。1959 年，仿制德国 1956 年出产的奔驰 220s 的新型凤凰轿车（见图 1-11）试制成功。

图 1-10　井冈山牌轿车出厂

图 1-11　凤凰轿车

它的发动机采用的是南京汽车厂的四缸发动机，底盘仿华沙轿车，车身外形仿顺风车，零件靠手工技术和在普通机床上搞革新进行切削加工完成。由此可见当时轿车制造技术的水平低下。由于深知技术仍不成熟，热情高涨的汽车工人们很快就又投入到产品的改进中。在造出东风车的 4 个月后，一汽就造出了造型精美、具有民族特色、实用性能较好的高级轿车——红旗，这是中国第一部定型轿车，而且这一响亮的轿车品牌曾让一代中国人为之倾倒。1964 年，一汽正式成立轿车厂。1965 年 9 月 19 日，一辆崭新的红旗 770 型三排座样车开进北京，该车长 5.7m，内饰精美考究，乘坐十分舒适，造型也为全世界所称道，一亮相就受到国家领导人的高度赞赏。1969 年，一汽研制出红旗 772 型特种车。红旗车曾采用 V8 发动机，这在当时的世界轿车中是非常罕见的，体现出中国轿车的特色，红旗车的特殊地位、独特的工艺及其精美、典雅的造型使其成为世界名车，当时，坐红旗车成为很多到中国来的外国贵宾的一大心愿。红旗车是中国人的骄傲，也是那个时代人们寄托情感的一大标志。20 世纪六七十年代，除了红旗车外，中国唯一大批量生产的轿车就是上海牌轿车。 1964 年，凤凰牌轿车改名为上海牌，并对制造设备做了一系列改进。首先制成了车身外板成套冲模，结束了车身制造靠手工敲打的落后生产方式，并以此为基础制成各种拼装台，添置点焊机，实现拼装流水线生产，轿车质量得到稳定和提高。1965 年，上海轿车通过原一机部（“中华人民共和国第一机械工业部”简称）技术鉴定，批准定型。到 1979 年，上海牌轿车共生产了 17 000 多辆，成为我国公务用车和出租车的主要车型。1972 年起还对车身进行了改型，并减轻了自重。1980 年，该车年产量突破 5 000 辆。

3. 对外开放阶段

1985 年，已经开始与德国大众公司合资的上海轿车厂和嘉定县联营另行建厂继续生产上海轿车，并做了一些技术改进，一直生产到 20 世纪 90 年代。在相当长的时间里，上海轿车支撑着国内对轿车的需求，为社会发展做出了贡献。新中国自力更生制造出的轿车填补了中国工业的空白，让中国自立于世界汽车工业之林。但由于国家还没有实行对外开放政策，我国的汽车工业与世界隔绝，很少有交流提高的机会，因此我国的汽车工业逐渐地被现代化的世界汽车工业抛在后面。另外，当时我国的汽车工业是以载货车为主导的，对轿车缺乏应有的重视。20 世纪 80 年代到 90 年代轿车梦渐圆。改革开放后，我国经济迅速发展，对轿车的需求越来越强，我国落后的轿车工业根本无法满足这种需求。一时间，外国轿车如洪水般涌入我国。1984—1987 年，我国进口轿车 64 万辆，耗资 266 亿元。为了迅速提高中国轿车生产能力和技术水平，我国汽车工业开始走上与国外汽车企业合作、引进消化外国先进技术的发展道路，具体方式基本都是从进口全部散件组装开始，之后逐渐提高国产化率。20 世纪 80 年代中期可以视为第一阶段，建立了上海桑塔纳、广州标致两个合资企业，这一阶段是引进的摸索阶段，引进的车型和技术也不是很先进。20 世纪 90 年代前期和中期是新时期轿车工业发展的第二个阶段，中外合作以及技术引进都进一步深入。两个新建的合资企业一汽大众和神龙富康起点都比较高，富康引进的是 20 世纪 90 年代的车型，一汽引进了先进的 20 气阀发动机制造技术，并向德国出口这种发动机部件。在经历了近半个世纪的风风雨雨之后，中国轿车终于崛起，迎来了可喜的收获季节，站在了世界腾飞的起跑线上。

4. 快速发展阶段

1994 年至今，是中国汽车工业的快速发展阶段。

1994 年是中国汽车史，特别是轿车史上值得纪念的一年。在这一年，影响中国近 10 年的《汽车产业发展政策》出台了。虽然用现在的眼光来看，这个产业政策还有一些局限之处，但它还是解决了汽车发展中的许多问题，特别是将汽车和家庭联系到了一起。家庭汽车概念所引发的汽车生产热潮迅速扩展至全国，当时有 20 多个省、市将汽车作为支柱产业。而全国的主要工科大学也都开设了汽车专业，一批又一批怀着汽车设计师梦想的青年人走进了汽车的殿堂。

1994 年之后，汽车消费不再受限制，但事实上，在要不要发展汽车工业，特别是是否鼓励轿车进入家庭的问题上还是有很大争议的，由于当时并没有明确鼓励汽车消费，各种税费、地方保护仍十分严重。

同时，汽车工业本身散、乱、规模小的劣势也愈发明显。如在1995年，全国汽车产量只有144万辆，尚不如国外一家汽车企业的产量多，但却分散在122家整车生产企业生产。其中年产量超过10万辆的企业只有5家，产量在1万～10万辆的企业有14家，剩下的企业平均年产只有1 700辆左右。

到了1998年，中国汽车的总产量达到162.8万辆，成为世界上第十大汽车制造国。就在这一年，中国轿车的第二轮合资热潮开始了。上海通用、广州本田破土动工，而后别克、雅阁在中国问世，使国产汽车的词典里又多了“中高档轿车”这个名词。

在此期间，一汽大众、神龙公司也站稳了脚跟，开始向连续多年位居国内汽车企业榜首的上海大众发起挑战。近年来，又成立了北京现代、华晨宝马、东风日产等合资汽车公司，我国的汽车产品水平和生产能力进一步提高。

在我国“十一五”计划中，汽车进入家庭已经被明确提出。赛欧、夏利2000等一批旨在重新定义家庭轿车的新车型涌入市场。一时间10万元的价格成了界定家庭轿车的分水岭。同时，原国家发展计划委员会（现更名为国家发展和改革委员会）也将汽车价格放开，汽车终于从高高在上的生产资料，还原成了走进平民百姓家庭的商品。在企业层面，新的合资项目越来越多，而像吉利、奇瑞等我国自主品牌也得以进军轿车领域。

复习思考题

1. 简述汽车诞生的时间。
2. 新中国汽车工业的发展经历了怎样的过程？

故事赏析

汽车灯的历史小故事

据说第一个汽车前大灯是家用手提灯。1887年，一个驾驶员在黑暗的旷野上迷路时，一位农民用手提灯把他引回家。1989年，哥伦比亚号电动汽车把电用于前灯和尾灯，这样车灯就诞生了。最初的前大灯不能调光，所以在会车时有些晃眼。为了克服这个缺点，后来采用了附加光度调节器。这种前大灯可以在垂直方向移动，但驾驶员必须下车搬动夹具装置。1925年，导航公司推广了双丝灯炮，远光和近光的调节可通过装在转向柱上的开关来控制。

转向信号灯的使用非常有趣。1916年，美国一个名叫C. H. 托马斯的人把一带电池的灯炮装车时，对方驾驶员就能看到他打的手势。1938年，别克汽车制造商提供了转向灯作为选用的附件，但当时只在汽车尾部安装，到1940年以后汽车前面也装有转向信号灯了，而且信号开关具有随时调节的功能。

1906年，世界上第一次用一个蓄电池供电的电灯照明。

1909年，首次把乙炔灯作为变光装置。

1916年，美国使用了行车灯。

1920年，当选用倒挡装置时，使用了倒车灯。

1920年，美国通用汽车公司首次安装了内灯。

1926年，通用汽车公司把大灯变光开关从方向盘移到地板。

1938年，第一次采用封闭的内灯。

1898年，美国电气公司将电灯抛物面反射镜推广于大灯、侧灯和尾灯。

汽车改变了人类交通状况，拥有汽车工业成了每一个强大工业国家的标志。回首百年，从蒸汽机三轮车到以煤炭瓦斯为燃料的汽车发动机；从三轮汽车到T型汽车，现代汽车工业的发展推动着现代文明的繁荣。应该说，汽车确实载着人类向前发展，向前奔驰，使人类更追求自由，视野更加开阔。

第2章 汽车基础知识

学习目标

- 了解汽车的分类
- 了解汽车的总体结构
- 了解汽车的基本行驶理论

2.1 汽车分类

下面主要介绍汽车的分类，汽车按照不同的划分标准可分为不同的种类。

2.1.1 根据汽车的结构分类

1. 按汽车的行走方式进行分类

（1）轮式汽车（Wheeled Vehicle）：用车轮作为行走装置的汽车。

（2）履带式汽车（Crawler Vehicle）：用履带作为行走装置的汽车。

（3）半履带式汽车（Semi-Crawler Vehicle）：用履带作为驱动装置、用车轮作为转向装置的汽车。

2. 按动力装置进行分类

（1）内燃机汽车（Internal Combustion Engine Automobile）：用内燃机作为动力装置的汽车。通常，内燃机汽车的主要形式有以下几种。

① 汽油机汽车（Gasoline Automobile，Petrol Motor，Automobile）：用汽油机作为动力装置的汽车。

② 柴油机汽车（Diesel Automobile）：用柴油机作为动力装置的汽车。

③ 气体燃料发动机汽车（Gaseous Fuel Automobile）：发动机用天然气、煤气等气体作为燃料的汽车。

④ 液化气体燃料发动机汽车：发动机使用液化气体（液化石油气）作为燃料的汽车。

（2）电动汽车（Electric Automobile）：用电动机作为动力装置的汽车。根据电源形式可将电动汽车分为以下两种。

① 无轨电车（Trolley Bus）：从架线上接受电力，用电动机驱动的大客车。

② 电瓶车（Battery Car）：用蓄电池作为电源的电动汽车。

（3）燃气涡轮机汽车（Gas Turbine Automobile）：用燃气涡轮机作为动力装置的汽车。

3. 按照发动机的位置进行分类

（1）前置发动机汽车（Front Engine Automobile）：将发动机安装在车辆前部的汽车。

（2）后置发动机汽车（Rear Engine Automobile）：将发动机安装在车辆后部的汽车。

（3）中置发动机汽车（Mid-ship Engine Automobile）：将发动机置于前后桥之间的汽车。

4. 按照驱动方式进行分类

（1）前轮驱动汽车（Front Drive Automobile）：用前轮作为驱动轮的汽车。

（2）后轮驱动汽车（Rear Drive Automobile）：用后轮作为驱动轮的汽车。

（3）全轮驱动汽车（All Wheel Drive Automobile）：前后轮都可以作为驱动轮的汽车。

5. 按照发动机位置和驱动方式进行分类

（1）前置前驱汽车（Front Engine Front Drive Automobile）：前置发动机的前轮驱动汽车。

（2）前置后驱汽车（Front Engine Rear Drive Automobile）：前置发动机的后轮驱动汽车。

（3）后置后驱汽车（Rear Engine Rear Drive Automobile）：后置发动机的后轮驱动汽车。

（4）中置后驱动汽车（Mid-Ship Engine Rear Drive Automobile）：中置发动机的后轮驱动汽车。

6. 按照有无车架进行分类

（1）有车架汽车（Vehicle With Frame Construction）：在构成车辆底盘的骨架上安装了悬架、车桥、发动机和车身等总成的汽车。

（2）无车架汽车（Vehicle With Integral Chassis-Body Construction）：一种没有底盘骨架，底盘和车身成为一体使其具有一定强度的汽车。

2.1.2 根据汽车的用途分类

汽车按用途可分为运输汽车和特种用途汽车两大类。其中，运输汽车包括轿车、客货两用车。特种用途汽车主要执行运输以外的特殊任务，为此常设有不同的专用设备，以便进行某种特定的作业，它们包括市政和公用事业用车，如清扫车、医疗车、消防车、混凝土搅拌车等，还包括特为农业生产设计的农业作业车以及专供运动和竞赛用的竞赛汽车等。

运输汽车占汽车产量的绝大多数。

（1）轿车（Passenger Car）：以运送人员及其行李和物品为主要目的设计制造的，包括驾驶员坐席在内最多可设置9个座位的汽车。按发动机的工作容积（气缸排量），轿车可分为以下几

个等级：微型（1.0L 以下）、轻型（1.0～1.6L）、中型（1.6～2.5L）、大型（2.5L 以上），目前也称 0.6L 以下的车为超微型车。按照其结构，轿车可分为普通轿车、豪华轿车和旅行轿车。

（2）运动汽车（Sports Car）：以娱乐运动为目的而设计的轻便型高速轿车。

（3）客货两用汽车（Multipurpose Passenger Car）：具有箱式、敞开式（或可敞开式）车身，为便于输送货物而设计的轿车。

（4）载货汽车（Motor Truck）：以运送货物为主要目的设计制造的汽车。

（5）客车（Bus）：以运送人员及其行李为主要目的设计制造的，包括驾驶员坐席在内设有 10 个以上座位的汽车。

（6）专用汽车（Special Purpose Vehicle）：在普通的汽车底盘上安装有特殊用途的专用车身的汽车。

（7）特种汽车（Special Vehicle）：为了特定的目的加装特种装备（或装置）的汽车。

2.1.3　根据汽车的设计理念分类

近年来，汽车设计理念发生了很大的变化和进步。按设计理念不同，还可以分为 SUV、CUV、SRV 等。

1. SUV

SUV（Sport Utility Vehicle，运动型多用途汽车）20 世纪 80 年代起源于美国，是为了迎合年轻白领阶层在皮卡的底盘上改装，由此发展而来的一种箱体车。

SUV 离地间隙较大，在一定程度上既有轿车的舒适性又有越野车的越野性。《福克斯》杂志在评选 2007 年的十佳 SUV 中有凯迪拉克 Escalade（见图 2-1）、路虎 Range Rover（见图 2-2）、荷兰的世爵 D12（见图 2-3）、本田的讴歌 MDX（见图 2-4）、别克 Enclave（见图 2-5）等。

图 2-1　凯迪拉克 Escalade

图 2-2　路虎 Range Rover

图 2-3　荷兰的世爵 D12

图 2-4　本田讴歌 MDX

图 2-5 别克 Enclave

2. CR-V

CR-V 是本田的一款车，国产的叫作东风本田 CR-V（City Recreation Viehicle，城市休闲车），如图 2-6 所示。

3. SRV

SRV（Small Recreation Vehicle，小型休闲车）一般指两厢轿车，如吉利豪情 SRV（见图 2-7）和上海赛欧 SRV（见图 2-8）。

图 2-6 东风本田 CR-V

图 2-7 吉利豪情 SRV

4. RAV

RAV 源于丰田的一款小型运动车 RAV4（见图 2-9）。丰田公司的解释是 Recreation（休闲）、Activty（运动）、Vehicle（车），缩写就成了 RAV，又因为车是四轮驱动的，所以后面又加了一个 4。

5. HRV

HRV 源于上海通用凯越 HRV 轿车（见图 2-10），取 Healthy（健康）、Recreation（休闲）、Vigorous（活力）之意，是一个全新的汽车设计理念。

图 2-8　上海赛欧 SRV

图 2-9　丰田 RAV4

6. MPV

MPV（Multi-Purpose Vehicle 或 Mini Passenger Van，多用途汽车）集轿车、旅行轿车和厢式货车的功能于一体，车内的每一个座椅都可以调整，并有多种组合方式，如长城的 2.0L 嘉誉（见图 2-11）、金杯阁瑞斯（见图 2-12）、别克 GL8、海马普力马、本田奥德赛等。

图 2-10　上海通用别克凯越 HRV 轿车

图 2-11　长城嘉誉 2.0L

近年来，MPV 趋向于小型化，并出现了所谓的 S-MPV，S 就是小（Small）的意思，车身紧凑，一般为 5～7 个座。江西昌河北斗星（见图 2-13）是 S-MPV 的典型代表。

图 2-12　金杯阁瑞斯

图 2-13　江西昌河北斗星

7. CUV

CUV（Car-Based Utiliy Vehicle）是以轿车底盘为设计平台，融合轿车、MPV 和 SUV 特性为一体的多用途车，也被称为 Crossover。

CUV 最初源于 20 世纪的日本，之后在美国、西欧等地流行，开始成为崇尚轿车驾驶感受和操控性以及多用途运动功能，喜欢 SUV 粗犷外观，同时也注重燃油经济性与良好通过性的这类汽车用户的最佳选择。

三菱的欧蓝德（见图 2-14）、长城的哈弗（见图 2-15）都是典型的 CUV。

图 2-14　三菱的欧蓝德

图 2-15　长城哈弗

8. NCV

NCV（New Concept Vehicle，新概念轿车）以轿车底盘为平台，兼顾了轿车的舒适性和 SUV 的越野性。

奇瑞瑞虎（见图 2-16）和黄海法萨特（见图 2-17）都是 NCV。作为新概念轿车，它比家用轿车的使用范围更广。

图 2-16　奇瑞瑞虎

图 2-17　黄海法萨特

9. RV

RV（Recreational Vehicle，休闲车）是一种用于娱乐、休闲、旅游的汽车。首先提出 RV 概念的国家是日本。

RV 的覆盖面范围比较广泛，没有严格的范畴。从广义上讲，除了轿车和跑车外的轻型乘用车，如 MPV、SUV、CUV 等，都可归属于 RV。

2.1.4　国家标准规定的汽车分类

从 2002 年 3 月起，新的汽车分类国家标准实施。该标准将汽车划分为乘用车和商用车两大类，私人作为代步工具的车辆将称为乘用车，公务及商业经营的运输车称为商用车。有关专家表示，此举将与国际接轨，有利于加强国内车辆管理，对税费影响不大。

新的分类标准会根据国际通用办法，在两大类的前提下，按照排放、载重、车型等多种方法再细分。这样，可以用国际上统一的排放、认证和统计标准来衡量我国汽车的性能，也有利于交通部门对汽车进行管理。

新的国家标准（以下简称新国标）的具体说明如下。两个新国标为 GB/T 3730.1—2001《汽车和挂车类型的术语和定义》和 GB/T 15089—2001《机动车辆和挂车分类》，均于 2002 年 3 月 1 日正式实施，前者主要用于行驶认证，后者主要是通用性分类，适用于一般概念、统计、牌照、保险、政府政策和管理的依据。新国标在按用途划分的基础上，建立了乘用车和商用车概念，尤其是在轿车的划分上改革较大，解决了管理和分类的矛盾，是和国际接轨的标准。

1. 汽车

（1）乘用车（Passenger Car）：在其设计和技术特性上主要用于载运乘客及其随身行李和临时物品的汽车（Motor Vehicle），包括驾驶员座位在内最多不超过 9 个座位。它也可以牵引一辆挂车。下面①～⑥给出的乘用车俗称轿车。

① 普通乘用车（Saloon，Sedan）。车身：封闭式，侧窗中柱有或无。车顶：固定式，硬顶，有的车顶一部分可以开启。座位：4 个或 4 个以上座位，至少两排，后座椅可以折叠或移动，以形成装载空间。车门：2 个或 4 个侧门，可有一后开启门。

② 活顶乘用车（Convertible Saloon）。车身：具有固定侧围框架可开启式车身。车顶：车顶为硬顶或软顶，可开启式车身可以通过使用一个或数个硬顶部件和/或合拢软顶将开启的车身关闭。座位：4 个或 4 个以上座位，至少两排。车门：2 个或 4 个侧门。车窗：4 个或 4 个以上侧窗。

③ 高级乘用车（Pullman Saloon）。车身：封闭式，前后座之间可以设有隔板。车顶：固定式，硬顶，有的车顶一部分可以开启。座位：4 个或 4 个以上座位，至少两排，后排座椅前可安装折叠式座椅。车门：4 个或 6 个侧门，也可有一个后开启门。车窗：6 个或 6 个以上侧窗。

④ 小型乘用车（Coupe）。车身：封闭式，通常后部空间较小。车顶：固定式，硬顶，有的车顶一部分可以开启。座位：2 个或 2 个以上座位，至少一排。车门：2 个侧门，也可有一个后开启门。车窗：2 个或 2 个以上侧窗。

⑤ 敞篷车（Convertible）。车身：可开启式。车顶：车顶可为软顶或硬顶，至少有两个位置，第 1 个位置遮覆车身，第 2 个位置车顶卷收或可拆除。座位：2 个或 2 个以上座位，至少一排。车门：2 个或 4 个侧门。车窗：2 个或 2 个以上侧窗。

⑥ 仓背乘用车（Hatchback）。车身：封闭式，侧窗中柱可有可无。车顶：固定式，硬顶，有的车顶一部分可以开启。座位：4 个或 4 个以上座位，至少两排，后座椅可折叠或可移动，以形成一个装载空间。车门：2 个或 4 个侧门，车身后部有一个仓门。

⑦ 旅行车（Station Wagon）。车身：封闭式，车尾有较大的内部空间。车顶：固定式，硬顶，有的车顶一部分可以开启。座位：4 个或 4 个以上座位，至少两排，座椅的一排或多排可拆除，或装有向前翻倒的座椅靠背，以提供装载平台。车门：2 个或 4 个侧门，并有一后开启门。车窗：4 个或 4 个以上侧窗。

⑧ 多用途乘用车（Multipurpose Passenger Car）。上述①～⑦车辆以外的，只有单一车室载

运乘客及其行李或物品的乘用车。

⑨ 短头乘用车（Forward Control Passenger Car）。一种乘用车，它一半以上的发动机长度位于车辆前风窗玻璃最前点以后，并且方向盘的中心位于车辆总长的前 1/4 部分内。

⑩ 越野乘用车（Off-Road Passenger Car）。在其设计上所有车轮同时驱动（包括一个驱动轴可以脱开的车辆），或其几何特性（接近角、离去角、纵向通过角，最小离地间隙）、技术特性（驱动轴数、差速锁止机构或其他型式机构）和它的性能（爬坡度）允许在非道路上行驶的一种乘用车。

⑪ 专用乘用车（Special Purpose Passenger Car）。运载乘员或物品并完成特定功能的乘用车，它具备完成特定功能所需的特殊车身和/或装备，如旅居车、防弹车、救护车、殡仪车等。

（2）商用车（Commercial Vehicle）：在设计和技术特性上用于运送人员和货物的汽车，并且可以牵引挂车。乘用车不包括在内。

① 客车（Bus）。客车是指在设计和技术特性上用于载运乘客及其随身行李的商用车辆，包括驾驶员座位在内座位不超过 9 座。客车有单层的或双层的，也可以牵引一挂车。客车可细分为以下 8 种。

- 小型客车（Minibus）：用于承运乘客，除驾驶员座位外，座位数不超过 16 座的客车。
- 城市客车（City-Bus）：一种为城市内运输而设计和装备的客车。这种车辆设有座椅及站立乘客的位置，并有足够的空间供频繁停站时乘客上下车走动用。
- 长途客车（Interurban Coach）：一种为城间运输而设计和装备的客车。这种车辆没有专供乘客站立的位置，但在其通道内可载运短途站立的乘客。
- 旅游客车（Touring Coach）：一种为旅游而设计和装备的客车。这种车辆的布置要确保乘客的舒适性，不载运站立的乘客。
- 铰接客车（Articulated Bus）：一种由两节刚性车厢铰接组成的客车。在这种车辆上，两节车厢是相通的，乘客可通过铰接部分在两节车厢之间自由走动。两节刚性车厢永久连接，只有在工厂车间使用专用的设施才能将其拆开。
- 无轨电车（Tolley Bus）：一种经架线由电力驱动的客车。
- 越野客车（Off-Road Bus）：在其设计上所有车轮同时驱动（包括一个驱动轴可以脱开的车辆）或其几何特性（接近角、离去角、纵向通过角，最小离地间隙）、技术特性（驱动轴数、差速锁止机构或其他行驶机构）和它的性能（爬坡度）允许在非道路上行驶的一种车辆。
- 专用客车（Special Bus）：在其设计和技术特性上只适用于需经特殊布置安排后才能载运人员的车辆。

② 半挂客车（Semi-Trailer Towing Vehicle）。半挂客车是指装备有特殊装置，用于牵引半挂车的商用车辆。

③ 货车（Goods Vehicle）。货车是一种主要为载运货物而设计和装备的商用车辆，细分为以下 6 种。

- 普通货车（General Purpose Goods Vehicle）：一种在敞开（平板式）或封闭（厢式）载货空间内载运货物的货车。
- 多用途货车（Multipurpose Goods Vehicle）：在其设计和结构上主要用于载运货物，但在驾驶员座椅后带有固定或者折叠座椅，可以载运 3 个以上乘客的货车。
- 全挂牵引车（Trailer Goods Vehicle）：一种牵引杆式挂车的货车。它本身可在附属的载

运平台上运载货物。

- 越野货车（Off-Road Goods Vehicle）：在其设计上所有车轮同时驱动（包括一个驱动轴可以脱开的车辆）或其几何特性（接近角、离去角、纵向通过角，最小离地间隙）、技术特性（驱动轴数、差速锁止机构或其他形式的机构）和它的性能（爬坡度）允许在非道路上行驶的一种车辆。
- 专用作业车（Special Goods Vehicle）：在其设计和技术特性上用于特殊工作的货车，如消防车、救险车、垃圾车、应急车、街道清洗车、扫雪车、清洁车等。
- 专用货车（Specialized Goods Vehicle）：在其设计和技术特性上用于运输特殊物品的货车，如罐式车、乘用车运输车、集装箱运输车等。

2. 挂车

挂车（Trailer）就其设计和技术特性需由汽车牵引才能正常使用的一种无动力的道路车辆，用于载运人员和/或货物及特殊用途。

（1）牵引杆挂车（Draw-Bar Trailer）：可细分为以下 4 种。

① 客车挂车（Bus Trailer）：在其设计和技术特性上，用于载运人员及其随身行李的牵引杆挂车。

② 牵引杆货车挂车（Goods Draw-Bar Trailer）：在其设计和技术特性上，用于载运货物的牵引杆挂车。

③ 通用牵引杆挂车（General Purpose Draw-Bar Trailer）：一种在敞开（平板式）或封闭（厢式）载货空间内载运货物的牵引杆挂车。

④ 专用牵引杆挂车（Special Draw-Bar Trailer）：一种牵引杆挂车，需经特殊布置后才能载运人员或/和货物，只执行某种规定的运输任务。

（2）半挂车（Semi-Trailer）：车轴置于车辆重心（当车辆均匀受载时）后面，并且装有可将水平或垂直力传递到牵引车的连接装置的挂车。半挂车可细分为以下 4 种。

① 客车半挂车（Bus Semi-Trailer）：在其设计和技术特性上用于载运乘客及其随身行李的半挂车。

② 通用货车半挂车（General Purpose Goods Semi-Trailer）：一种在敞开（平板式）或封闭（厢式）载货空间内载运货物的半挂车。

③ 专用半挂车（Special Semi-Trailer）：一种半挂车，需经特殊布置后才能载运人员或/和货物，只执行某种规定的运输任务。

④ 旅居半挂车（Caravan Semi-Trailer）：能够提供活动睡具的半挂车。

（3）中置轴挂车（Center Axle Trailer）：牵引装置不能垂直移动（相对于挂车），车轴位于紧靠挂车重心（当均匀载荷时）的挂车，这种车辆只有较小的垂直静载荷作用于牵引车，不超过相当于挂车最大质量的 10%或 1 000N 的载荷（两者取较小者）。其中一轴或多轴可由牵引车来驱动。

3. 汽车列车

汽车列车（Combination Vehicles）是一辆汽车与一辆或多辆挂车的组合，有如下几种。

（1）乘用车列车（Passenger Trailer Combination）：乘用车和中置轴挂车的组合。

（2）客车列车（Bus Road Train）：一辆客车与一辆或多辆挂车的组合。各节乘客车厢不相通，有时可设服务走廊。

（3）货车列车（Goods Road Train）：一辆货车与一辆或多辆挂车的组合。

（4）牵引杆挂车列车（Draw-Bar Tractor Combination）：一辆全挂牵引车与一辆或多辆挂车的组合。

（5）铰接列车（Articulated Vehicle）：一辆半挂牵引车与具有角向移动连接的半挂车组成的车辆。

（6）双挂列车（Double Road Train）：一辆铰接式列车与一辆牵引杆挂车的组合。

（7）双半挂列车（Double Semi-Trailer Road Train）：一辆铰接式列车与一辆半挂车的组合。两辆车的连接是通过第二个半挂车的连接装置来实现的。

（8）平板列车（Plarform Road Train）：一辆货车和一辆牵引杆货车挂车的组合；在可角向移动的货物承载平板的整个长度上载荷都是不可分地置于牵引车和挂车上。为了支撑这个载荷，可以使用辅助装置。这个载荷和/或它的支撑装置构成了这两个车辆的连接装置，因此不允许挂车再有转向装置。

2.2 汽车基本构造

2.2.1 汽车的总体构造

作为路面高速行走的工具，汽车的构造是非常精密和复杂的。汽车通常由发动机、传动装置、行驶和控制装置、车身、电气设备等部分组成。

1. 发动机

发动机（见图 2-18）是汽车的动力装置，它的作用是使供入其中的燃料燃烧而产生动力。一般汽车都采用往复活塞式内燃机。它由机体、曲柄连杆、配气机构、燃料供给系统、冷却系统、润滑系统、点火系统和起动系统等几部分组成。

图 2-18 发动机

2. 传动系统

传动系统是将发动机输出的动力传给驱动车轮的装置，它包括离合器、变速器、传动轴、驱动桥、主减速器、差速器等部件。

3. 行驶和控制装置

行驶和控制装置是将汽车总成及部件连接成一个整体，起到支撑全车并保证汽车正常驾驶的装置，包括制动器、转向器、悬架（见图 2-19）、车轮等。

4. 车身

车身（见图 2-20）是形成驾驶员和乘客乘坐空间的装置，也是存放行李等物品的工具。因此，要求它既要为驾驶员提供方便的操作条件，又要为乘客提供舒适的环境；既要保护全体成员的安全，又要保证货物完好无损。也就是说，车身既是保安部件，又是承载部件。在现代汽车中，车身又是技术与艺术的有机结合。轿车车身由本体、内部装饰和车身附件等组成。

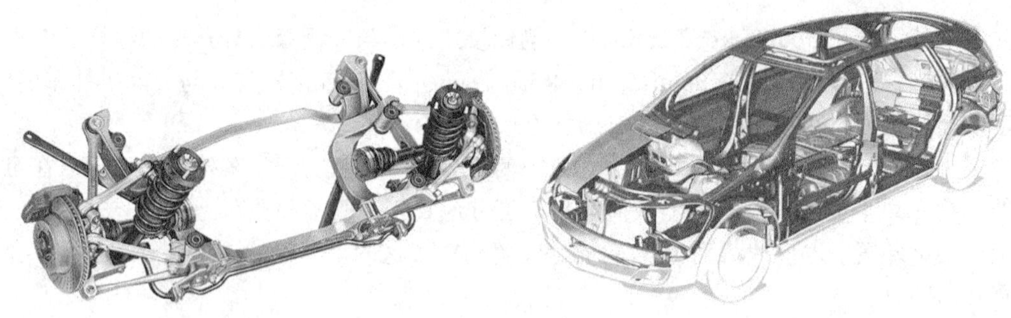

图 2-19　悬架　　　　图 2-20　车身

5. 电气设备

电气设备（见图 2-21）是汽车的重要组成部分，它由电源、发动机点火系统（汽油机）和起动系统、照明和信号装置、空调、仪表、报警系统、辅助电器等组成。

高级轿车更多地采用了现代新技术，尤其是电子技术，如微处理机（汽车计算机，见图 2-22）、中央计算机系统、各种人工智能装置等，从而显著地提高了汽车的性能。

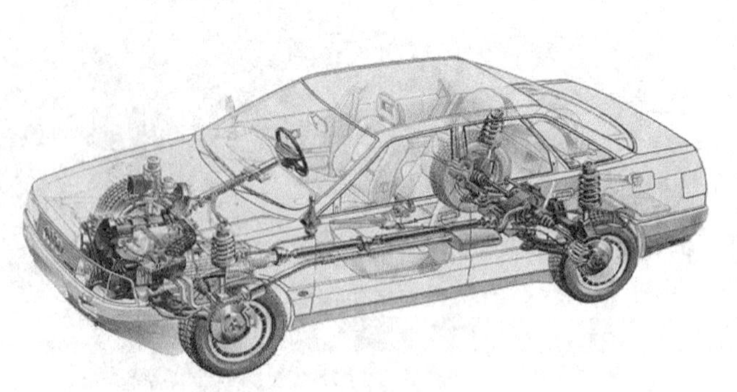

图 2-21　电气设备

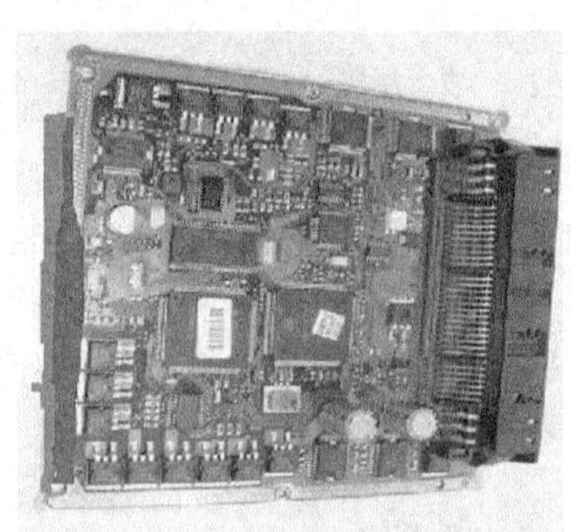

图 2-22　汽车计算机

2.2.2 发动机

1. 发动机的工作原理

在内燃机中，每一次将热能转化为机械能都必须经过进气、压缩、做功和排气这样一系列过程，称为工作循环。对往复活塞式发动机来说，活塞经过上行、下行两个行程完成一个工作循环的发动机称为二冲程发动机，而需要 4 个行程完成一个工作循环的发动机称为四冲程发动机。目前，汽车用发动机都是四冲程发动机，二冲程发动机在摩托车上应用较多。

图 2-23 所示为四冲程汽油机工作原理示意图。从图中可以看到，四冲程有进气行程、压缩行程、做功行程和排气行程组成。

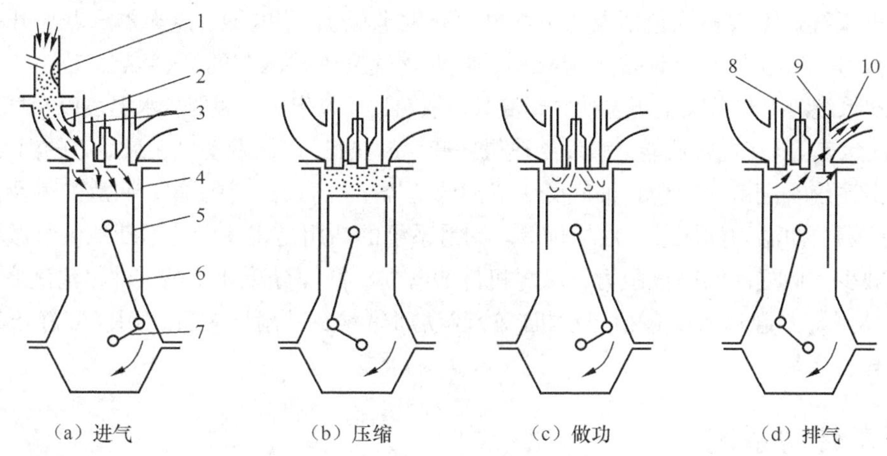

图 2-23　四冲程汽油机工作原理示意图

1—化油器；2—进气管；3—进气门；4—气缸；5—活塞；6—连杆；
7—曲轴；8—火花塞；9—排气门；10—排气管

在进气行程中，进气门开，排气门关，活塞从上止点到下止点行进，计入混合气体；在压缩行程中，进、排气门均关闭，活塞由下止点行进到上止点，压缩混合气体为做功做准备；在接近压缩上止点时，火花塞产生火花，点燃混合气，做功冲程便开始了，气体燃烧产生的巨大推力将活塞从上止点往下推；在接近下止点处排气门打开，活塞上行排出废气，这就是排气行程。在上止点附近先打开进气门，接着又关闭排气门，就开始了下一个循环。

2. 发动机的总体构造

通常，汽油机由两大机构五大系统组成，柴油机由两大机构四大系统组成（无点火系统）。

下面以一汽奥迪 100 型轿车发动机（见图 2-24）为例，介绍四冲程汽油机的基本构造。

（1）机体组。发动机的机体组包括气缸盖、气缸盖罩盖、气缸体及油底壳等。机体组作为发动机各机构、各系统的装配基体，其本身的许多部分又分别是曲柄连杆机构、燃料供给系统、冷却系统和润滑系统的组成部分。

（2）曲柄连杆机构。曲柄连杆机构包括活塞、连杆总成、带有飞轮齿圈的曲轴等。这是发动机借以产生动力，并将活塞的往复直线运动转变成曲轴旋转运动而输出动力的机构。

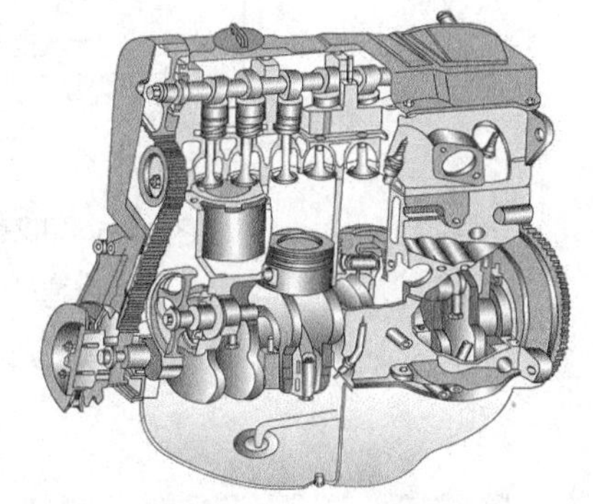

图 2-24　一汽奥迪 100 型轿车发动机

（3）配气机构。配气机构包括进气门、排气门、液力挺杆总成、凸轮轴、凸轮轴正时齿轮（由曲轴正时齿轮通过正时皮带驱动）、气门弹簧等。其作用是使可燃混合气及时充入气缸并及时从气缸中排出废气。

（4）燃料供给系统。燃料供给系统包括汽油箱、汽油泵、汽油滤清器、油管、空气滤清器，化油器、进气歧管、排气管、排气消声器。其作用是根据发动机的各种工况要求，配备具有一定数量和浓度的可燃混合气供入气缸，并将燃烧生成的废气排出发动机。

（5）点火系统。点火系统包括电源（蓄电池和发电机）、分电器、点火器、点火开关、点火线圈、火花塞等。其功用是保证按规定时刻及时点燃气缸中被压缩的可燃混合气。

（6）冷却系统。冷却系统主要包括冷却液泵、散热器、风扇、节温器、水温表以及气缸体和气缸盖里铸出的水套等。其主要功能是散发受热机件产生的热量，以使发动机在最适宜的温度下工作。

（7）润滑系统。润滑系统包括油底壳、机油滤清器、机油泵、限压阀、润滑油道及油管、油温和油压传感器、油温和油压表、油标尺等。润滑系统的功用是将润滑油不断地供给做相对运动的零件，以减少它们之间的摩擦阻力，减轻机件的磨损，并部分冷却摩擦零件，清洗摩擦表面。

（8）起动系统。起动系统包括起动机、冷起动加热器及其附属装置，用以使静止的发动机起动并转入自行运转。

2.2.3 汽车传动系统

1. 传动系统组成

汽车传动系统的基本功用是将发动机发出的动力传给驱动车轮，使汽车行驶。

常见的机械式传动系统的组成及布置形式如图 2-25 所示，发动机发出的动力经过离合器、变速器，由万向节和传动轴组成的万向传动装置以及安装在驱动桥中的主减速器、差速器和半轴传到驱动轮。

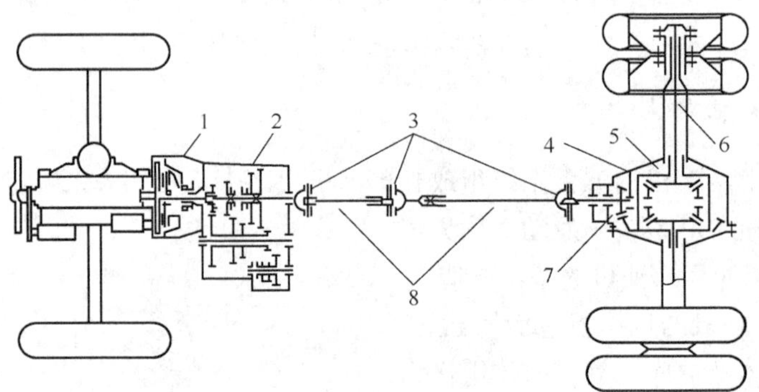

图 2-25 机械式传动系统的组成及布置形式

1—离合器；2—变速器；3—万向节；4—驱动桥；5—差速器；
6—半轴；7—主减速器；8—传动轴

2. 离合器

离合器可分为摩擦式离合器、液力耦合器和电磁离合器。摩擦式离合器有干式和湿式两种，湿式是指将摩擦片浸在油中，干式是指摩擦片在干燥状态下工作。

通常，湿式离合器采用多片形式而成为行星自动变速器的组合元件；轿车常用的单片离合器都是干式离合器。单片摩擦式离合器有采用膜片弹簧和螺旋弹簧两种形式，其工作原理都是相同的，均由主动部分、从动部分、压紧机构和操作机构四部分构成。

3. 变速器

汽车上广泛使用的活塞式发动机，其输出的扭矩和转速变化范围很小，而汽车在行驶中所遇到的复杂道路条件和使用条件要求汽车的驱动力和车速能在较大的范围内变化。为此，在汽车的传动系统中设置了变速器。

变速器的主要功能如下。

① 在较大范围内改变汽车的行驶速度和汽车驱动轮上转矩的数值。

② 在发动机旋转方向不变的情况下，利用倒挡实现汽车倒向行驶。

③ 在发动机不熄火的情况下，利用空挡中断动力传递，可以使驾驶员松开离合器踏板离开驾驶位置，且便于汽车起动、怠速、换挡和动力输出。

4. 万向传动装置

万向传动装置用来实现变角度的动力传递。万向传动装置一般由万向节和传动轴组成，有时还要加装中间支撑。

5. 驱动桥

驱动桥的功用是将万向传动装置传来的发动机动力经减速增矩改变传动方向后，分配给左、右驱动轮，并且允许左、右驱动轮以不同转速旋转。驱动桥（见图 2-26）通常由主减速器、差速器、半轴和驱动桥壳组成。主减速器可减速增矩，并可改变发动机转矩的传递方向，以适应汽车的行驶方向。

差速器可保证左、右驱动轮以不同的转速旋转。半轴将转矩从差速器传到驱动轮。桥壳支撑汽车的部分质量，承受驱动轮上的各种力及力矩、并起到保护住减速器、差速器和半轴的作用。

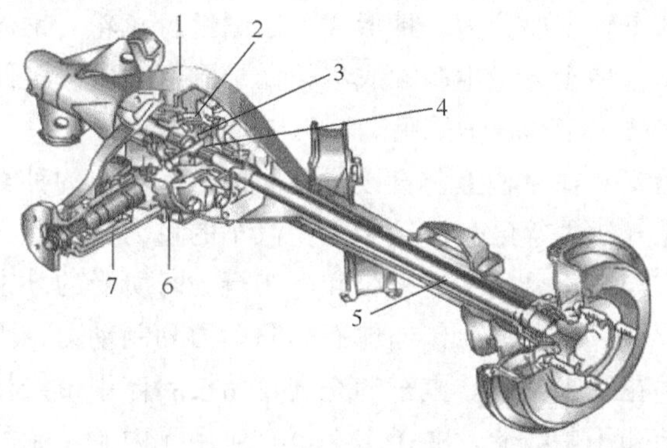

图 2-26　驱动桥示意图

1—后桥壳；2—差速器壳；3—差速器行星齿轮；4—差速器半轴齿轮；
5—半轴；6—主减速器从动齿轮齿圈；7—主减速器主动小齿轮

2.2.4　汽车行驶系统

轮式汽车行驶系统一般由车架、车桥、车轮和悬架组成，如图 2-27 所示。

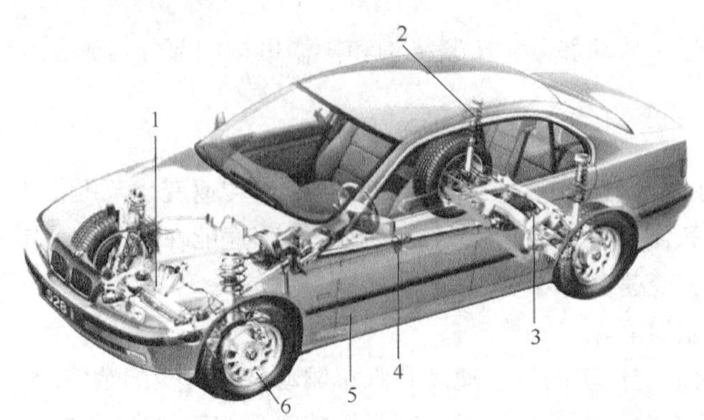

图 2-27　轿车行驶系统

1—从动桥；2—悬架；3—驱动桥；4—传动轴；5—车架；6—车轮

为减小车辆在不平路面上行驶时车身所受到的冲击和震动，车桥又通过悬架车架连接。在某些没有整体车桥的行驶系统中，两侧车轮的心轴也可分别通过各自的弹性悬架与车架连接，即独立悬架。

承载式车身没有车架，而车身已兼起车架的作用，车身承担整车结构的主要强度，一般小型轿车均采用承载式车身。

1. 车桥

车桥也称车轴，通过悬架与车架相连接，两端安装汽车车轮。车架所受的垂直载荷通过车桥传到车轮；车轮上的滚动阻力、驱动力、制动力和侧向力及其弯矩、转矩又通过车桥传递给悬架和车架，故车桥的作用是传递车架和车轮之间的各向作用力及其所产生的弯矩和转矩。

2. 车轮与轮胎

（1）车轮。汽车的车轮由轮毂、轮辋以及这两部分的连接件组成。车轮要求坚固、轻便和平衡。现代汽车所使用的车轮主要分为 3 种形式：压制钢盘车轮、钢丝辐条车轮和轻合金铸造车轮。其中，压制钢盘车轮易于大量生产、成本较低、刚度适中、轻便坚固，因而应用广泛；后两种车轮成本较高，多被跑车和赛车采用。

（2）轮胎。汽车轮胎安装在轮辋上，直接与路面接触。轮胎的种类繁多，可按其用途、结构、材料、胎面花纹、充气压力等区分。轮胎承受汽车的重力，因此必须有承受载荷的能力。由于轮胎有一定的弹性，与汽车悬挂共同来缓和汽车行驶时所受的冲击力，以保证汽车有良好的乘坐舒适性和行驶平顺性。轮胎又要传递地面的驱动力和制动力，因此必须与地面有良好的附着性能，这通常靠各种花纹来增强。汽车的充气轮胎按胎体中帘线排列方向不同，可分为普通斜交线胎、带束斜交胎和子午线胎。在轿车上也有应用无内胎轮胎的，这种轮胎消除了内、外胎间的摩擦，工作的温度低，适于高速行驶，而且它结构简单，质量较小。

3. 悬架

悬架是车身和车桥之间一切传动力连接装置的总称。现代汽车尽管有不同结构形式的悬挂，但一般都是由弹性元件、减振器和导向装置三部分组成的，它们分别起缓冲、减振和导向作用，同时又都起传力作用。

悬架有两大类，即独立悬架和非独立悬架，如图 2-28 所示。

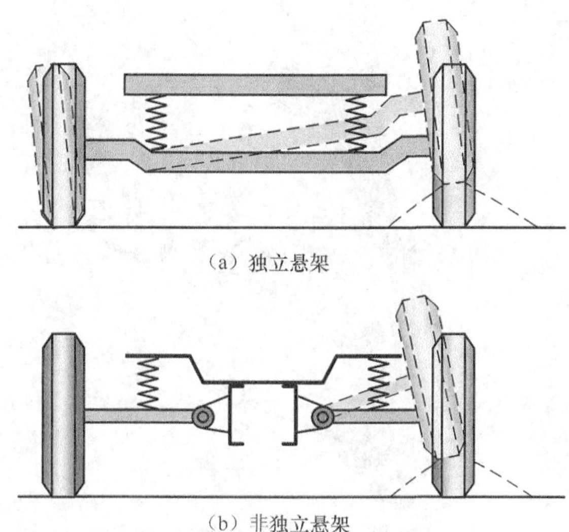

(a) 独立悬架

(b) 非独立悬架

图 2-28 独立悬架和非独立悬架

2.2.5 汽车转向系统

1. 转向系统的功用

汽车在行驶中，经常需要改变行驶方向。汽车上用来改变汽车行驶方向的机构称为汽车转向系统。汽车行驶方向的改变是由驾驶员通过操纵转向系统来改变转向轮（一般是前轮）的转向角度实现的。

转向系统不仅可以改变汽车的行驶方向，使其按驾驶员规定的方向行驶，而且还可以克服由于路面侧向干扰力使车轮自行产生的转向，恢复汽车原来的行驶方向。

2. 转向系统的类型

汽车转向系统根据其转向能源的不同，可以分为机械转向系统和动力转向系统两大类型。

（1）机械转向系统。机械转向系统以驾驶员的体力作为转向能源，又称为人力转向系统。机械转向系统一般由 3 部分组成，即转向操纵机构（方向盘、转向轴）、转向器和转向传动机构（横拉杆、转向节臂、转向节等），如图 2-29 所示。

（2）动力转向系统。动力转向系统是在机械转向系统的基础上加设一套转向加力装置而成的（见图 2-30），兼用驾驶员体力和发动机动力作为转向能源，并且以发动机动力作为主要能源。转向加力装置包括转向油罐、转向油泵、转向控制阀和转向动力缸等。转向油泵由发动机驱动，以产生高压油液。

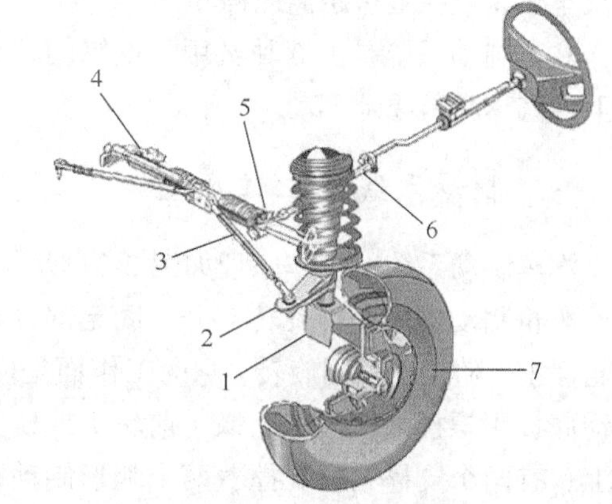

图 2-29 机械式转向系统

1—转向节；2—转向节臂；3—横拉杆；4—减振器；5—机械转向器；6—转向轴；7—转向轮

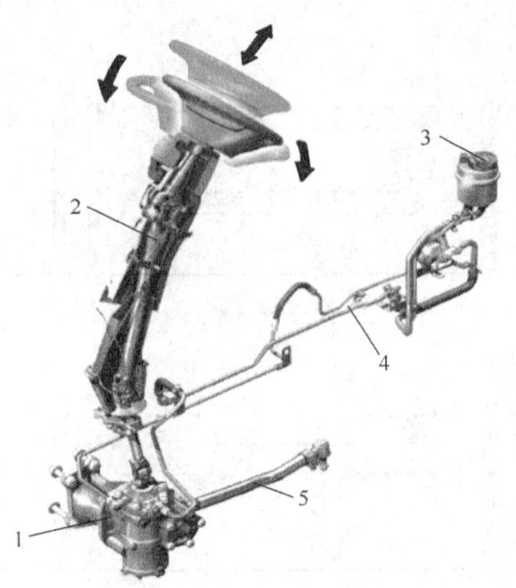

图 2-30　动力转向系统示意图

1—液压助力转向泵；2—转向柱及转向管；3—液压油存储罐；
4—液压油传输管线；5—转向拉杆

2.2.6　汽车制动系统

1. 制动系统的功用

目前，汽车的行驶速度不断提高，道路情况越来越复杂。为了在技术上保证汽车的安全行驶，提高汽车的平均行驶车速，以提高运输生产率，在各种汽车上都设有专用的制动机构，使行驶中的汽车减低速度甚至停车或者使已经停下来的汽车保持不动。

2. 制动系统的类型

一般汽车应包括两套独立的制动系统：行车制动系统和驻车制动系统。

行车制动系统是由驾驶员用脚来操纵的，故又称为脚制动系统。它的功能是使正在行驶中的汽车减速或在最短距离内停车。

驻车制动系统是由驾驶员用手操纵的，故又称为手制动系统。它的功能是使已停在各种路面上的汽车驻留原地不动。

3. 制动系统的工作原理

汽车制动系统的工作原理如图 2-31 所示。它由制动器和液压传动机构组成。

车轮制动器主要由旋转部分、固定部分和张开机构组成。旋转部分是制动鼓，它固定在车轮轮毂上，随车轮一同旋转，它的工作面是内圆柱面。固定部分主要包括制动蹄和制动底板等。制动底板用螺栓与转向节凸缘（前轮）或桥壳凸缘（后轮）固定在一起。在固定不动的制动底板上，有两个支撑销，支撑着两个弧形制动蹄的下端。制动蹄的外圆面上装有摩擦片，上端用制动蹄回位弹簧拉紧液压轮缸等张开机构使其张开。液压轮缸也安装在制动底板上。液压传动机构主要由制动踏板、推杆、制动主缸、制动轮缸和油管等组成。装在车架上的制动主缸也用油管与制动轮缸相连通。主缸活塞可由驾驶员通过制动踏板来操纵。

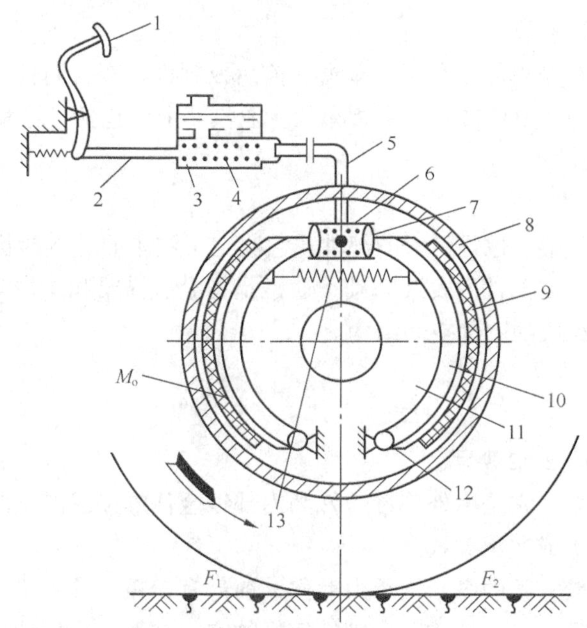

图 2-31 制动系工作原理示意图

1—制动踏板；2—推杆；3—主缸活塞；4—制动主缸；5—油管；
6—制动轮缸；7—轮缸；8—制动鼓；9—摩擦片；10—制动器；
11—制动底板；12—支撑销；13—制动蹄回位弹簧

制动系统不工作时，制动鼓的内圆面与制动蹄摩擦片的外圆面之间保留有一定的间隙，使制动鼓可以随车轮自由旋转。

制动时，踩下制动踏板，推杆便推动主缸活塞，使主缸中的油液以一定压力流入制动轮缸，通过轮缸活塞使两制动蹄的上端向外张开，从而使摩擦片压紧在制动鼓的内圆面上。

这样，不旋转的制动蹄就对旋转着的制动鼓产生一个摩擦力矩 M_o，其作用方向与车轮旋转方向相反，摩擦力矩大小取决于轮缸的张力、摩擦系数和制动鼓及制动蹄的尺寸等。制动鼓将该力矩 M_o 传到车轮后，由于车轮与路面间的附着作用，车轮即对路面作用一个向前的周缘力 F_1，与此同时，路面给车轮作用一个向后的反作用力 F_2，即制动力。制动力 F_2 由车轮经车桥和悬架传递给车架和车身，迫使整个汽车产生一定的减速度，制动力越大，减速度也越大。

当松开制动踏板时，制动蹄回位弹簧即将制动蹄拉回原位，摩擦力矩 M_o 和制动力 F_2 消失，制动作用即解除。

制动时车轮上的制动力 F_2 不仅取决于制动力矩 M_o，还取决于轮胎与路面间的附着条件。如果完全丧失附着，就不会产生制动效果，即车轮停止了转动而被抱死，汽车仍然向前滑移。不过，在讨论制动系统的结构问题时，一般都假设具备良好的附着条件。

2.2.7 车身及附属设备

1. 车身的功用与组成

汽车车身是运送乘客、货物和驾驶员工作的场所，车身应具备使乘客和货物免受尘土、雨雪、振动、噪声、废气侵袭，以及使驾驶员工作便利的条件。车身上的一些结构措施和设备还应有助于行车安全和减轻事故。

汽车车身主要包括车身壳体、车门、车窗、前后钣制件、车身附件、车身内外装饰件、座椅以及通风、暖气、冷却、空调装置等。货车和专业汽车上还包括货箱和其他专用设备。

2. 车身的类型

车身是汽车的基本骨架，也是最大的部件，它决定了汽车的基本形状、大小和用途。

车身壳体是一切车身零部件的安装基础，通常是指纵、横梁和支柱等主要承力元件以及与它们相连的钣制件共同组成的刚性空间结构。

3. 轿车的车身

轿车车身的类型如图 2-32 所示。

轿车车身无明显骨架，它是由外部覆盖件和内部钣金件焊接成的空间结构。轿车车身一般采用承载式（见图 2-33）或非承载式。

承载式车身底板有较完整的纵、横承力元件，前部有较粗大的纵梁，通常与两侧的前挡泥板和前面的散热器固定框焊接，构成一个刚性较好的空间框架，为发动机、前悬架等部件的安装提供坚实可靠的基础。

非承载式车身的车前钣制件往往不是焊接在车身壳体上，而是用螺钉连接并安装在其车架上。因此，非承载式车身前面较薄弱。但是高级轿车为乘坐舒适，仍多采用非承载式车身。

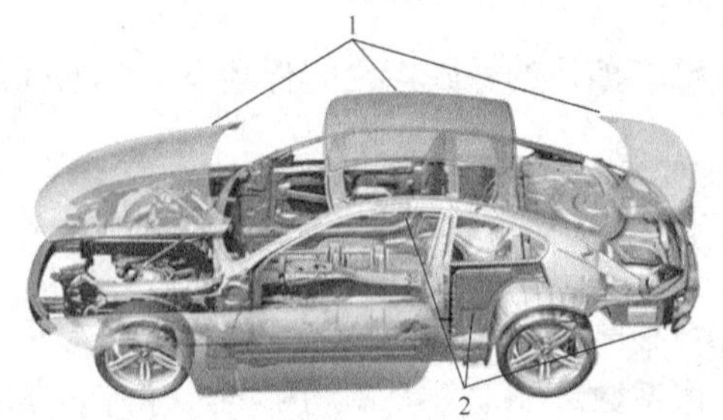

图 2-32 轿车车身的类型

1—车身覆盖件；2—车身结构件

图 2-33 典型的承载式轿车车身

4. 汽车仪表及附件

汽车仪表是驾驶员通过视觉了解汽车工作状态的必备部件，其种类很多，但大致可分为读取数值的仪表（如车速表）和判断车况是否正常的仪表（或装置）。

这些仪表安装在驾驶员最容易看见的驾驶员座椅对面的仪表板上，如图 2-34 所示。

图 2-34 轿车仪表板

由于仪表是靠视觉来了解汽车工作状态的，因此，应具有良好的目视性（容易辨认）。将仪表设置在驾驶员正对面的仪表板上，可减少视线从前方路面移开的次数。

需要频繁读数的仪表，应安装在仪表板中间，否则会增加视线移动量从而带来不便；不需经常确认的警报灯等，可安装在目视性较差的部位。警报灯（指示灯）发生异常时灯亮，但它不能读出数值。

汽车主要仪表及附件的作用介绍如下。

① 车速里程表。它由指示汽车行驶速度的车速表和记录汽车所行驶过距离的里程表组成，它们装在同一壳体中，由同一根轴驱动。

② 车速报警装置。它是为保证行车安全而在车速表内设置的音响报警系统。

③ 机油压力表。它是在发动机工作时指示发动机润滑系统主油道中机油压力大小的仪表。

④ 机油低压报警装置。它由装在仪表板上的机油低压报警灯和装在发动机主油道上的油压传感器组成。其作用是当发动机润滑系统主油道中的油压低于正常值时，向驾驶员发出报警信号。

⑤ 燃油表。其作用是指示汽车燃油箱内的存油量。

⑥ 燃油油面报警装置（即燃油液位报警灯）。其作用是当燃油箱内的燃油量少于某一规定值时立即发出报警，以引起驾驶员的注意。

⑦ 水温表。其功能是指示发动机气缸盖水套内冷却液的工作温度。

⑧ 水温报警灯。该灯能在冷却液温度升高到接近沸点（如 95℃～98℃）时发亮，以引起驾驶员的注意。

⑨ 电流表。电流表用以指示蓄电池充电和放电的电流值。在进口车上，目前很少采用传统的电流表，而普遍采用充电指示灯。灯亮表示不充电，灯不亮则表示充电。

⑩ 充电指示灯。充电指示灯仅在发电机不对蓄电池充电时才发亮。

5. 安全防护装置

（1）安全带。随着轿车工业的发展，汽车安全问题日益被人们所重视。人们采取了各种措施以提高汽车的安全性能。其中，安全带的使用是提高汽车安全性的重要措施之一。汽车行驶时，乘员以与汽车相同的速度运动。当汽车发生碰撞紧急制动时，由于惯性作用，乘员被抛向前方。这种突如其来的惯性力非常大，即使在 20km/h 的车速下发生很轻的碰撞，靠人的腕力也无法支撑身体。而座椅安全带通过高强度的织带约束乘员的运动，减轻或避免乘员与其他物体的碰撞受伤。同时，当汽车失去平衡、倾覆或翻滚时，安全带将人体约束在座椅上，避免其在车内翻滚而造成二次或多次碰撞。大量实践证明，安全带是最有效的安全防护装置，它可大幅度降低碰撞事故的受伤率和死亡率。

（2）安全气囊。现在，越来越多的汽车都装备有安全气囊。其目的是辅助保护乘员，基本前提是佩戴安全带。由于汽车撞车时产生的冲击力很大，即使佩戴了安全带，驾驶者的脸部有时也会撞击在转向盘或前方其他物体上。安全气囊系统可弥补佩戴安全带后仍不能完全固定身体的缺陷，使乘员得到更充分的保护。当汽车以大于 20km/h 的运行速度，在正前方 ±30° 的范围发生撞击时，安全气囊就会迅速自动充气弹开，瞬间鼓起一个很大的气囊，犹如缓冲垫填在驾驶员和转向盘之间（见图 2-35），从而减轻驾驶员（或乘员）头部及胸部的伤害。

（3）其他安全防护装置。

图 2-35　安全气囊的保护作用

① 头枕。头枕是在汽车后部受撞击时限制人的头部向后运动的装置，该装置能够有效地控制由于追尾碰撞而造成的头部前后甩动，以避免头部、颈椎受伤害。

② 门锁机构。汽车行驶中，万一车门打开非常危险，现代汽车的门锁和门铰链都制作得十分牢固可靠，发生碰撞时不会因车身和车门的变形使车门轻易打开，碰撞后门锁不会影响车门的正常开启。行驶中，为防止儿童顽皮误将车门突然打开，儿童门锁与普通门锁不同，从车门内侧操作不能打开车门，儿童摆弄也不能解除门锁的安全机。有的车门还设有车门未锁报警开关。

③ 车窗玻璃。其性能不仅影响驾驶员及乘员的视野，也关系到安全。采用夹层玻璃或局部钢化玻璃兼顾了这两方面的问题。因此，它也是一种安全措施。

④ 室内软化。在现代汽车上，车身内部一切有可能与人体撞击的构件应避免采用尖角、凸棱或小圆弧过渡的形状，而且车身内广泛采用软材料包垫。室内软化不仅是为了满足舒适性要求，更重要的是为了安全防护性能的要求。

⑤ 保险杠。它是安装在汽车前后，防止轻度碰撞时损坏汽车及乘员、行人的部件，由外板、缓冲材料和横梁等3部分组成。在开车门或侧面发生碰撞时，缓冲材料可保护车身，车身可靠的强度和硬度对保证汽车及乘员的安全也十分重要。

6. 暖风空调装置

现代汽车大都装有车用暖风装置和车用空调，从而提高车内乘坐的舒适性。

（1）暖风装置。水冷式发动机的暖风装置，是一个利用发动机工作时产生的热量作为热源的暖风机。外部空气由送风机吸入，发动机的高温冷却水在循环途中，部分导入暖风机，经暖风机的热交换器将空气加热，再将加热的空气送入车内，以供取暖、车窗除霜等。通过调节向暖风机输入的冷却水循环量及送风机转速可以增减外部空气的吸入量，以便控制暖风的温度。这种暖风装置多用于普通级和中级轿车或载货汽车驾驶室。对于大型客车，利用发动机热源不能满足供热要求，应另设热源。

（2）空调装置。汽车空调一般由通风装置、暖风装置、冷气装置以及空气净化装置等组成。其工程过程如下。

① 压缩机运转时，将蒸发器内产生的低温、低压制冷剂蒸气吸入并进行压缩后，在高温、高压的状态下排出。

② 高温、高压气态制冷剂流入冷凝器，经冷却，气态制冷剂变成液体。

③ 液态制冷剂进入干燥过滤器，滤去水分和杂质。

④ 高压液态制冷剂从膨胀阀小孔喷出，呈低压雾状，并流入蒸发器。

⑤ 雾状制冷剂在蒸发器内吸收蒸发器盘管外边空气中的热量后汽化，从吹风机来的空气流经蒸发器表面，被冷却后送到车厢内，气态制冷剂又重新被压缩机吸入，这样反复循环即可达到制冷目的。

2.3 汽车基本行驶原理

2.3.1 汽车行驶的基本概念

要使静止的汽车开始行驶，并且在行驶中保持一定的速度或加速度，就必须对汽车施加一个与行驶方向相同的推动力，以克服阻碍汽车运动的各种阻力。这个推动汽车行驶的力称为牵引力。汽车牵引力来源于汽车发动机运转时产生的扭矩通过传动机送到驱动轮产生的驱动力。根据力平衡的原理，汽车行驶时其牵引力要至少等于汽车行驶总阻力。

2.3.2 汽车行驶的阻力

汽车行驶中通常会遇到的阻力有滚动阻力、空气阻力、坡度阻力和加速阻力。

1. 滚动阻力

滚动阻力 F_f 主要是由轮胎和路面的变形而产生的，主要包括以下几个方面。

（1）道路塑性变形损失。车轮滚动时会推移土壤，轮胎和路面之间产生摩擦，土壤受挤压产生塑性变形等要消耗一定的能量。

（2）轮胎弹性迟滞损失。汽车行驶时，轮胎在径向、切向及侧向都会产生变形，并处于变形、恢复的循环中，其中有一部分能量要消耗在轮胎组织的内摩擦上，称为弹性迟滞损失，使轮胎发热，并向大气释放热量。

（3）其他损失。汽车行驶还包括从动轮轴承、油封处的损失，悬架零件间的摩擦和减振器内的损失等。滚动阻力的大小一般用下列公式计算：

$$F_f = Gf$$

式中，G——汽车重力（N）；

f——滚动阻力系数。

滚动阻力系数表示单位车重的滚动阻力。汽车在不同路面或不同的运行条件下行驶时的滚动阻力系数是不一样的。滚动阻力系数的大小由试验确定，其影响因素主要有以下几个。

① 路面的类型、平整度、坚硬程度和干燥状况。表 2-1 所示为车速在 50km/h 以下时，不同路面上的滚动阻力系数。

表 2-1　不同路面上的滚动阻力系数 f 的数值

路面类型	滚动助力系数 f	路面类型	滚动助力系数 f
良好的沥青或混凝土路面	0.010～0.018	压紧土路（雨后）	0.050～0.150
一般的沥青或混凝土路面	0.018～0.020	泥泞土路（雨季或解冻期）	0.100～0.250
碎石路面	0.020～0.025	干沙	0.100～0.300
良好的卵石路面	0.025～0.030	湿沙	0.060～0.150
坑洼的乱石路面	0.035～0.050	结冰路面	0.015～0.030
压紧土路	0.025～0.035	压紧的雪道	0.030～0.050

② 轮胎的结构。在保证轮胎有足够的强度和寿命的前提下，减少帘布层数，可以使轮胎体变薄而减小滚动阻力系数。子午线轮胎比普通轮胎的滚动阻力系数小，而且车速的变化对它的影响较小；胎面花纹磨损的轮胎，比新轮胎的滚动阻力系数小。

③ 轮胎的气压。气压降低时，在硬路面上轮胎变形大，滚动阻力系数增大；气压过高，在软路面上行驶时，路面产生很大的塑性变形，并会留下轮辙，也使滚动阻力系数增大。因此在车辆使用中，应根据车辆使用说明的规定，保持合适的轮胎气压，轿车的轮胎标准气压值通常标注在油箱盖内侧或驾驶舱门内护板下侧。

④ 行车速度。车速在 50km/h 以下时，滚动阻力系数变化不大；在 100km/h 以上时，滚动阻力系数增长较快。车速达某一高速，如在 150～200km/h，滚动阻力系数迅速增大，因为这时轮胎将出现驻波现象，即轮胎周缘不再是圆形而呈明显的波浪状。这时车辆的滚动阻力会显著增加。如不能及时发现，可能会出现轮胎温度急速上升甚至爆胎的危险。

2. 空气阻力

空气阻力（F_w）是指在汽车行驶时，空气与汽车表面相互摩擦产生的摩擦阻力和车身前后所受的压力差而产生的阻力的合成。空气阻力与汽车的正面投影面积（或称迎风面积）以及汽车与空气的相对速度的平方成正比，它还与汽车外部轮廓形状和表面质量有关。汽车正面投影面积越大，车速越高，空气阻力在汽车行驶总阻力中所占比例也越大。对高速行驶的汽车而言，空气阻力是汽车行驶的主要阻力。现代汽车努力改进车身设计，采用流线型较好的外形以减小空气阻力。

3. 坡度阻力

当汽车上坡时，汽车重力（总质量）在平行于路面的方向上产生一个分力，其方向与汽车行进方向相反，这个力为上坡阻力。下坡时则相反，其重力在平行于路面方向的分力与汽车行进方向相同，形成了下坡阻力。坡度阻力（F_i）的大小决定于汽车的总质量以及路面的纵向坡度。

4. 加速阻力

加速阻力（F_j）也称为惯性阻力，是阻止汽车改变速度的惯性力。当汽车加速时它产生的惯性力作用方向与汽车的行驶方向相反，成为加速阻力；减速时则产生惯性阻力，推动汽车行进。当汽车匀速行驶时，加速阻力为零。

汽车行驶的过程中，受到的各种行驶阻力必须与驱动力 F_t 平衡。表示汽车驱动力与行驶阻力之间关系的等式，称为汽车的驱动力平衡方程，即 $F_t=F_f+F_w+F_i+F_j$。该式说明了汽车行驶中驱动力与各行驶阻力的平衡关系，其平衡关系不同，则汽车的运动状态不同。

若 $F_j=F_t-(F_f+F_w+F_i)>0$，即 $F_t>F_f+F_w+F_i$ 时，汽车将加速行驶。

若 $F_j=F_t-(F_f+F_w+F_i)=0$，即 $F_t=F_f+F_w+F_i$ 时，汽车将匀速行驶。

若 $F_j=F_t-(F_f+F_w+F_i)<0$，即 $F_t<F_f+F_w+F_i$ 时，汽车将无法起步或减速行驶直至停车。

可见，汽车行驶的必要条件是 $F_t>F_f+F_w+F_i$。

上式为汽车的驱动条件，它反映汽车的行驶能力，但还不是汽车行驶的充分条件。汽车行驶的充分条件是汽车驱动力小于等于附着力。附着力与路面轮胎等因素有关。

2.3.3 汽车的使用性能

汽车的使用性能是指汽车能适应使用条件而发挥最大工作效率的能力。汽车驾驶员了解和掌握汽车使用性能的目的在于根据使用要求和使用条件，更好地利用其使用性能，减少不正确的使用方法，以便最大限度地发挥汽车的工作效率。

评价汽车使用性能的指标很多，使用性能的主要评价指标包括以下 8 个方面。

1. 汽车的动力性

汽车的动力性直接影响着汽车的平衡行驶速度和运输生产效率。汽车的平均行驶速度是汽车动力性的总指标。从尽可能获得高的平均行驶速度的观念出发，汽车动力性通常用汽车的加速时间、最高车速和最大爬坡能力来表示。

汽车动力性的评价指标如下。

（1）加速时间。加速时间是指汽车行驶速度达到指定水平加速过程所需的时间。它对市区运行车辆的平均行驶速度影响很大，特别是对轿车而言，加速时间尤为重要。常用原地起步连续换挡加速时间和超车加速时间来表示汽车的加速能力。加速时间越短，表示汽车的加速性能越好。实际试验中采用下列两种方法评定。

① 最高挡或次高挡加速性能，也称超车加速性能。它用汽车最高挡或次高挡由某一预定的中速全力加速至另一预定高速时所经过的时间或距离来判定。这段时间越短，则超车加速能力越强，从而可以减少超车过程中的并行时间，有利于保障行车安全。

② 起步连续换挡加速性能，也称原地起步加速性能。它是用汽车以起步挡起步，并以大的加速度且选择恰当的换挡时刻逐步换至最高挡后，加速到某一高速所需时间与距离来评定的。原地起步加速时间是衡量轿车动力性能的重要指标。一般认为高速轿车从静止到 100km/h 的加速时间应在 10s 以内，跑车或竞赛汽车从静止到 100km/h 的加速时间一般在 4s 左右。

（2）最大爬坡度。最大爬坡度是指汽车满载在干燥硬实路面上使用最低挡打出最大牵引力的情况下，匀速行驶能爬越的最大坡度的能力。它对于山区行驶车辆的平均行驶速度有很大影响。轿车一般不强调爬坡能力，因为轿车的最高车速高，加速时间短，经常在较好的道路上行驶；货车则不同，它需要在各种地区的各种道路上行驶，所以必须具有足够的爬坡能力。所谓坡度，是指坡道的垂直高度与坡道的水平长度之比值，通常用百分数表示。例如，坡道的水平长度为 100m，坡道的终点比起点升高了 10m，则这个坡道的坡度为 10%。

需要进一步加以说明的是，最大爬坡度代表了汽车的极限爬坡能力，它应比实际行驶中遇到的道路最大坡度超出很多，这是因为应考虑到在实际坡道行驶时，在坡道停车后顺利起步加速应克服松软坡道路面的大阻力、坡道上崎岖不平路面的局部大阻力等。越野汽车要在坏路或无路条件下行驶，因而爬坡能力是一个很重要的指标，它的最大爬坡度可达 60%或更高。

（3）最高车速。最高车速指汽车在水平、良好路面上满载行驶时所能达到的瞬时最高车速（km/h）。它对长途运输车辆的平均行驶速度影响较大。

影响汽车动力性能的主要因素如下。

① 发动机参数的影响。

- 发动机最大功率。发动机最大功率越大，汽车的动力性越好，最高车速、加速能力、爬坡能力必然也好，但发动机功率也不宜过大，否则在常用条件下，会由于发动机负荷率过低

而导致油耗增加。

● 发动机最大转矩。发动机的最大转矩大，传动比一定时，汽车的加速和上坡能力就强。

② 传动系统挡数的影响。变速器的挡数增加时，发动机在接近最大功率工况下工作的机会增加，发动机的平均功率利用率高，后备功率增大，有利于汽车加速和上坡，提高了汽车中速行驶时的动力性。挡数多，可选用最合适的挡位行驶，使发动机尽可能在大功率工况下工作，提高了功率利用的平均值。

③ 变速器传动比的影响。变速器的传动比对汽车动力性的影响最大。一挡的传动比例越大，汽车的牵引能力和爬坡能力就越强，但应在附着条件的限制之内，汽车的动力性才能充分发挥。变速器其余各挡的传动比应按等级比数分配，保证汽车在换挡加速过程中功率利用程度最高。

④ 汽车制造的影响。汽车造型影响汽车的空气阻力系数，对汽车的动力性也有影响。因为空气阻力和车速平方成正比，克服空气阻力消耗的功率和车速的立方成正比，所以汽车的造型对汽车的最高车速有很大影响。

⑤ 轮胎尺寸与形式的影响。汽车的驱动力与驱动轮的半径成反比，而车速与驱动轮的半径成正比。因此，轮胎半径对与动力性有关的驱动力和车速是矛盾的。在良好路面上行驶的汽车，由于附着力较大，允许运用小直径的轮胎，可得到较大的驱动力，车速的提高可以用减小主减速器传动比来解决。轮胎尺寸和主减速器传动比的减小，使汽车质心高度降低，提高了汽车行驶的稳定性，有利于汽车的高速行驶。

⑥ 使用因素的影响。使用因素的影响主要包括发动机的技术状况、汽车底盘技术状况、驾驶技术、汽车运行条件等。

● 发动机技术状况。发动机技术状况不良，其功率低、转矩下降，汽车动力性下降。

● 汽车底盘技术状况。汽车传动系统各传动元件的松软度与润滑、前轮定位的调整、轮胎气压、制动性能的好坏、离合器的调整、传动系统的润滑油质量等都直接影响汽车的动力性。

● 驾驶技术。熟练地驾驶操作，适时迅速地换挡以及正确选择挡位，对发挥和利用汽车动力性均有很大影响。

● 汽车运行条件的影响。气候温度过高或过低，容易造成发动机过热和过冷，使发动机的功率下降；当汽车在高原地区行驶时，由于空气稀薄，发动机的充气量和压缩压力会降低，导致发动机功率下降；汽车在行驶过程中，道路条件不断变化，如遇泥泞土路和冰雪路面等，车轮的滚动阻力增加，附着系数减小，因而也使发动机功率大大降低。

2. 汽车燃料的经济性

汽车燃料的经济性是指汽车以最小的燃料消耗完成单位运输工作的能力。提高燃料经济性，将减少单位运输量的燃料消耗，降低运输成本。汽车的燃油经济性常用一定运行工况下汽车行驶百公里的燃油消耗量或一定燃油量能使汽车行驶的里程来衡量。

在我国及欧洲，燃料经济性指标的单位为 L/100km，即每行驶 100km 所消耗的燃油升数。它的数值越大，汽车燃油经济性越差。美国和日本均采用 mi/gal（英里/加仑，1 mi=1.609 km，1 gal=3.785L）作为燃油经济性的单位，即单位加仑燃油所能行驶的英里数。这个数据越大，汽车燃油经济性能越好。

匀速行驶百公里燃油消耗量是常用的一种评价指标，它是指汽车在一定载荷（我国标准规定轿车为半载、货车为满载）下，以最高挡在水平良好路面上匀速行驶 100km 的燃油消耗量。通常是测出每隔 10km/h 或 20km/h 速度间隔的匀速百公里燃油消耗量，然后在图上连成曲线，作为等速百公里燃油消耗量曲线，并用它来评价汽车的燃油经济性，如图 2-36 所示。

但是，匀速行驶工况并没有全面反映汽车的实际行驶情况，特别是在市区行驶中频繁出现加速、怠速、停车等行驶工况时。因此，在对实际行驶车辆进行跟踪测试统计的基础上，各国都制定了一些典型的循环行驶试验工况来模拟实际汽车运行状况，并以其百公里燃油消耗量来评定相对行驶工况的燃油经济性。

图 2-36　汽车匀速行驶百公里燃油消耗量

3. 汽车的制动性

汽车的制动性是指汽车在行驶中能强制地降低行驶速度并在短距离内停车，在下坡时能控制汽车保持稳定的安全车速，且在制动过程中能维持车辆行驶方向的稳定性。制动性能直接影响行车安全，也关系到汽车动力性的有效发挥。汽车制动性能有优劣，主要从汽车的制动效能、制动效能的恒定性和制动时汽车方向的稳定性 3 个方面来评价。

（1）汽车的制动效能。汽车的制动效能是指汽车迅速降低车速直至停车的能力。一般用制动距离和制动减速度评价。

① 制动距离：是指汽车速度为 v_0 行驶时，从驾驶员脚踏制动踏板开始到汽车停止行驶为止所经过的距离，它与汽车的行驶安全有直接的关系。

② 制动减速度：是检验汽车制动器效能的最基本的指标之一，其直接影响到制动距离。制动减速度的大小反映了地面制动力的大小，因此它与制动器制动力（车轮滚动时）及地面附着力（车轮抱死拖滑时）有关。

（2）制动效能的恒定性。以上所述的制动效能是指汽车行车制动系统在冷制动的情况下（即制动器起始温度在 100℃以下）的制动效能。制动效能的恒定性主要是指行车制动系统抗热衰退性的性能。

（3）制动时汽车方向的稳定性。制动方向的稳定性是指汽车在制动过程中维持直线行驶的能力，或按预定弯道行驶的能力。一般试验中常规定一定宽度（指 1.5 倍的车宽或 3.5m）的试验通道，制动时方向稳定性合格的车辆，一般不允许产生不可控制的效应使它离开这条通道。制动方向的稳定性是用制动时不应发生制动跑偏、侧滑以及失去转向能力来衡量的。

① 制动跑偏：是指制动时原期望汽车按直线方向减速停车，但有时却出现自动向左或向右偏驶的现象。跑偏现象多数是由于技术状况不佳而造成的，经过维修、调整是可以消除的。

② 制动侧滑：是指汽车制动时某一轴的车轮或者两轴的车轮发生横向滑动的现象。侧滑与车辆设计、车速及路面状况有关。一般在较高的车速或较滑的路面上制动时，也可能发生后轴侧滑。

制动跑偏和制动侧滑的区别在于制动跑偏时虽然行驶方向出现了偏离，但车辆与地面没有车速相对滑移现象；制动跑偏和制动侧滑的联系在于严重的跑偏有时会引起后轴侧滑，易于发生侧滑的汽车也有加剧跑偏的趋势。

③ 制动时失去转向能力：是指制动时不能按预定弯道行驶和转向，而沿切向方向驶出，或直线行驶制动时转动转向盘不能改变方向，仍按直线行驶的现象。转动时丧失转向能力主要是由于转向轮抱死而失去控制方向的作用。

4. 汽车的稳定性

汽车的稳定性是指汽车在行驶中抵抗倾覆和侧滑的能力。汽车稳定性的破坏会使汽车失去操纵控制力，导致整车出现侧滑、回转，甚至翻车的危险。由于上述两个性能之间有着密切的关系，故一般常统称为操纵稳定性。汽车的稳定性包括纵向稳定性和横向稳定性。

（1）汽车的纵向稳定性：是指汽车在上、下坡时，抵抗绕前桥或后桥翻车的能力。现代汽车的重心位置较低，一般均能满足纵向稳定性要求，但越野车常常因使用条件特殊，需要爬陡坡，若货物装载过高、下陡坡车速过快或制动过急，就可能发生车辆纵向倾覆的事故。

（2）汽车的横向稳定性：是指汽车抵抗横向倾覆和横向侧滑的能力。汽车在横向坡道行驶时，如汽车重力平行于横向坡道上的分力和转弯时汽车的横向惯性力达到一定值时，汽车将沿横向力的作用方向而滑移，甚至出现横向翻车。

5. 汽车的通过性与机动性

汽车的通过性是指汽车能以足够的平均速度通过各种道路和障碍物的能力。影响汽车通过性的主要因素包括结构因素和使用因素两个方面。

（1）结构因素。

① 发动机的因素。汽车通过坏路或无路地带时，要克服较大的道路阻力。满足汽车的通过性，就必须满足单位汽车重力、发动机扭矩或比功率的要求。

② 传动系统传动比。要提高动力因素，需增大传动系统传动比，以此来达到增大驱动力的目的，所以越野车一方面设有副变速器或分动器；另一方面增大传动系统的总传动比来降低最低稳定的车速，减少车轮对松软路面的冲击和由此引起的土壤剪切破坏的概率，从而提高汽车通过坏路或无路地段的能力。

③ 液力传动。装有液力变矩器或液力耦合器的汽车，起步时转矩增加平缓，避免了对路面的冲击。同时，不用换挡也能通过转矩，可以有效地提高汽车的通过性。

④ 差距器。普通锥齿轮式差速器，由于具有在驱动轮间平均分配转矩的特性，当一侧车轮出现滑转时，另一侧车轮只能产生与滑转车轮相等的驱动力，使总驱动力降低而不能克服行驶阻力，汽车无法正常行驶。采用高摩擦差速器，可以使转得较慢的车轮得到最大的驱动力，从而使总驱动力增加，有利于提高汽车的通过性。若采用差速锁，两边车轮的驱动力可以直接按各自的附着力来分配，改善通过性的作用会更明显。

⑤ 涉水能力。为了提高汽车的涉水能力，应注意发动机的分电器、火花塞、蓄电池、曲轴箱通风口、机油尺等处的防水密封，并保证空气滤清器不进水。

⑥ 前后轮距。若前、后轴采用相同的轮距，且轮胎宽度相同，后轮可以沿前轮压实的轮辙行驶，从而使全车的行驶阻力减小，通过性提高。

⑦ 驱动轮的数目。增加驱动轮的数目，可以提高相对附着重量，获得较大的驱动力。因此，越野车多采用全轮驱动。

（2）使用因素。

① 轮胎气压。汽车在松软路面行驶时，为了使轮胎与路面的接触面积增加，降低轮胎对路面的压力，使路面变形和轮胎受到的道路阻力减小，可采用降低轮胎气压的方法。而在硬路面上行驶时，应适当地提高轮胎气压，这样可以减少轮胎变形，使行驶阻力变小。因此有的越野

车装有中央充气系统，驾驶员在驾驶室内可根据路面情况调整轮胎气压。

② 轮胎花纹。轮胎花纹对附着系数影响很大。越野车应选用具有宽而深花纹的轮胎，这是因为在松软路面上行驶时，轮胎花纹嵌入土壤，使附着能力提高；而汽车在潮湿路面上行驶时，只有花纹的凸起部分与路面接触，提高了单位压力，有利于挤出水分，提高附着系数。

③ 拱形轮胎。在专用越野车上，大多使用了超低压的拱形轮胎。在相同轮辋直径的情况下，超低压拱形轮胎的断面宽度比普通轮胎要大 2～2.5 倍，轮胎气压很低（只有 29.4～833.3kPa）。若用这种轮胎代替并列双胎，其接触面积可增加到 3 倍。拱形轮胎在沙漠、雪地、沼泽、田间行驶时有良好的通过性，但在硬路面上行驶时，会使行驶阻力增加，且易损坏轮胎。

④ 驾驶技术。驾驶技术对汽车通过性影响很大。为提高通过性，应注意以下几点。

- 汽车通过松软地段时，应尽量使用低速挡，以便汽车具有较大的驱动力和较低的行驶速度，尽量避免换挡和加速，尽量保持直线行驶。
- 驱动轮是双胎的汽车，如因双胎间夹泥而滑转，可适当提高车速，以甩掉夹泥。
- 若传动系统装有强制锁止式差速器，应在汽车进入车辆可能滑转地段之前挂上差速锁。如果已经出现滑转再挂差速锁，土壤表面已被破坏，附着系数下降，效果会显著下降。当汽车离开坏路地段时，应及时脱开差速锁，以免影响转向。
- 汽车提高湿滑路面时，可以在驱动轮轮胎上套上防滑链条，以提高车轮的附着能力。

6. 汽车的行驶平顺性

汽车的行驶平顺性是指保持汽车在行驶过程中乘员所处的振动环境具有一定舒适度的性能，能保证驾驶员与乘客不致因车身振动而引起不舒适和疲劳的感觉。对于载货汽车还包括保持货物完好的性能。由于汽车的行驶平顺性主要是根据乘客的舒适程度来评价的，所以又称为乘坐舒适性。行驶平顺性既是决定汽车舒适性的最主要方面，也是汽车性能的主要指标。

人体已适应于步行平均速度的振动频率，所以人们在行走时，并无不适感觉。但汽车在行驶中，受路面条件及车辆悬架结构的限制，会产生远远大于人步行速度的振动频率和幅度，造成行驶平顺性变差。平顺性差除影响人员的舒适性、货物的完整性外，还会带来一些不良后果。例如，由于振动产生的动载荷，会加速零件的磨损，降低汽车的使用寿命；振动还会使能量消耗增加，燃料经济性变差。又如，在不良道路上行驶时，汽车会因道路坎坷而被迫降低行驶速度，从而使运输生产率降低。因此，提高汽车的行驶平顺性，不仅关系到乘员的舒适性及运送货物的完整性，而且还直接影响汽车的燃料经济性、使用寿命、运输生产率、工作可靠性等。

减小振动的有效方法包括：适当降低车速并选择良好路面；维护好减振装置；合理使用轮胎；采用独立悬架或空气弹簧悬架等新悬架结构。

7. 汽车的舒适性

汽车的舒适性是指汽车在行驶中对其乘员身心影响程度的评价。长期以来，各汽车厂家都在积极采取改进措施，以提高汽车的舒适性。舒适性主要取决于行驶平顺性、噪声、空气调节和居住性等因素。

空气调节性能与居住性都是影响汽车舒适性的重要因素。汽车空调性能不好，会引起乘员胸闷、晕车等不适感觉，造成驾驶员反应迟钝，影响行车安全；居住性不好，会使驾驶员感到操作不便，易疲劳，乘员感到难以保持舒适的坐姿等。

8. 汽车的操纵稳定性

汽车在其行驶过程中，碰到各种复杂的情况，有时沿直线行驶，有时沿曲线行驶。此外，汽车还要经受来自地面不平、坡道、大风等各种外部因素的干扰。一辆操纵性能良好的汽车必须具备以下的能力。

（1）汽车的操作性。根据道路、地形和交通情况的限制，汽车应具备正确遵循驾驶员通过操纵机构所给定的方向行驶的能力。

（2）汽车的稳定性。汽车在行驶过程中应具有抵抗力图改变其行驶方向的各种干扰，并保持稳定行驶的能力。

操纵性和稳定性有紧密的关系。操纵性差，导致汽车侧滑、倾覆，破坏了汽车的稳定性。如稳定性差，则会失去操纵性，因此，通常将二者统称为汽车的操纵稳定性。汽车的操纵稳定性是汽车的主要使用性能之一，随着汽车速度的提高，操纵稳定性越来越重要。它不仅影响着汽车的行驶安全，而且与运输生产率、驾驶员的疲劳强度有关。

2.3.4 汽车的使用寿命

汽车从开始使用到不能使用的整个时期，称为汽车的使用寿命。汽车使用寿命的实质，是指从技术上和经济上达到汽车使用极限。汽车使用寿命可以用累计使用里程数表示。

复习思考题

1. 根据不同的划分标准汽车可分为哪些类型？
2. 汽车的总体构造是什么？
3. 如何正确使用汽车？

故事赏析

“212”——一部传奇的中国车

题记：你既能与高雅、尊贵相伴，也可与俗尚、纯朴相依。在神圣的天安门广场，在无数次的山间土路，你都与人们结下了挥不去的情结。

“212”，人们至今仍喜欢这样称呼她，就像一个孩子的乳名，家里人总是叫得那样的顺口。1984 年，在共和国建国 35 周年盛大庆典的阅兵式中，“212” 大展雄姿，加入到受阅车队的行列。1999 年，在建国 50 周年大阅兵中，BJ2020 以崭新的雄姿引导着近 20 个车载武器方队气势磅礴地从开安门前驶过。

上至开国领袖、下至工农百姓，都可与之相依相伴，这本身就是一种无尚的荣耀。在百年汽车族谱中，这也许成为空前绝后的传奇。特别是在一个有着几千年文明史的国度中，这个“灵气”十足的“212”不仅见证着民族汽车工业的历史，也见证了新中国历史发展的变迁。

将军拍板“212”横空出世

解放初期，中国民族汽车工业的自主开发能力几乎为零，我军战术指挥车除战争期间缴获的部分美军吉普外一直依靠苏联提供的嘎斯 69 装备部队。

20 世纪 60 年代初，中苏关系破裂，我军战术指挥车一下子失去了供应来源。于是中央军委发出指示：一定要尽快开发制造出部队用车，以满足国防建设的需求。中国人民解放军总参谋部呈报李富春副总理，建议以曾研制成功“东方红”轿车的北京汽车制造厂为基地，开发生产轻型越野车。1961 年元月，国防科委批准了上述建议，确定生产车型型号为 210。

在随后的两年中，北京汽车制造厂组织精兵强将，全力开发试制新中国的第一代轻型越野车。至 1963 年 4 月，先后试制生产 300 多辆 BJ210 轻型越野车，经部队使用和试验后得到好评，并在 1964 年全国新产品展览会上获得一等奖。

之后，在一次军委扩大会议上，部分参加过抗美援朝战争的部队首长和高级将领观看试坐了 BJ210 后提出意见：BJ210 只有两个门，上下不方便，而且车身偏小，不符合军用指挥的实战要求。当时担任我军副总参谋长的张爱萍将军指示：在 BJ210 基础上，设计一种车身稍大、四门、双排座、宽敞舒适的军用指挥车，其性能指标要求不低于嘎斯 69。

仅半年时间，BJ210 和 BJ212 两个样车便诞生了。在研制 BJ212 时，正好赶上全国人代会、各大军区司令员都来京开会。会议期间，他们对 BJ210、BJ211、BJ212 进行评定，最终大家认为 BJ212 比较好。于是，罗瑞卿总参谋长拍板定案，决定选用 BJ212。

1966 年初，总参谋部、总后勤部和国家科委代表与专家对 BJ212 进行了全面认真的鉴定。其结果是：BJ212 主要技术指标和性能指标均达到设计要求，动力性、燃油经济性等指标还超过了苏制嘎斯 69 的水平。从此，北京“212”便登上了我国民族汽车工业史上一个不可替代的宝座。

最早，它以军需品的身份出现，屡屡奔赴疆场，在枪林弹雨中立下赫赫战功，于是在人们心中，它成为英雄的车。同时，它也成为县团级领导公务用车，这些历史的光环为它日后的生存打下了坚实的基础。

中西合璧老树吐新花

1993 年在国内汽车市场低迷期，北京吉普公司推出自己的传统产品“212”的改进型：BJ2020S。面对激烈的竞争，不敢乐观的吉普公司以“S”作为新车型的尾字母，取用英文“STOP”（停止）的缩略，其中隐喻着“212”产品将自动退出汽车的历史舞台，不再继续换型改进。然而，市场检验的结果却昭示出“S”不是终止符，倒是喻示着另一个吉祥的开端。改造车型在

国内市场经济启动之初，就以技术与形象的多重改观，迅速火爆市场。

如此一来，较之国外汽车行业一种车型的存在寿命至多 6 年的情况，“212” 从它诞生至今已有 50 年，创造了一个实实在在的奇迹。它恰恰也是共和国历史上唯一自行开发的纯正国产乘用车。

第3章

汽车外形与色彩

学习目标

- 了解汽车车身外形的发展
- 了解汽车色彩的含义
- 了解汽车色彩的命名
- 掌握汽车色彩与安全
- 了解汽车色彩的应用

3.1 车身外形的完善

1885 年，德国工程师卡尔·本茨（1844—1929）在曼海姆制造成一辆装有 0.625kW（0.85 马力）汽油机的三轮车，拉开了汽车现代史的帷幕。在此后的 100 多年内，汽车无论是从车身造型还是从动力源或底盘、电气设备来讲，都有了翻天覆地的变化。其中最富特色、最具直观感的当数车身外形的演变。

从 19 世纪末到 20 世纪初，世界上相继出现了一批汽车制造公司，除戴姆勒和奔驰各自成立了以自己名字命名的汽车公司外，还有美国的福特公司、英国的劳斯莱斯公司等。当时的汽车外形基本上沿用了马车的造型（见图 3-1），因此被人们称为无马的“马车”。

马车型汽车很难抵挡风雨的侵袭，美国福特汽车公司在 1915 年生产出一种新型的福特 T 型车，这种车的车室部分很像一只大箱子，被称为“箱型汽车”，如图 3-2 所示。

图 3-1　马车型汽车

图 3-2　箱型汽车

为了提高车速，人们开始降低车的高度以减小空气阻力。但由于车顶高度的降低会影响前方视野，这种方法最终被放弃，转而采用提高功率的方法。这样一来，发动机由单缸变成4缸、6缸、8缸，气缸一列排开，发动机罩也随之变长。典型的例子就是意大利1931年生产的阿尔法•罗密欧牌汽车的外形。

随着人们对汽车速度的要求不断增加，箱型汽车并不够理想，因为它的阻力大大妨碍了汽车前进的速度，所以人们又开始研究一种新的车型——流线型汽车。

1934年美国的克莱斯勒公司生产的“气流”小客车，首先采用了流线型汽车的车身外形。1936年福特公司在“气流”的基础上，研制成功林肯“和风”流线型小客车。此车散热器罩很精练，颇具动感，俯视整个车身呈纺锤形，很有特色。流线型车身的大量生产是从德国“大众”开始的。

1933年德国的波尔舍博士设计了一种类似甲壳虫外形的汽车，如图3-3所示。波尔舍最大限度地发挥了甲壳虫外形的长处，使其成为同类车中之王，“甲壳虫”也成为该车的代名词。

图3-3　甲壳虫型汽车

由于第二次世界大战的原因，甲壳虫型汽车直到1949年才真正开始大批量生产，并以一种车型累计生产超过2000万辆的记录畅销世界各地。

美国福特公司经过几年的努力，于1949年推出具有历史意义的新型福特V8型汽车。这种车型改变了以往汽车造型的模式，使前翼子板和发动机罩、后翼子板和行李箱罩融于一体，大灯和散热器罩也形成一个平滑的面，车室位于车的中部，整个造型很像一只小船，所以人们把这类车称为“船型汽车”，如图3-4所示。

福特V8型汽车的成功，不仅在外形上有所突破，还首先把人体工程学应用在汽车的设计上，强调以人为主体来设计便于操纵、乘坐舒服的汽车。

从20世纪50年代至今，船型汽车已成为世界上数量最多的一种车型。船型汽车尾部过分向后伸出，形成阶梯状，在高速时会产生较强的空气涡流。为了克服这一缺陷，人们把船型车的后窗玻璃逐渐倾斜，倾斜的极限即成为斜背式。这类车被称为“鱼型汽车”，如图3-5所示。

图3-4　船型汽车

图3-5　鱼型汽车

与甲壳虫型汽车相比，鱼型汽车的背部和地面的角度较小，尾部较长，围绕车身的气流也比较平顺，涡流阻力较小。另外，鱼型汽车基本上保留了船型汽车的长处，车室宽大，视野开阔，舒适性也好，并增大了行李箱的容积。

最初的鱼型汽车是1952年美国通用汽车公司生产的别克牌小客车。

1964年美国的克莱斯勒的顺风牌和1965年的福特的野马牌都采用了鱼型造型。自顺风牌以后，世界各国逐渐开始生产鱼型汽车。

鱼型汽车由于鱼型车后窗玻璃倾斜太甚，面积增加两倍，强度下降，产生结构上的缺陷。

此外还有一个潜在的重大缺点，就是对横风的不稳定性。

为了克服鱼型汽车的这些缺点，人们想了许多方法，例如在鱼型汽车的尾部安上一个翘翘的“鸭尾”，以克服一部分升力，这便是“鱼型鸭尾”式车型。

为了从根本上解决鱼型汽车的升力问题，人们设计了种种方案，最后终于找到了解决方案——楔型汽车，即将车身整体向前下方倾斜，车身后部像刀切一样平直，这种外形能有效地克服升力，如图 3-6 所示。1963 年司蒂倍克 · 阿本提第一次设计了楔型小客车。

阿本提的鱼形汽车诞生于船型汽车的盛行时代，因与当时常见的外形形成尖锐对比，因此，未能起到引导车身外形向前发展的作用，直到 1966 年才被奥兹莫比尔 · 托罗纳多所继承。

楔型对目前的高速汽车而言，已接近理想外形。现在世界各大汽车生产国都已生产出具有楔型外形的小客车，这些汽车的外形清爽利落、简洁大方，极富现代气息。

汽车外形发展到鱼型，关于空气阻力的问题已经基本解决，楔型继承了这一成果，并有效地克服了鱼型汽车的升力问题，使汽车的行驶稳定性有了显著的提高，因而成为目前最为理想的车身外形。

但是，人们又从改名轿车使用概念上做文章，于是多用途的厢式汽车出现了，多用途厢式汽车（Multi-Purpose Vehicle，MPV）属于微型厢式汽车范畴，外形趋于楔形，我国称为子弹头形汽车，如图 3-7 所示。

图 3-6　楔型汽车

图 3-7　子弹头型汽车

3.2　汽车色彩

色彩在人类生活中占有相当重要的地位。人们在生活中充分地体验着色彩的魅力，如蓝天、碧海、彩虹、白云……对于人类来说，世界上如果没有色彩，将是难以想象的，也是不能忍受的。色彩也是汽车造型的重要组成部分。人们在观察汽车瞬间，首先映入眼帘的是汽车的色彩，然后才是汽车的外形和质感。每年在世界各地举行的汽车展上，最能触动人们心灵、激发人们强烈购买欲望的重要因素除了汽车的外形、发展概念与科技含量外，就是给人以强烈视觉震撼的汽车色彩。经典的颜色和车型，令人一见钟情。汽车在颜色的演绎下，也呈现出千姿百态、迥然不同的韵味。

汽车是人们经常接触的一种重要的交通工具。随着汽车工业的发展和汽车数量的不断增加，汽车的色彩对城市和道路的美化，对人们的精神感染已成为不容忽视的问题。此外，研究驾驶员的色觉，从而为他们提供舒适安全的操作环境也是十分重要的。

3.2.1　汽车色彩的含义

汽车车身的颜色，不论是对汽车的使用者还是对外界环境，或对车辆本身，都是非常重要的，汽车上常用的颜色主要有以下几种。

1. 银灰色

灰色是介于白色和黑色之间的一系列颜色，属于中等明度、无彩度的色。它对眼睛的刺激适中，既不刺眼，也不暗淡，属于视觉最不容易令人感到疲劳的颜色。银灰色是最能反映汽车本质的颜色。看见银灰色就想起了汽车的金属材料，给人的整体感很强。在汽车销售时，每一品牌之中，银色汽车是最具有人气的。如大众的 Polo 和宝来、东风日产天籁、奥迪 A6 等，其银色汽车的销售一直名列前茅。

2. 白色

白色是由全部可见光均匀混合而成的，称为全色光，是光明的象征。白色是中性色，对车主的性别要求不高，容易与外界环境相吻合而协调。白色给人以明快、活泼和大方的感觉。白色车身较耐脏，路上泥浆或污物溅在车身变干后不易看出。另外，白色是膨胀色，容易使小车显大。日本在 20 世纪 80 年代有白色代表高级的说法，白色车的销售量达到总销售量的 70%。

3. 黑色

黑色即无光，是无彩之色。光照弱或物体反射光的能力弱，物体表面往往呈现出相对黑暗的面貌。黑色是一种矛盾的颜色，既代表保守和自尊，又代表新潮与性感，给人以庄重、尊贵和严肃的感觉。黑色也是中间色，容易与外表环境相适应，但车身不耐脏。黑色一直是公务车的首选，高档黑色轿车气派十足，但低档车最好不要选黑色。

4. 红色

在可见光谱中，红色光波最长，它容易引起人们的注意，给人以兴奋、激动、紧张的感觉，但眼睛不适应红色的刺激，不善于分辨光波波长的细微变化，因此红色很容易令人产生视觉疲劳。红色包括大红和枣红。红色是放大色，同样可以使小车显大。对于跑车和运动型车而言，红色是别致又理想的颜色。

5. 蓝色

蓝色光的波长短于绿色光，比紫色光略长一些，在空气中穿过时形成的折射角度较大，辐射的距离短，它在视网膜上成像的位置最浅，是后退的远逝色。蓝色是安静的色调，感觉非常内敛，个性不张扬，如同地球的深邃和大海的包容，但蓝色不耐脏。

6. 黄色

在可见光谱中黄色光的波长适中，与红色相比，眼睛更容易接受。早晨和傍晚的阳光、大量的人造光源所辐射的光都倾向于黄色。黄色光的光感最强，给人以光明、辉煌、灿烂、醒目、庄重、高贵、忠诚、轻快、柔和、纯净和充满希望的感觉。黄色是扩大色，在环境视野中很显眼。跑车、小型车用黄色很适合；出租车和工程抢险车也使用黄色，便于人们及早发现。但私家车很少选用黄色，一般使用的是由黄色派生出来的香槟色。

7. 绿色

绿色光在可见光谱中波长居中，人眼对绿色光波长微小变化的分辨能力强，对绿光的反应最平静，绿光在各种高纯度的色光中，是使眼睛最能适应和最能获得休息的色光。绿色颜色浅淡，但其色彩鲜艳，具有较好的可视性，既是大自然中森林的颜色，又是春天的颜色。使用绿色的金属漆也一改以前冰冷的色调，以温暖的面貌出现。

汽车色彩的名称起得都很悦耳，通常以著名地名、形似色进行命名，如宝石蓝、富贵黄、元首黑等。颜色的命名虽然很有文化底蕴，但有时也让人不知所措。其实有时候颜色命名就是为了听起来显得有档次。实际选用颜色时不要被其名称所迷惑，要实际考察，眼见为实。常见的颜色命名如表 3-1 所示。

表 3-1　常见的颜色命名

颜　色	名　称
红色	波尔多红、法拉利红、庞贝红、印第安红、瑞丽红、卡罗拉红
绿色	威尼斯绿、云杉绿、碧玺绿、典雅绿、皇家绿
白色	极地白、砖石白、塔夫绸白、糖果白
黄色	香槟金、依莫娜黄、丰收金、未来金
银色	水晶银、金属银、丝缎银
灰色	宇宙灰、金属灰、狼堡灰
蓝色	勒芒蓝、领袖蓝、太空蓝、水恒蓝、温莎蓝、峡湾蓝
黑色	魔力黑、无黑

色彩给人的心理感觉是指冷暖感、进退以及象征感。对于汽车，每一种颜色都有其美妙的韵味。例如，红色代表生命，充满火热的激情，因此一些运动型轿车往往采用红色，如法拉利，其经典的红色让一代又一代的车迷为之倾倒；黑色是最具神秘感的颜色，高贵典雅，是高级轿车永恒的流行色；白色纯净素雅，不同凡俗，给人以超凡出尘的感觉；蓝色博大与沉静，让人联想起无边无际的大海，一袭尊贵的蓝色，让驾驶者在享受驾驶快感的同时，也体会到成功者的睿智与豁达；绿色，提起它就会联想起绿水青山的诗情画意，给人以心灵的抚慰。表 3-2 所示为各种色彩给人的心理感觉。

表 3-2　色彩给人的心里感觉

颜　色	含　义
银色	雅致、热爱未来风格、酷
白色	挑剔
大红	性感、速度感、高能量与活力
深蓝/深红	内敛（深红色类似于红色，但比红色稍内敛）
淡蓝到天蓝	酷、沉着、安静、忠诚
暗蓝色	可信、自信、可靠
灰褐色	永恒、基本和简单
黑色	权力感、优雅、经典
灰色	冷静、实用、注重实际
暗绿色	传统、和谐、可信赖
土黄色/土绿色	新潮、古怪、反复无常、活跃
金黄色	聪明、温暖、热爱舒适

续表

颜　色	含　义
明黄色	阳光、快乐、年轻
深棕色	脚踏实地
橙色	热爱乐趣、潮流、变化无常
深紫色	有创意、个性化强

3.2.2　汽车色彩与安全

汽车色彩更重要的作用是保障行车安全。近来，科学研究表明，轿车行车安全性不仅受其操作安全视线的影响，而且还受到车身颜色能见度的影响。心理学家认为，视认性好的颜色能见度佳，因此把它们用于轿车外部以提高行车安全性。视认性主要与下列因素有关。

（1）颜色的进退性：即所谓前进色和后退色。例如，使红、黄、蓝、绿色的轿车与观察者保持等距离，在观察者看来，似乎红色和黄色轿车要近一些，而蓝色和绿色轿车要远一些。因此，红色和黄色称前进色，蓝色和绿色称后退色。前进色的视认性较好。

（2）颜色的胀缩性：将相同车身涂上不同的颜色，会产生体积大小不同的感觉。如黄色感觉大一些，有膨胀性，称为膨胀色；蓝色和绿色感觉小一些，有收缩性，称为收缩色。膨胀色与收缩色视认效果不一样。据日本和美国车辆事故调查，发生事故的轿车中，蓝色和绿色的最多，黄色的最少，可见膨胀色的视认性较好。

（3）颜色的明暗性：颜色在人们视觉中的亮度是不同的，可分为明色和暗色。红色和黄色为明色，视认性较好。暗色的车型看起来会觉得小一些、远一些和模糊一些。例如，银灰色汽车，不仅看上去有品位，而且其色彩能反光，视认性最好，发生车祸的概率最低。

汽车内饰色彩的选择也同样影响着行车安全。不同的色彩对驾驶员的情绪具有不同的影响。内饰采用明快的配色，能给人宽敞、舒适的感觉。夏天最好用冷色，冬天最好用暖色，可以调节冷暖感觉。红色内饰最容易使人视觉疲劳，浅绿色则可以放松视觉神经。利用不同颜色的座椅布套来调节车内颜色，花钱不多，效果显著。

3.2.3　汽车色彩的变迁

汽车色彩的流行具有一定的时间性、区域性和层次性。汽车的流行色彩有其自身的发展规律，新鲜感则是汽车流行色彩的原动力。如果总是一样的色彩，人们就会需要新的刺激。大量资料表明，汽车的流行色彩是呈现周期性变化的，其新鲜感周期一般是一年半左右，交替周期大约为三年半。以日本汽车色彩的变迁为例，1965 年前，灰色汽车备受青睐；1965 年则盛行蓝色、灰色和银色；1968 年，黄色汽车增多；而到 1970 年则橄榄色和褐色增多；1985 年，白色汽车又占有了主导地位；而现在，银灰色、白色、黑色成为汽车中的主体色。

未来的汽车世界将会色彩斑斓。调查结果显示，银色在未来的一段时间内还将占据主打色的位置。但日益高涨的客户期望使更多的中性色彩受到关注，客户不再需要传统的单色或纯色，而是能够充分体现自己个性的色彩。柔和的车体表面配合精细的色彩变化以及略微带有金色和橙色色调的银色和灰色的变体色将成为未来的一种趋势。同时，加入了一些银色调的米色和带有细致的青绿色调的石墨色将会受到欢迎，它们在被推荐时通常不会让人觉得反感。但是这些细腻新颖的色彩自然会比普通的颜色要贵，因此在色彩时代还未到来之前，这些较贵的颜色与目前提倡的节俭风格相矛盾。不过我们还是期待着未来，街道将变成一幅色彩斑斓的图画，这个趋势将首先出现于小型跑车上。

3.2.4 汽车色彩的应用

轿车一般是单色的，但轿车的级别不同，其色彩也应有差别。首先，颜色不仅是汽车的包装和品牌识别的标志，而且还反映车主的情感和身份，显示车主的个性。红色能激发欢乐情绪；黄色崇尚大自然本色；蓝色显示豪华气派；白色给人以纯洁、清新、平和的感觉；黑色可以说是一种矛盾的颜色，既代表保守和自尊的一面，又代表新潮和性感的一面；绿色给人带来沉静和谐的气氛；而最近流行的鲜紫色和桃红色，则体现出车主的活跃个性。

颜色的重要还在于能在人的心理上产生一种造型功能。颜色的造型效果取决于其面积、明度、纯度和匹配等因素。对于三维的轿车车身，由其形体、质量及色差所造成的这种影响就更为明显，因此要根据车型来选择轿车颜色。例如，大客车由于车身转折比较简单，大平面较多，因而更要注意比例划分，使用双色最好。但选用色彩时，两种色彩在色相上不宜采取过强的对比，而在色彩的明度、纯度和面积等几个方面则可以有较大的差别，以便分清主次。货车和越野汽车因为用途较广，不宜采用太浅的颜色。军用汽车则一般采用迷彩色。特种车一般采用鲜明的对比色彩，如黄色和红色等。

明度和纯色高的颜色能使车体显得大一些，如淡蓝、淡绿、灰白色等，因此适用于微型轿车。对于大型和中型轿车来说，采用明度和纯度适中的颜色较为适宜，如蓝、白和银色等。大型轿车最好选择低明度和低纯度颜色，如黑色、深灰色、深蓝色等，因为这类颜色所产生的压缩效应使车体看起来较为紧凑和坚实。有时车体丰满的豪华车喷上一两种颜色饰条，可变得“俏丽苗条”起来。

选购汽车颜色，还应考虑不同纬度的日照量及地区的光强和湿度。在低纬度地区（如海南省），日照时间长，光强相对较强，因此车身的日照面与背面颜色的反差很大，如采用柔和的中间色调就可消除这种反差；而在高纬度地区（如黑龙江省），日照时间短，光强相对较弱，反差小，可采用强烈的纯色，以加强车身造型效果。

近几年来各种流行颜色在汽车上的应用情况如下。

（1）银色：近几年在汽车上始终处于榜首位置。在豪华级、高级轿车中排第1位，占31.5%；在中级轿车中排第1位，占35.5%；在紧凑型和小型轿车中排第1位，占30.3%；在小型客车和货车中排第2位，占18.6%。

（2）蓝色：在豪华级、高级轿车中排第3位，占16.9%；在中级轿车中排第2位，占19.7%；在紧凑型和小型轿车中排第2位，占20.9%；在小型客车和货车中排第5位，占13.5%。

（3）黑色：黑色颜色庄重，很受欢迎。在豪华级、高级轿车中排第2位，占22.3%；在中级轿车中排第3位，占15.5%；在紧凑型和小型轿车中排第3位，占14.2%；在小型客车和货车中排第5位，占6.7%。

（4）灰色：灰色几乎和银色一样受欢迎。在豪华级、高级轿车中排第4位，占14.2%；在中级轿车中排第4位，占11.5%；在紧凑型和小型轿车中排第4位，占10.6%；在小型客车和货车中排第7位，占3.5%。

复习思考题

1. 简述汽车色彩的含义。
2. 简述汽车色彩命名的由来。
3. 汽车色彩的视认性与哪些因素有关？

故事赏析

女人和德国车的小故事

梦想中的完美女人就像德国车。

她们气质高贵。无论来自塞北或者江南，也不管家财万贯或者贫寒如洗，高贵和典雅展现出的是漫长历史的沉积和熏陶的结果。

她们大多体态完美，就像德国车的外形那样，圆润丰满却绝对不感觉臃肿肥硕。高大者犹如宝马新7系，大气中显出优雅的曲线和细微处的精致，不像美国车，除了傻大其他什么都不是；小巧者好比大众的Polo、宝来，小而不蔫，灵气十足。

她们深知细节就是魔鬼，严谨就是关爱。男人更需要关怀，她们懂得如何细致周到地关爱自己的“另一半”。这就涉及精神层面的深层次关怀。正如一汽-大众推出的售后服务品牌——“严谨就是关爱”，即以纯正的原装备件、精湛的维修技艺、专业的维修设备、严谨的工作标准和科学的工序安排，以一丝不苟的服务态度真正为那些懂车、爱车、关心车并希望给车而不是仅给自己找一个好地方保养修理的客户提供最为严谨、专业、周到、可信赖的服务，通过严谨的行动表达对车迷的关爱。这正是迎合上述市场呼唤而诞生的全新理念。一汽-大众此举显然是以打造服务品牌的方式来全面统筹自己的服务体系、规范和提升服务流程和服务质量、统一服务主张和形象。虽然这样的事情在国外已经司空见惯，但是国内厂商能上升到这个层面的还是第一家！

正如老子的一句名言：“天下难事，必做于易；天下大事，必做于细”，它精辟地指出了想成就一番事业，必须从简单的事情做起，从细微之处入手。一心渴望伟大、追求伟大，伟大却了无踪影；甘于平淡，认真做好每个细节，伟大却不期而至。这也就是细节的魅力。

完美女人不但外美，而且绝对内秀，绝不是花瓶或者摆设，就像德国车那样，既可见手工抛光的扶手，又有纯正的羊毛地毯和好的核桃木装饰条，如此豪华艳丽之中又不乏细致、朴素和实用。因为完美的内秀女人绝不只是为秀而秀。她们懂得如何让秀成为生活的一部分。

她们能做的不仅仅只是挑动你的眼神，更能在长时间的共同生活中持家把关。完美女人花钱犹如德国车的油耗，既没有日本车那么少——俗话说：过度的节约就是浪费，也不像美国车那么狠。完美女人懂得如何花钱，如何将钱用在刀刃上。消费，在完美女人手里就变成了艺术。

一个完美女人，如同一部完美的德国车：由外至内体现出的无不是气质和品质。

第4章

汽车公司及其车标

学习目标

- 了解各国汽车公司及其车标含义
- 了解汽车命名的故事

4.1 美国汽车公司及其车标

4.1.1 福特汽车公司

福特汽车公司成立于1903年6月16日，那天亨利·福特和11位合伙人在密歇根州递交了成立公司的申请报告。福特汽车成立后仅几个星期，便向加拿大的一位客户售出了一部A型汽车，从此开始了福特走向世界的伟大历程。现在的福特汽车公司是世界上超级跨国公司，福特汽车的标志是采用福特英文Ford字样，蓝底白字。由于创建人亨利·福特喜欢小动物，所以标志设计者把福特的英文画成一只小白兔样子的图案，如图4-1所示。

图4-1 福特汽车公司标志

1908年，福特汽车公司生产出世界上第一辆属于普通百姓的汽车——福特T型车，世界汽车工业革命就此开始。1913年，福特汽车公司又开发出了世界上第一条流水线，这一创举使T型车一共达到了1 500万辆，缔造了一个世界纪录。福特先生为此被尊称为“为世界装上轮子”的人。

时至今日，福特汽车公司仍然是世界一流的汽车企业，仍然坚守着亨利·福特先生开创的企业理念：消费者是我们工作的中心所在，我们在工作中必须时刻想着我们的消费者，提供比竞争者/对手更好的产品和服务。

目前，福特汽车公司的汽车品牌有福特（Ford）、林肯（Lincoln）、水星（Mercury）、阿斯顿·马丁（Aston Martin）、捷豹（Jaguar）、马自达（Mazda）和路虎（Land Rover）等众多著名品牌。

福特汽车公司在中国有很大的市场，主要原因是中国不断增长的、庞大的汽车需求，现在乃至未来中国市场仍是福特汽车的主要消费领域。该企业一直奉行“企业公民”准则，2000年，福特汽车公司向上海市 10 万名一年级的小学生赠送了交通安全小黄帽和一年的人身意外伤亡保险。自2000年，福特汽车公司组织每年一度的“福特汽车环保奖”，以每年100万元人民币奖励为环境保护做出突出贡献的环保英雄。

4.1.2 通用汽车公司

通用汽车公司（GM）成立于 1908 年 9 月 16 日。其最初的资产仅包括杜兰特的别克汽车公司，在当时并未能引起公众及新闻界的关注，直到白星航运公司宣告将由通用汽车开始建造全球最大的远洋客轮泰坦尼克号，通用汽车才真正开始影响这个行业。威廉·杜兰特自创建了通用汽车公司以来，先后联合或兼并了别克、凯迪拉克、雪佛兰、奥兹莫比尔、雪佛兰科尔维特、悍马等公司，拥有铃木（Suzuki）3%的股份，使原来的小公司成为它的分部。从 1927 年至今，通用汽车公司一直是世界上最大的汽车公司，年工业总产值达 1 000 多亿美元，现总部仍设在底特律。其标志 GM（见图 4-2）取自其英文名称（General Motors Corporation）的前两个单词的第一个字母。

通用汽车公司是美国最早实行股份制和专家集团管理的特大型企业之一，尤其重视质量把关和新技术的采用，因而其产品始终在用户心中享有盛誉。凭借在电池、电动汽车和动力控制等方面的突破，通用汽车不断扩大其在汽车电气化的领先地位。同时，通用汽车还积极推进高效节能技术的进步，包括直喷技术、可变气门正时、涡轮增压、六挡变速、柴油发动机以及优化空气动力学设计等。

2000 年以来，通用汽车面临着巨大的挑战和创新。通用汽车在中国、巴西等新兴市场占据了市场主动权，基本完成向全球性公司的转变。2002 年通用大宇汽车公司的建立，为通用汽车提供了一个专业从事小型车生产制造的新组织，为雪佛兰品牌的全球增长增添了动力，通用汽车新车型的设计与品质得到有效提升。但同时又发现，公司难以从海外竞争者手中夺取市场份额。几十年作为大型、低效公司积累的历史包袱，继续拖累着公司的财务数据。

同时，这也是通用汽车的创新突飞猛进的时期。公司继续推进电动汽车技术，开发了一系列氢动力燃料电池概念车和展示车。2007 年 1 月，通用汽车首次向世界展示雪佛兰 Volt 概念车，并使整个汽车业为之一震。同时，通用汽车在研发灵活燃料型汽车方面成为行业领军者，开发出精致的双模混合动力系统，有效提高了大型卡车和 SUV 的燃油经济性。

2008 年的经济衰退和全球信用危机将汽车销售推向衰退的边缘，耗尽了私人资本，严重缺乏流动资金，2009 年，进行了破产重组，而 2010 年又重返美国华尔街，新公司上市，股票大幅度上涨，对于通用公司来说是个巨大转机。2012 年，通用汽车全球汽车销量达到 9 285 991 辆，仅次于丰田汽车集团，排名第二。2012 年，通用汽车公司营业收入达到 1 523 亿美元，净利润达到 49 亿美元，这是通用汽车经历破产重组之后连续第三年保持盈利状态。其中，通用汽车在其全球最重要的两大市场——美国和中国的表现非常抢眼。

目前，通用汽车公司有别克（见图 4-3）、雪佛兰（见图 4-4）、卡迪拉克（见图 4-5）、欧宝、宝骏、土星、五菱、霍顿等品牌。

图 4-2　通用汽车公司的标志

图 4-3　别克品牌标志

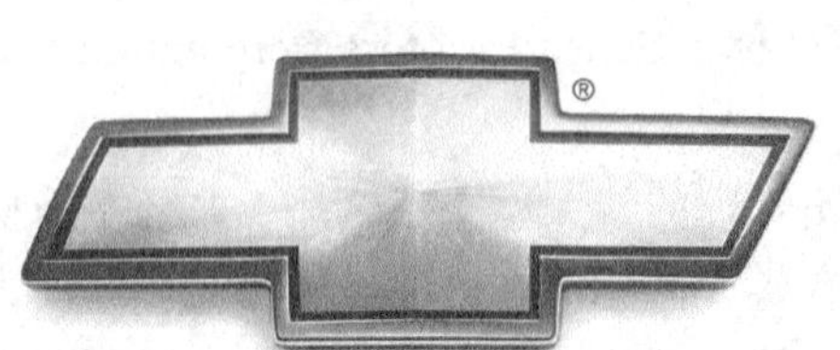

图 4-4　雪佛兰品牌标志

图 4-5　卡迪拉克品牌标志

4.1.3　克莱斯勒汽车公司

克莱斯勒汽车公司（Chrysler Corporation）是美国第三大汽车制造企业，公司总部设在密歇根州海兰德帕克，创立于 1925 年，创始人名叫沃尔特・克莱斯勒。该公司在全世界许多国家设有子公司，是一个跨国汽车公司。

1924 年沃尔特・克莱斯勒离开通用汽车公司进入威廉斯・欧夫兰公司，开始生产克莱斯勒牌汽车。1925 年他买下破产的马克斯韦尔汽车公司，1928 年又买下道奇兄弟汽车公司，1936—1949 年黄金时期，曾一度超过福特汽车公司，成为美国第二大汽车公司。

随着经营的扩大，克莱斯勒开始向海外扩张，先后在澳大利亚、法国、英国、巴西建厂和收买当地汽车公司股权，购买了意大利的玛莎拉蒂公司和兰博基尼公司，从而使公司成为一个跨国汽车公司。

20 世纪 70 年代，公司因管理不善濒于倒闭，著名企业家雅柯卡接管该公司。雅柯卡上任后大胆起用新人，裁减员工，争取政府资助，并把主要精力投入市场调研和产品开发上，在产品广告上出奇制胜。在 20 世纪 80 年代初，克莱斯勒又奇迹般地活了下来，继续排在世界前 5 名汽车大公司行列。

图 4-6　克莱斯勒汽车公司的标志

克莱斯勒汽车公司的商标如图 4-6 所示。

克莱斯勒汽车公司有道奇轿车部、顺风轿车部、克莱斯勒轿车部以及道奇载重车部、零部件部等。1998 年年底，克莱斯勒和奔驰宣布合并，形成世界上又一大汽车集团，它和奔驰共同拥有奔驰、克莱斯勒、JEEP、三菱、迈巴赫等品牌。现行汽车新产品有“行可达”轻型货车、“太阳舞”轿车以及“幽灵”“道奇 600”和“顺风快帆船”等。

4.2 德国汽车公司及其车标

4.2.1 奥迪汽车公司

奥迪是一个国际著名的高品质汽车开发商和制造商，现为大众汽车公司的子公司，总部设在德国的英格尔施塔特。1899 年，汽车制造天才奥古斯特·霍希开创了奥迪的历史。在位于曼海姆的奔驰公司担任了多年车辆制造主管职务后，31 岁的霍希在科隆建立了自己的公司，着手实现他制造大型、大功率轿车的愿望。

1902 年他从莱茵河畔的科隆搬到了萨克森州的茨维考。在那里，他于 1904 年正式成立了霍希（August Horch）股份公司，从而成为德国东部汽车制造业百年历史的缔造者。但后来，由于企业管理阶层矛盾日益扩大，霍希不得不离开自己创办的汽车公司，而霍希公司在霍希离开后，基本继承了霍希本人的设计思想，将霍希牌汽车定位在功率强劲、质量优异、装饰豪华的形象上。

1909 年霍希创办了又一家汽车公司也叫霍希公司，但却遭到原公司的控告，要求其改名，所以改用 Horch（德文听觉的意思）的拉丁文“Audi”为公司名称，从此开创了奥迪的历史。

一战以后，奥迪首创汽车方向盘左置技术，并将排挡杆移至汽车中部，使得驾驶更为方便。从此，奥迪在众多汽车品牌中脱颖而出。

1929 年美国爆发了金融危机并席卷了整个欧洲，使得各家汽车工业很难维持下去，为了增强经济实力扩大规模渡过难关。1932 年，奥迪公司（1909 年创建）、DKW 公司（1916 年创建）、漫游者公司（1911 年创建）和霍希公司（1902 年创建）合并为汽车联盟股份公司（auto union ，以下简称汽车联盟）从汽车产量来说，汽车联盟是当时德国第二大汽车制造公司，商品标志为四个连接的圆环，代表参合并的四家汽车公司。世界上也就首次出现了四环标志，主要生产小轿车、发动机和三角转子发动机。

奥迪汽车公司以 4 个连接在一起的圆环作为其标志（见图 4-7），意为 4 个公司（奥迪公司、DKW 公司、霍希公司和漫游者公司）的联合。这些公司曾经是自行车、摩托车及小客车的生产厂家。由于该公司原是由 4 家公司合并而成的，因此每一环都是其中一个公司的象征。

图 4-7　奥迪汽车公司标志

4 个相同的圆环紧密相扣，象征着公司成员向往平等、互利、协作的亲密关系和奋发向上的敬业精神。

每辆奥迪汽车的散热器前面和车尾都镶有奥迪公司 4 个圆圈相互连接的图形标志，1985 年又开始在车尾使用文字商标“Audi”。

目前奥迪汽车公司生产的产品主要有 A1 系列、A2 系列、A3 系列、A4 系列、A5 系列、A6 系列、A7 系列、A8 系列、Q5、Q7（SUV）、R 系、S 系列（S3）（S4）（S4 Avant）（S4 Cabriolet）

（S5）（S6）（S6 Avant）（S8）运动车、TT 跑车、（R）打头的 GT 跑车：（R8（Le Mans 概念车的量产跑车））（R8）（R10）（R18）等。2002 年，公司汽车销量达到 74.2 万辆，年收入约 226 亿欧元，全球雇员达到 51 000 多人。2013 年年底，奥迪在中国年销量超过 40 万辆。

4.2.2 宝马汽车公司

宝马汽车公司的全称是巴伐利亚机械制造厂股份公司。它是由一家制造飞机引擎的公司于 1916 年 3 月注册的。这家公司最初以制造流线型的双翼侦察机闻名于世，公司的名字叫巴伐尼亚飞机制造厂（Bayerische FlugZeug-Werke，BFW），公司始创人吉斯坦·奥托（Gustan Otto）在航空方面有很大成就，这使他怀着很大的野心制造汽车，他这一决定为汽车历史写下了光荣的一页，那就是受到今天万千车迷爱戴的德国 BMW 汽车厂了。宝马汽车公司的前身虽是一家飞机公司，但后来改为巴依尔发动机公司（Bayerische Motoren Werke），1917 年 7 月 20 日，吉斯坦·奥托退休后，BFW 公司便开始重组，1918 年 8 月，正式名为 BMW（Bayerische Motoren Werke）即宝马汽车公司。

宝马与一些车坛老大哥如菲亚特、福特、雷诺、劳斯莱斯等相比，是一个很年轻的车厂。但是在 20 世纪 30 年代它却制造出了世界上非常受欢迎的跑车和豪华轿车，它从二战的破坏和 20 世纪 50 年代的财政衰退中恢复过来。20 世纪 70 年代早期，它再度成为世界高性能和豪华轿车市场上的主角之一，并一直延续至今。

宝马采用了内、外双圆圈的原型，并在双圆环的上方标有 BMW 字样的商标，如图 4-8 所示。由于宝马汽车公司是以生产航空发动机开始创业的，在内圆的圆形间隔图案中，采用蓝天、白云和运转不停的螺旋桨，预示宝马汽车公司渊源悠久的历史，象征该公司过去在航空发动机技术方面的领先地位，又象征公司的一贯宗旨和日新月异的新面貌。

图 4-8　宝马汽车公司标志

宝马汽车公司历来以重视技术革新而闻名，不断为高性能高档汽车设定新标准。同时，宝马汽车公司十分重视安全和环保问题。宝马汽车公司在“主动安全性能”方面的研究及其 FIRST（整体式道路安全系统）为公司赢得了声誉。

宝马汽车公司致力于在推动中国汽车工业在高科技应用方面的发展。1994 年 4 月，宝马汽车公司在北京设立了代表处。现在，它和华晨汽车公司合资合作，生产宝马轿车。与中国公司的合作是宝马集团为其亚洲生产和销售网络增加的强大基石，这体现宝马集团一贯坚持的亚洲策略。

目前，宝马汽车公司拥有 MINI、劳斯莱斯等品牌，主要生产 1 系、3 系、4 系、5 系、6 系、7 系、X1、X3、X5、X6、Z4 和 1M、M3、M5、M6、X5M、X6M。

4.2.3 大众汽车公司

1937 年 3 月 28 日，费迪南德·保时捷在奔驰公司的支持下创建了大众开发公司，同年 9 月改为大众汽车股份有限公司。大众汽车公司（Volks Wagenwerk，VW）是德国最大也是最年轻的汽车公司，是一家国际性集团公司。其总部位于德国沃尔夫斯堡的大众集团，是全球领先的汽车制造商之一，同时也是欧洲最大的汽车生产商。在全球最大的汽车市场西欧，大约每 5 辆新车中就有 1 辆来自大众集团。大众汽车公司经营汽车产品占主要地位，是一个在全世界许多国家都有子公司的跨国汽车集团。

图 4-9　大众汽车公司标志

大众汽车公司的德文 Volks Wagenwerk 意为大众使用的汽车，图形商标是将德文 Volks Wagenwerk 单词的首字母“V”和“W”的叠合后，再镶嵌在一个大圆圈内，然后整个商标又镶嵌在发动机散热器隔栅的中间。其 logo 如同 3 个“V”字，如图 4-9 所示。该图标表示大众公司及其产品“必胜-必胜-必胜”。文字商标则标在车尾的行李箱盖上，以注明该车的名称。大众商标简洁、鲜明，令人过目不忘。

大众汽车公司生产的车型有甲壳虫（Beetle）、高尔夫（Golf）、新捷达（Jetta）、帕萨特（Passat）、新桑塔纳（Santana）、波罗（Polo）、Vento、卡拉维拉（Caravelle）等。

大众汽车公司在全世界有 13 家生产性子公司，海外有 7 个销售公司，23 个其他公司。它主要包括在德国本土的大众公司和奥迪公司，以及设在美国、墨西哥、巴西、阿根廷、南非等 7 个子公司。整个汽车集团产销能力在 900 万辆左右。

大众汽车公司目前拥有的品牌包括大众、宾利、斯柯达、兰博基尼、布加迪、保时捷、西雅特等。

4.2.4　戴姆勒—奔驰汽车公司

戴姆勒—奔驰汽车公司是世界十大汽车公司之一，创立于 1926 年，创始人是卡尔·本茨和戈特利布·戴姆勒。它的前身是 1886 年成立的奔驰汽车厂和戴姆勒汽车厂。1926 年两厂合并后，改名为戴姆勒—奔驰汽车公司。现在，戴姆勒—奔驰汽车公司除以高质量、高性能豪华汽车闻名外，也是世界上大客车和重型载重汽车的主要生产厂家。它是世界上资格最老的厂家，也是经营风格始终如一的厂家。戴姆勒—奔驰汽车公司是世界商用车产量最大的跨国集团，并且以生产优质、舒适、豪华汽车而闻名于世。1901 年戴姆勒公司以驻法国总进口商埃米尔·耶利内克女儿的名字命名的“梅赛德斯”小轿车投产后，名声大振。

从 1909 年起，戴姆勒公司一直采用三叉星商标，如图 4-10 所示。这颗三叉星象征着戴姆勒公司向海陆空 3 个方向发展。而当时的卡尔·奔驰公司的商标，最初是月桂枝包围的“奔驰（Benz）”字样。月桂代表着吉祥、胜利，因此，奔驰商标就像一顶桂冠，预示着该公司将会在汽车领域独占鳌头，如图 4-11 所示。

1926 年 6 月 29 日，戴姆勒汽车公司和奔驰汽车公司这两家世界上最老的汽车公司合并，总部设在斯图加特市，并使用由三叉星和月桂环组成的新商标。在两个嵌套的圆中含有一颗三叉星，“Mercedes”字样在上，“Benz”字样在下，两边有月桂树叶，就像一顶桂冠（见图 4-11）。后来，将月桂枝改成圆环，并去掉了“Mercedes”和“Benz”字样之后，圆环中的三叉星演变成今天的图案，并一直沿用，如图 4-12 所示。

图 4-10　三叉星商标

图 4-11　月桂图形徽章标志

图 4-12　奔驰汽车商标

戴姆勒—奔驰汽车商标彰显出其产品是一款超品质、高质量、性能优良、驾驶安全、乘坐舒适、装饰豪华、经久耐用和拥有绝对驾驶乐趣的汽车。特别是梅赛德斯–奔驰 S 级轿车，在技术和设计上堪称世界汽车工业的典范，信誉遍全球，已成为世界各国元首、工业大亨、商界巨子的首选车型，也使戴姆勒—奔驰成为一种权势的象征，是豪华和技术先进的同义词。

戴姆勒—奔驰汽车公司主要是由轿车部（总部在斯图加特，生产 C、E、S、SL 级轿车（见图 4-13）、G 级多用途汽车、SLK 紧凑型跑车）、商用车部（生产载重车、公共汽车、大客车、发动机）、戴姆勒—奔驰部（梅赛德斯—奔驰工业公司、戴姆勒—奔驰公司、戴姆勒—奔驰航空宇航公司、戴姆勒—奔驰特许服务中心和戴姆勒—奔驰工业公司）组成。

图 4-13　奔驰轿车

戴姆勒—奔驰车型有 3 个等级："C" 代表紧凑型轿车；"E" 代表中等尺寸轿车；"S" 代表最大型、最豪华的轿车，并将代表等级的字母放在前面，表示排量的数字放在后边。而过去 "E" 代表燃油喷射的意思，"CE" 为两门轿车，"SL" 为双人座跑车，"F" 代表未来型轿车，"D" 代表柴油机型轿车；"SLK" 跑车是集双门运动车和敞篷车于一身的小型跑车，只需一揿按钮，它的折叠式硬质车顶就会在 25s 内完全隐藏到行李箱中去，使单排坐轿车奇妙地变成了敞篷跑车。

4.2.5　保时捷汽车公司

保时捷汽车公司是德国有影响的研究设计发展公司，它接受国内外的设计和研究工作。

"保时捷" 的文字商标采用德国保时捷公司创始人费迪南德 · 保时捷（Porsche）的姓氏，图形商标采用斯图加特市的盾型市徽（见图 4-14）。

图 4-14　保时捷公司标志

1948 年，第一部以 "保时捷" 命名的跑车问世。从此，"保时捷"以高速的技术和优雅的造型艺术在跑车世界占有一席之地。该公司商标标注在发动机盖前方最显眼的位置，"Porsche" 字样在商标的最上方，表明该商标为 "保时捷" 所拥有；"Stuttgart" 字样在马的上方，说明公司总部在斯图加特市；商标中间是一匹骏马，表示斯图加特这个地方盛产一种名贵种马，这种马早在16世纪就非常有名了；商标的左上方和右下方是鹿角的图案，表示斯图加特曾是狩猎的好地方；商标右上方和左下方的黄色条文代表成熟了的麦子颜色，喻示五谷丰登，商标中的黑色代表肥沃的土地；商标中的红色象征人们的智慧和对大自然的钟爱。由此组成一幅精湛意深、秀气美丽的田园风景画，象征“保时捷”辉煌的过去和美好的未来。

保时捷公司生产的车型有博克斯特（Boxster）和911系列轿车以及保时捷SUV系列汽车。

4.3 日本汽车公司及其车标

4.3.1 丰田汽车公司

丰田汽车公司（Toyota Motor Corporation）是由丰田喜一郎于1933年在日本东京创设的一家汽车工业制造公司，隶属于日本三井集团。1933年由丰田自动编织机制造所的汽车部发展起来的。1937年公司与通用汽车公司合资建立NUMMI工厂，生产NDVA小型轿车。自2008始，丰田汽车公司逐渐取代通用汽车公司而成为全世界排行第一位的汽车生产厂商。其旗下品牌主要包括RAV4、皇冠（CROWN）、花冠、锐志（REIZ）、克雷西达、凌志、普锐斯（PRIUS）、卡罗拉（COROLLA）等系列高中低端车型。

丰田汽车公司一共开发了50多个车型，形成庞大的丰田车系，比较有代表性的车型有皇冠、花冠、凯美瑞、雷克萨斯等。

4.3.2 日产汽车公司

日产（Nissan）汽车公司（Nissan Motor Co.Ltd）创立于1933年。该公司在全世界19个国家拥有30个制造中心，生产Nissan和Infiniti on品牌汽车。全球从业人员总数高达151 438人，在160多个国家销售汽车。日产汽车已经成为世界上最知名的汽车制造商之一，生产从紧凑型汽车到豪华轿车等一系列产品。日产公司的汽车品牌众多，货车类品牌有巴宁、途乐等，豪华型轿车有公爵、蓝鸟、千里马、无限、光荣、桂冠和总统等，普通型轿车则有阳光、自由别墅、地平线等，此外还有跑车。

日产集团1935年起正式采用大规模生产方式进行生产；1953年起从英国引进技术，生产奥斯汀（Austin）A40型轿车；1961年、1964年分别建立了轿车与载货汽车大型生产基地；1980年1月公司购买了西班牙Motor Iberica公司35.85%的股份，同年7月建立美国日产汽车制造公司（NMMC），同年12月与意大利阿尔发·罗密欧公司共同出资成立ARNA公司。1981年9月，日产汽车公司与德国大众汽车公司签署了技术合作协议。1982年6月，公司与美国的Martin Marietta公司签订了宇航、防卫技术援助协议。1984年2月，日产汽车公司在其国内装配并销售大众汽车公司的桑塔纳轿车。1985年3月在美国开始生产轿车。

日产（中国）投资有限公司还参与市场调查工作，如中国市场的设计趋势调查等。Nissan在中国的业务发展历史悠久。1973年向中国出口第一辆Nissan公爵轿车。1993年成立了合资企业郑州日产，生产皮卡和帕拉丁。1994年日产汽车（中国）有限公司在香港成立，主要经营进口车业务。2003年6月，日产与东风合资成立了中国最大的汽车合资企业：东风汽车有限公司。旗下成立东风日产乘用车公司专门负责乘用车业务。2004年日产汽车驻北京的全资子公司——日产（中国）投资有限公司成立，与日产汽车公司总部一起管理在华投资。日产汽车在华业务随着中国经济的快速发展蒸蒸日上。2009 年，包括进口车、乘用车和轻型商用车在内，日产汽车在华销量达到 75.6 万辆，同时，东风日产的新工厂开始建设。日产汽车在华合资伙伴东风日产的专营店已超过 400 家，凭借日产的雄厚实力和细腻入微的感心服务，东风日产成为中国汽车市场综合竞争实力领先、发展速度最快的企业。日产汽车公司的商标如图 4-15 所示。

图 4-15　日产汽车商标

日产汽车公司比较有代表性的车型主要有 INFINITI（英菲尼迪）、骐达、阳光、骊威、逍客、天籁、CEFIRO（风度）、CEDRIC（公爵）等。车坛有“科技的日产、销售的丰田”的说法。

日产集团除了生产轿车、载货汽车和客车之外，还生产叉车、纺织机械、船舶船用动力、火箭等。

4.3.3　三菱汽车公司

三菱汽车公司（Mitsubishi Motors Corporation）建立于 1970 年，总部位于日本东京，是由三菱重工业股份有限公司和美国克莱斯勒汽车公司合资经营的综合性汽车制造企业。1982 年 6 月，公司与美国福特公司就提供发动机达成协议，同年 10 月在美国设立汽车销售公司。1984 年 10 月，公司与三菱汽车销售公司合并，以提高经营效率和实现体制合理化。三菱汽车公司在韩国现代汽车持有 7.5%的资本，并提供小型轿车许可证。三菱汽车公司还为奔驰公司在西班牙的子公司提供发动机和生产技术。1985 年 4 月，三菱公司与克莱斯勒公司签署了在美国合资生产轿车的生产协议。

三菱汽车公司主要有三菱翼神、劲炫、帕杰罗、蓝瑟、欧蓝德等车型，生产普及型轿车、微型载货车、重型载货车和大客车。三菱汽车公司的商标如图 4-16 所示。

图 4-16　三菱汽车公司的商标

4.3.4 本田技研公司

本田技研公司（Honda Motors Co.Ltd），也称之为本田公司，创立于1948年，公司总部在日本东京，注册资金为860亿日元。在日本拥有15家合资公司和子公司，员工总数将近2.4万人。本田技研公司是生产经营轻型汽车、两轮摩托车、微耕机、通用发动机和发电机等产品的综合性公司。该公司的两轮摩托车产量占世界摩托车总产量的1/3以上，是世界上最大的摩托车制造企业，汽车的产量和规模也排名世界十大厂家之列。

该公司总销售额中汽车销售额占60%，摩托车占20%，其他占20%。2008年度（2008年4月—2009年3月）的全球销售业绩为摩托车1011.4万辆、汽车351.7万辆、通用产品518.7万台。2010年度的全球销售业绩为摩托车1795.2万辆、汽车355.5万辆、通用产品543万台。2010年度（2010年4月1日—2011年3月31日）的销售额为8兆9368亿日元，比上一财年有所下降，但在严峻的经营环境中，依然实现了5340亿日元的纯利润。2008年，本田公司向中国顾客提供摩托车产品129万辆、汽车47万辆，发电机草坪机等通用产品58万台。同时在中国生产的产品等还销往日本、欧洲等全球各国。

本田的基本理念是"尊重人（自立、平等、信任）"和"三个喜悦（购买的喜悦、销售的喜悦、创造的喜悦）"，并以"让全世界的顾客满意"为宗旨在全球开展事业，不断地研发出行业领先的先进技术，以商品的形式提供给顾客。其宗旨是放眼全球，竭尽全力以最合理的价格提供最优质的产品，让全球用户满意。

HONDA

图4-17　本田公司的商标

本田公司的商标如图4-17所示。

雅阁轿车是本田公司非常成功的和有代表性的车型、此外还有奥德赛和飞度等。

4.3.5 日本其他汽车公司

日本除了以上4家主要的汽车生产厂家外，还有铃木汽车公司（Suzuki Motor Limited）、马自达汽车公司（Mazda Motor Comporation）、斯巴鲁汽车公司（Subaru Moror Comporation）等。

铃木（SUZUKI）汽车公司是一家日本的汽车制造企业。铃木公司成立于1920年，1952年开始生产摩托车，1955年开始生产汽车，以生产微型汽车为主。铃木于1984年首次提供技术给中国市场，也是最早进入中国市场的日本汽车公司之一。铃木商标图案中的"S"是"SUZUKI"的第一个大写字母（见图4-18），它给人以无穷力量的感觉，象征无限发展的铃木汽车公司。铃木通过向全世界的客户提供优质产品，并且向使用铃木产品的客户提供优质服务。主要车型有Swift（雨燕）、Alto（奥拓）、Splash（派喜）、SX4、Jimny（吉姆尼）、Grand Vitara（超级维特拉）、Kizashi（凯泽西）、Lapin（拉平）、Stingray（斯汀瑞）、Solio（索里奥）、Palette（帕雷特）、Equator（赤道）等。

图4-18　铃木汽车公司的标志

马自达（MAZDA）汽车公司的名称来源于西亚人传说中神的名称—阿弗拉·马自达（Afura Mazda），他象征着古代文明，具有聪明、理性和协调之意。MAZDA 是日本最著名的汽车品牌之一，日本第四大汽车制造商，是世界著名汽车品牌，是世界上唯一研发和生产转子发动机的汽车公司。2008 年《财富》全球 500 强企业排名中名列第二百五十五位。公司创立于 1920 年，1931 年正式开始在广岛生产小型载货车，60 年代初正式生产轿车，自 2000 年开始，马自达公司通过实施“新千年计划”，使公司的发展进入了一个新的阶段。2002 年开始，马自达公司先后推出了马自达 6（MAZDA6）、马自达 3（MAZDA3）、马自达 2（MAZDA2）、马自达 8（MAZDA8）、RX-8、Roadstar 和 CX-7 等一系列新车型，在世界各地都取得了不俗的销售业绩。马自达汽车公司的标志如图 4-19 所示。

斯巴鲁（SUBARU）汽车公司是富士重工有限公司旗下专业从事汽车制造的公司，是生产多种类型、多用途运输设备的制造商。subaru 是金牛星座中的一个星团，在它的群星之中，有六颗星星是用肉眼可以看到的，但其他大约 250 个浅蓝色的星星只能用望远镜才能看得到。Think（思考），Feel（感受），Drive（驾驶）是富士重工斯巴鲁的品牌哲学，三者完美地融合于斯巴鲁所有车型之中，满足全球各地驾驶者不同的需求。秉承“主动安全、主动驾驶”的品牌理念，斯巴鲁作为国际知名汽车品牌，在全球范围内享有广泛盛誉。对斯巴鲁来说，真正意义上的汽车不仅是运输工具，更重要的是让驾驶者充分享受到驾驶乐趣，这一理念使斯巴鲁品牌成功地在全世界赢得了大批狂热的追随者，斯巴鲁的标志如图 4-20 所示。主要车型斯巴鲁森林人。

图 4-19　马自达汽车公司的标志

图 4-20 斯巴鲁汽车公司的标志

4.4　法国汽车公司及其车标

4.4.1　标致—雪铁龙集团

1976 年，标致汽车公司和雪铁龙汽车公司合并成立标致—雪铁龙（PSA Peugeot Citroën）集团，下设两个汽车分公司：标致汽车分公司和雪铁龙汽车分公司，总部设在法国巴黎，主要经营汽车、零部件、金融。标致公司拥有标致—雪铁龙集团 100%股份，集团年产能力为 1 513 500 辆。1979 年，标致—雪铁龙集团拥有克莱斯勒欧洲的股份和其在国外的商务公司，因此成为了当时欧洲第一大汽车生产厂商。标致—雪铁龙集团于 2010 年 9 月 1 日成立亚洲运营部，其总部位于上海，负责标致—雪铁龙集团在中国及在其他亚洲国家与区域内整体业务的发展、伙伴及合作关系、市场营销策略、产品计划、当地研发能力的发展及采购等。标致—雪铁龙集团在中国的业务有：标致雪铁龙集团及东风集团的合资公司——神龙汽车有限公司（DPCA），位于武汉；标致雪铁龙集团与中国长安汽车集团的合资公司——长安标致雪铁龙汽车有限公司（CAPSA），位于深圳。标致—雪铁龙集团其他子公司在华业务：PSA 融资银行、Gefco（捷富凯）及 Faurecia （佛吉亚）。该集团倡导绿色科技，2009 年 9 月发布了其在未来 10 年的中国环保车战略：预计 2020 年，集团在中国二氧化碳排放量减少 50%。

集团旗下两个汽车品牌中，标致汽车公司采用“狮子”作为标志（见图 4-21，也是汽车产品的商标，象征着标致汽车永远保持旺盛的生命力。“狮子”标志非常别致、有品位，它那简洁、明快、刚劲的线条，象征着今天更为完美、表示“标致”更为成熟。这独特的造型，既突出力量又强调了节奏，更富有时代气息。标致汽车生产的所有车型都用公司的标志作为商标。其主要车型有标致 308、标致 301、标致 408、标致 3008、标致 508、标致 2008、标致 307 等。

另一个品牌雪铁龙汽车公司以创始人安东尼·雪铁龙（Andre Citroen）的姓氏而命名，是标致—雪铁龙集团的重要成员。雪铁龙汽车公司以两个人字形重叠的齿作为公司标志和汽车商标（见图 4-22，以纪念安东尼·雪铁龙于 1912 年发明了人字齿轮）。

图 4-21 标致汽车公司的标志

图 4-22 雪铁龙汽车公司的标志

目前，雪铁龙汽车公司在 10 多个国家设有子公司。雪铁龙汽车公司的经典车型有 ZCV、DS、SM、CX、XM 系列轿车，以及萨克索（SAXO）等。

4.4.2 雷诺汽车公司

雷诺汽车公司是法国汽车制造企业，是世界十大汽车公司之一，创立于 1898 年，创始人路易·雷诺。1898 年 10 月，路易·雷诺在法国布洛涅-比扬古创立雷诺工厂，后改组为雷诺股份有限公司，生产各种车辆。第一次世界大战中公司生产枪支弹药、飞机和轻型坦克，战后恢复了传统的生产活动，并不断开辟新的领域和部门，加强同其他工业公司的联系，成为当时法国最大的工业企业之一。第二次世界大战期间，公司为德国法西斯生产武器和军火，1944 年 9 月被法国政府接管，路易·雷诺被惩处。1945 年被收归国有，由政府委派董事长，组成管理机构，并改用现名。此后，公司迅速恢复和发展，逐步实现了经营多样化。

雷诺汽车公司是法国第二大汽车公司，成为法国国营汽车公司，生产各型汽车，是涉足发动机、农用机械、自动化设备、机床、电子业、塑料橡胶业的工业集团。1999 年组建雷诺—日

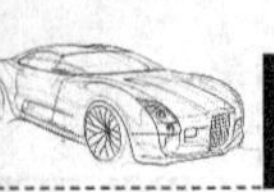

产联盟，旗下品牌有雷诺（法国）、日产（日本）、英菲尼迪（日本）、三星（韩国）、达契亚（罗马尼亚）、麦克（美国）等。雷诺汽车是出口德国最多的车种之一，它的质量及可靠性也被认为是第一流的。雷诺汽车公司的经典车型有雷诺科雷傲（Cilo）、雷诺 19、雷诺 25 型等。

雷诺公司的商标如图 4-23 示，是 4 个菱形拼成的图案，象征雷诺三兄弟与汽车工业融为一体，表示“雷诺”能在无限的空间中竞争、生存、发展。

图 4-23 雷诺公司的商标

4.5 英国汽车公司及其车标

4.5.1 劳斯莱斯汽车公司

造型优雅的劳斯莱斯是浑身散发着王者气息的华贵品牌，是车主身份与地位的象征。

劳斯莱斯汽车公司由亨利·莱斯和查尔斯·劳斯在 1904 年创立。劳斯莱斯的车标（见图 4-24）中重叠在一起的两个 R 分别代表劳斯（Rolls）和莱斯（Royce）姓氏的第一个字母，体现了两人融合、和谐的关系。

图 4-24 劳斯莱斯的车标

劳斯莱斯轿车性能可靠，质量超群。特别值得一提的是它讲究豪华的车内装饰。车内的仪表板是从意大利和美国进口的胡桃木。刻意选用的材质，连纹路的颜色都要一致，因此拼缝接口处几乎看不出接缝的痕迹。经过精心打磨的木料，表面光亮如镜。甚至还把相同的木料注册归档，以备损坏时换用。座椅及顶篷则选用丹麦和英国的上等牛皮，其下脚料为巴黎高级首饰店的皮包面料。经过多道工序加工的牛皮光滑柔软表面涂有既耐磨又防水的涂料。车内地毯选用威尔顿纯羊毛制成，连行李箱也铺满地毯。既有高格调装潢，又有隔音效果。车内宽敞舒适，颇有宫殿气派，因此英国女王以此车为自己的“御驾”。劳斯莱斯的外表高贵，它的任何一个细节必须满足两个要求：一个是从任何角度看，在美学上及视觉上都应是完美的；另一个是任何部件的性能都必须是无可挑剔的。

4.5.2 捷豹汽车公司

英国捷豹（Jaguar）汽车公司创建于 1935 年，总部设在英国汽车工业的心脏地带考文垂。创始人是威廉·里昂斯爵士。捷豹的含义为彰显美洲虎的优雅风度，又兼具温顺的脾性、超凡的动力和敏捷的身手，形神兼备，具有时代感与视觉冲击力，它既代表了公司的名称，又表现出向前奔驰的力量与速度，象征该车如美洲豹一样驰骋于世界各地，其车标（见图 4-25）是一只跃起欲飞的豹。

捷豹的设计理念从风格上看：英伦风给人们的印象总是那么低调而优雅，高贵而气派，设计中，无不深刻的体现着英国独特的气息和迷人的风格。从外观上看：富有雕刻感，精心打磨的车身光滑可鉴，无与伦比的做工完美考究，捷豹将手工打造豪华汽车的理念发挥到极致。它就像经历空间和时间转换，历经千锤百炼，灼灼发出淡淡和令人心动的温暖气息，处处流露出英国传统造车艺术的精髓：优雅、灵动、恒久精炼。从速度上看：从捷豹诞生起，它就活跃在赛车场上，它的气质和性能，从不断的竞争和自我超越中锻造而出，里昂斯年轻时经常参加机车竞赛，因此捷豹的体内自然蕴藏着天生的运动基因，捷豹汽车具有独一无二的驾驶平衡性、操控性和精确性，平稳中带着迅捷响应，舒适中包含着灵动性，是对捷豹汽车非凡性能的最好描述。

图 4-25　捷豹（JAGUAR）车标

捷豹汽车公司的经典车型有 C-type、D-type、E-type、Mark X、XJ12、XJ16、XJS、XK、XJ 系列、R 系列、S-type 等。

4.6　意大利汽车公司及其车标

4.6.1　菲亚特汽车公司

菲亚特汽车公司是世界十大汽车公司之一，总部设在意大利都灵市，创始人是乔瓦尼·阿涅利，现任董事长是创始人的长孙。它是世界上第一个生产微型车的汽车生产厂家。公司全称是意大利都灵汽车制造厂，菲亚特（FIAT）是该公司缩写的译音。该公司雇员目前已经达到 30 万左右，在 100 多个国家有子公司和销售机构。其轿车部门主要有菲亚特、玛莎拉蒂、法拉利、阿尔法·罗密欧和蓝旗亚公司。工程车辆公司有依维柯公司。

2014 年 10 月 12 日，菲亚特与其美国公司克莱斯勒合并的决议生效。而 10 月 13 日全新的菲亚特克莱斯勒汽车公司 FCA（Fiat Chrysler Automobiles）的股票正式在纽约证券交易所上市交易。

菲亚特汽车公司主要成员由 11 个部门组成：小客车部、商用和工业车辆部、农业拖拉机部、建筑机械部、钢铁部、零部件部、机床和生产系统部、土木工程和土地利用部、能源部、铁道车辆和轨道运输系统部以及旅游和运输部。此外，菲亚特公司还拥有一个财政部、其他产品部和一个研究中心。

菲亚特汽车公司标志几经变化，最初是盾型的，自 1899 年创立意大利汽车公司时开始使用。1906 年成立意大利都灵汽车厂，标志采用了该厂名中意文 4 个单词的第一个字母 F.I.A.T.，这就是菲亚特的来源，1918 年公司决定取消字母中所加的标点，即写成 Fiat 或 FIAT，1921 年又出现圆形 FIAT 商标，1931 年开始使用矩形商标 FIAT（见图 4-26）。2007 年，为了庆祝公司的 100 年诞辰，公司将标志更新为圆形（见图 4-27）。

图4-26　矩形“FIAT”标志

图4-27　圆形“FIAT”标志

菲亚特汽车公司的主要产品：城市轿车有“菲亚特600（Seicento），熊猫（Panda）”；小型轿车有“鹏托（Punto），派力奥（Palio）”；中型轿车有“时尚（Stilo），西耶那（Siena）和派力奥周末款旅行车（PalioW.E.）”；中高档轿车有“马力昂（Marea），马力昂旅行车（MareaW.E.）”；多功能型MPV有“多能（Multipla），多宝（Doblo'）”；厢式车VAN有“优力赛（Ulysse）”；敞篷车Spider有“小帆船（Barchetta）”。

4.6.2　阿尔法·罗密欧公司

阿尔法·罗密欧公司是意大利第二大汽车公司，于1910年在米兰创建，创始人是尼古拉·罗密欧。20世纪80年代末被菲亚特汽车公司兼并，使这个奄奄一息的公司重放异彩。阿尔法·罗密欧公司主要生产小客车、赛车、载货车，在外国设有子公司。

图4-28　阿尔法·罗密欧公司的标志

阿尔法·罗密欧公司的标志是综合了米兰市的市徽，和中世纪米兰的领主维斯康泰公爵的家徽。如图4-28所示，标志中红色的十字是米兰城盾形徽章的一部分，用来纪念古代东征的十字军骑士，吃人的龙形蛇图案则来自当地一个古老贵族家族的家徽，象征着中世纪米兰领主维斯康泰公爵的祖先击退使城市人民遭受苦难的“龙蛇”的传说。两个代表米兰传统并且在意义上没有关联的标志组合成为一体，成为了汽车界最著名的标志之一。外环圈的上半部标注有公司的字样“ALFA　ROMEO”。这一标志从1911年开始成为阿尔法·罗密欧公司的标志和所生产汽车的商标。

阿尔法·罗密欧公司的经典车型有阿尔法（Alfa）、蜘蛛（Spider）、阿尔菲塔（Alfetta）、吉利耶塔（Giulietta）、阿尔法苏（Alfasud）等。

著名的阿尔法·罗密欧跑车有145/146型、155系列、164系列、GTV、96款“流云”等。

4.6.3　蓝旗亚汽车公司

出色赛车手文森佐·蓝旗亚（Lancia）于1906年在都灵市创办了以自己名字命名的公司，蓝旗亚也译成蓝西亚（LANCIA）是菲亚特集团旗下的品牌之一，以生产豪华蓝西亚汽车轿车为主。虽然目前蓝旗亚汽车在中国并不多见，但作为意大利一个历史悠久的著名品牌，它在世界豪华车市场占有重要的一席之地。蓝旗亚是个赫赫有名的响亮招牌，其品牌超过60年的历史。在欧洲，它也是非常少见的高档汽车品牌，是菲亚特高档轿车的烫金标志。

蓝旗亚汽车的标志（见图 4-29）具有双层意义：一是采用了公司创始人文森佐 ·蓝旗亚的姓氏；二是借用了蓝旗亚 Lancia 在意大利语中“长矛”的含义。2007 年，蓝旗亚更换了新的车标，这款新的车标寓意丰富，象征着蓝旗亚的品牌无论是过去还是未来，都有能力适应任何的变化和挑战的意味。新版车标与传统的标志相比有比较大的改变。色系虽然仍沿用从 1911 年就开始使用的蓝色为主色调，但把旧款车标的蓝色长矛、旗帜图案和四分圆的图案相互融合，设计成类似两个半圆的背景图案，将长矛的矛尖部变形成分割背景圆的尖状突起，整个背景用蓝色填充。新车标整体感觉比旧版的更加简洁与醒目。

图 4-29　蓝旗亚汽车公司的标志

4.6.4　兰博基尼汽车公司

兰博基尼汽车公司（Automobili Lamborghini S.p.A.）是一家坐落于意大利圣亚加塔 · 波隆尼（Sant'Agata Bolognese）的跑车制造商，公司由费鲁吉欧 · 兰博基尼在 1963 年创立。早期由于经营不善，于 1980 年破产；数次易主后，1998 年归入奥迪旗下，现为大众集团（Volkswagen Group）旗下品牌之一。

兰博基尼汽车公司的标志是一头公牛（见图 4-30），它浑身充满力量，正向对方攻击的斗牛，与大马力高性能跑车的特性相契合，同时彰显了创始人斗牛般不甘示弱的个性。寓意该公司生产的赛车功率大、速度快、战无不胜。兰博基尼汽车是唯一能在收藏车市场上与“法拉利”叫板的车型。

图 4-30　兰博基尼汽车公司的标志

2001 年推出了时年的旗舰级跑车 Murcielago，2003 年，兰博基尼推出了 Gallardo，定位比 Murcielago 略低，在 2007 年，一款兰博基尼的顶级超跑 Reventon 面世，该车也是时年最昂贵的兰博基尼车型。Reventon 这个名字是斗牛场中一头公牛的名字，它在 1943 年的一场斗牛比赛中将一名很有名的斗牛士杀死，这头公牛便由此出名。2010 年 11 月 5 日，最后一辆兰博基尼 Murcielago LP670-4 SV 驶下生产线，这标志着 Murcielago 的停产，同时也标志着兰博基尼的最新旗舰车型即将推出。2011 年 3 月 1 日，兰博基尼全新旗舰车型 Aventador LP700-4 正式在日内瓦车展上亮相。

兰博基尼还生产一些周边产品，如服饰、自行车、笔记本电脑、手机、咖啡机、蓝牙耳机、座椅、高跟鞋、保险柜及游艇等。

4.6.5　法拉利公司

法拉利公司于 1929 年成立，以创始人恩佐 · 法拉利（Enzo Ferrari）的姓氏而命名。意大利素有“高性能汽车王国”之称，法拉利跑车无疑是王冠上最美的钻石。法拉利公司总部在意大利马拉内罗，主要制造一级方程式赛车、赛车及高性能跑车。法拉利是世界闻名的赛车和运动跑车的生产厂家，早期的法拉利赞助赛车手及生产赛车，1947 年独立生产汽车。菲亚特（FIAT）拥有法拉利 90%的股权，但法拉利却能独立于菲亚特运营。法拉利汽车大部分采用手工制造，产量很低，截至2011年法拉利共交付7195台新车，为法拉利史上最佳销售业绩。

图 4-31 法拉利公司的标志

法拉利公司标志（见图 4-31）是黑色的“跃马”，底色为摩德纳（工厂所在地）金丝雀羽毛的颜色。这个“跃马”标志原为意大利空军战斗英雄佛朗希斯科·巴拉克的护身符，“跃马”保佑他在历次空战中获胜。巴拉克在生活中也非常喜欢马，他所用的物品都有马的图案，他也是一个技术高超的骑手。

法拉利一直是高品质跑车的代名词，生产的每款车型都是其他车型望尘莫及的。

法拉利公司的经典车型有法拉利 F355Spider、法拉利 F50 Ferrari、法拉利 F512M、法拉利 F456GT 等。

4.7 韩国汽车公司及其车标

4.7.1 现代汽车公司

现代汽车公司创建于1967年，主要生产轿车、货车、大客车和专用车，是韩国现代集团的骨干企业。

图 4-32 现代汽车公司的标志

现代汽车公司标志（见图4-32）是在椭圆中有一个斜花体字母“H”,“H”是现代汽车公司英文名（Hyundai Motor Company）第一个单词的首字母。

现代汽车公司标志，首先体现了“2000年在世界上腾飞的现代汽车公司”这一概念，其次还象征现代汽车公司在和谐与稳定中发展。标志中的椭圆即代表汽车的转向盘，又可以看作是地球，与其间的H结合在一起恰好代表了现代汽车遍布全世界的意思。现代汽车公司标志（斜花体字母“H”）不同于日本的本田汽车商标（正体“H”）。汽车商标安装在汽车散热器隔栅上，表示车名的文字商标标注在车尾。

现代汽车公司生产的车型主要有福尼（Pony）、瑞纳（Accent）、索纳塔（Sonata）、Marcia、雅尊（Grandeur）、伊兰特（Elantra Lantra）等。

4.7.2 大宇汽车公司

大宇汽车公司的前身是1967年金宇中创建的新韩公司，后改为新进公司，1983年改名为大宇汽车公司，它是韩国大宇集团的骨干企业。

图 4-33 大宇汽车公司标志

大宇汽车公司的标志使用形似地球和正在开放的花朵标志（见图4-33），生产的汽车也使用这个标志作为商标。

该标志象征高速公路大动脉向未来无限延伸，表现了大宇的未来和发展潜力；椭圆代表世界、宇宙；向上展开的花朵形象体现了大宇家族的创造力和挑战意识。整个标志表现了大宇家族的智慧、创造、挑战、牺牲的企业精神，表现出大宇集团的“儒家”风范。

大宇生产的车型有超级沙龙（Super Salon）、王子（Prince）、贵族（Espero）、蓝天（Cielo）、赛手（Racer）、巧龙（Tico）、旅行家（Nubira）等。

4.7.3 起亚汽车公司

起亚汽车公司创建于1944年，是韩国最早产生汽车的企业，现在主要生产轿车和汽车零部件。

起亚汽车公司标志是英文“KIA”（见图4-34），象征公司如腾空飞翔的雄鹰，喻示起亚公司有无限发展的潜力。

图4-34 起亚汽车公司标志

起亚汽车公司生产的车型有嘉华、狮跑、赛拉图等。

4.8 瑞典汽车公司及其车标

4.8.1 萨博汽车公司

萨博（SAAB）公司由斯堪尼亚汽车公司和瑞典飞机有限公司合并，原飞机公司瑞典文缩写为SAAB，后即作为公司轿车的标志。瑞典萨博汽车公司脱胎于飞机制造企业，并于1947年推出了首部具有领先科技水平的SAAB92型轿车。

萨博率先将飞机的涡轮增压技术运用到汽车上，成为汽车行业涡轮增压技术的领导者，也是唯一全系列产品都采用涡轮增压的技术品牌。作为全球汽车安全领域的领导者，萨博是全球唯一所有车型达到欧洲新车安全评鉴协会（Euro NCAP）五星安全标准的汽车品牌，它具有出色的交互作用的安全系统，最大限度保护车内人员的安全。另外独特的航空背景引导了萨博“以驾驶感受为核心”的理念，这种关注使驾驶者能够通车辆卓越的操控性能，体验到“人车合一”的非凡感受。萨博也因此成为世界汽车领域最具有个性的高档轿车之一，并是国内少数进口的高档车，深得那些拥有国际化背景的高端人士青睐，也是真正懂车人的挚爱。

萨博曾在港澳地区译作绅宝，其公司的标志由3个圆圈组成，商标正中是一头戴王冠的狮子头像，王冠象征着轿车的高贵，狮子则为欧洲人崇尚的权利象征。半鹰、半狮的怪兽图案象征着一种警觉，这是瑞典南部两个县流行的一种象征，而萨博汽车和航行器的生产就起源在这里。萨博汽车的商标重新设计了蓝形小圆盘，融进了SAAB传统的狮身鹫首怪兽的纹章以及“SAAB”的标志字母。风格整体一致，整齐划一。2001款的汽车即开始采用这种标志（见图4-35）。2011年12月，萨博正式向瑞典法院递交

图4-35 萨博汽车公司的标志

破产申请。经过一番波折现被瑞典国家电动车公司（简称“NEVS”）收购，2013 年 1 月 21 日，瑞典国家电动车公司（NEVS）发布了新标志，萨博将不再使用原先的“鹰狮”图案，改为只有英文字母与圆圈组合的灰色标志。

4.8.2 斯堪尼亚汽车公司

斯堪尼亚集团（Scania）是世界领先的重型卡车和大型巴士以及工业发动机制造商之一。斯堪尼亚是一家全球性的公司，创办于 1891 年，业务遍及欧洲、拉美、亚洲、非洲和澳大利亚。全球拥有 30 000 名雇员。此外，约有 20 000 人在斯堪尼亚独立的销售和服务机构工作。在欧洲、拉丁美洲均设有生产厂。斯堪尼亚是其所在领域内最赢利的公司之一。产品销往世界各地 100 多个国家，而且 95%以上的产品销往瑞典以外的国家和地区。

斯堪尼亚车标是头戴皇冠的狮身鹰面兽（见图 4-36）。狮身鹰面兽代表公司所在国家是瑞典王国，表示公司扎根于故土，显示该公司的力量、速度、敏捷和勇气；皇冠代表权力和威严；外框的圆形及三角形图案是一个自行车轮盘，象征该公司最早是生产自行车的企业，寓意该公司的历史源远流长。

图 4-36 斯堪尼亚汽车公司标志

4.8.3 柯尼塞格汽车公司

Koenigsegg 一词是“刀锋”的意思，在国内曾被翻译为“柯尼赛克”，是瑞典一家汽车公司。

柯尼赛克汽车公司（Koenigsegg Automotive AB）是一家成立于 1994 年的瑞典小型手工打造。超级跑车制造厂，是由克里斯·冯·柯尼赛克（Christian von Koenigsegg）发起创立，以制造出全世界最快汽车为主要宗旨。而在实际表现上，该厂的顶级高性能车型 Koenigsegg CCR 也的确以 387.87 公里/小时的极速，正式获得健力士（金氏）世界纪录认证其世界速度最快量产车（World's Fastest Production Car）的头衔。在 Koenigsegg CCR 车型的发动机舱盖上有一个幽灵图案，这原本是瑞典空军第一中队的标志。Koenigsegg 车厂就设在飞行中队的旧址上，为了纪念那些英雄，幽灵图案也就成为了这部超级跑车的徽章（见图 4-37）。整个幽灵图案形似盾牌，柯尼希塞尔的标志是由红黄两色的交替花纹装饰组成。两种颜色代表了激情，代表了驾驶的极速感觉；盾是保护的象征，代表了驾驶的舒适性与安全感。

图 4-37 柯尼赛格汽车公司标志

柯尼塞格的主要车型：柯尼希塞格 CCXR（0 ~ 100km/h 加速 2.9s，极速可突破 400km/h）、柯尼塞格 Agera R（在 2.9s 之内从静止加速到 95km/h 的速度，并且加速到 200km/h 也只要 7.5s，极速更是达到 394km/h）。

4.9 中国汽车公司及其车标

4.9.1 中国第一汽车集团公司

中国第一汽车集团公司（原第一汽车制造厂）简称“中国一汽”或“一汽”，英文品牌标志为 FAW，FAW 就是第一汽车制造厂的英文缩写。一汽是中央直属国有特大型汽车生产企业，一汽总部位于长春市，前身是第一汽车制造厂。一汽 1953 年奠基兴建，1956 年建成并投产，制造出新中国第一辆解放牌卡车。1958 年制造出新中国第一辆东风牌小轿车和第一辆红旗牌高级轿车。一汽的建成，开创了中国汽车工业新的历史。经过六十多年的发展，一汽已经成为国内最大的汽车企业集团之一。2013 年营业额高达 4500 亿！曾经连续 8 年蝉联世界 500 强榜单！

一汽集团是我国最早生产汽车的工厂，是我国汽车工业的摇篮。一汽集团于 1986 年完成换型改造工程，形成年产 8 万辆 CA141 系列货车的生产规模。一汽集团与德国大众汽车公司合资成立一汽—大众汽车有限公司，生产奥迪品牌高级轿车和大众品牌高尔夫、捷达普及型轿车。

一汽集团直属的主要汽车制造厂有吉林轻型车厂、长春轻型车厂、青海汽车制造厂、无锡汽车制造厂、常州客车厂、大连柴油机厂、长春汽车发动机厂、哈尔滨汽车齿轮厂等。

一汽集团的标志是“第 1 汽车”中“1 汽”两字艺术化的组合，置于隐喻地球的椭圆内，以“1”字为视觉中心，由“汽”字构成展翅的雄鹰在蔚蓝天空的视觉景象，寓意中国一汽鹰击长空，展翅翱翔。整个标志镶嵌在汽车的进气隔栅上，如图 4-38 所示。

图 4-38　一汽集团的标志

一汽早期生产的解放牌货车，其标志为“解放”两字，周围以冲压的五角星、祥云为衬托，如图 4-39 所示。

在后期生产的红旗轿车上，又采用“红旗”和置于椭圆内的数字“1”的组合图案以及立体的红旗为标志，如图 4-40 所示。

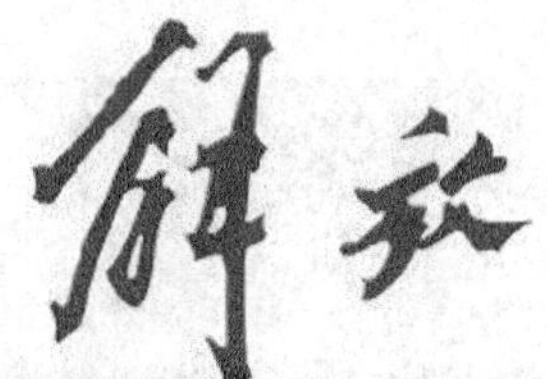

图 4-39　一汽早期生产的解放牌货车的标志

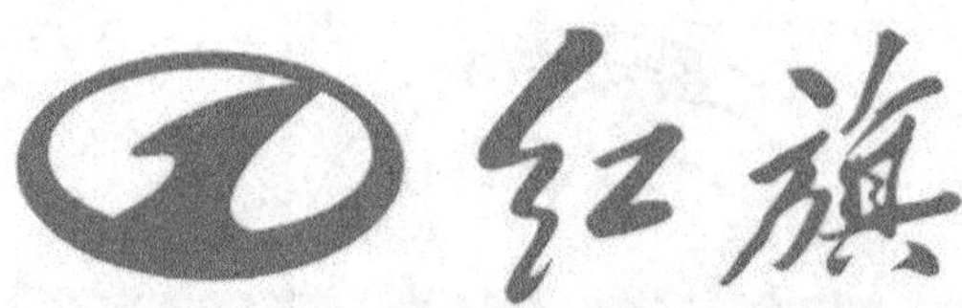

图 4-40　后期生产的红旗轿车标志

一汽的自有品牌有红旗明仕（见图 4-41）、红旗世纪星、红旗旗舰等。在解放系列载货汽车和轻、微型客车中，解放 CA1091 和解放 J6（见图 4-42）已经成为拳头产品，畅销不衰。

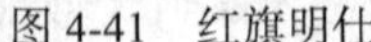

图 4-41　红旗明仕

图 4-42　解放 J6 重型货车

除此之外，一汽集团还生产奥迪、高尔夫、捷达、宝来、花冠、威驰、马自达 6 等合资品牌轿车。

4.9.2　东风汽车公司

东风汽车公司（Dongfeng Motor Corporation）是中国特大型国有骨干企业，其前身是 1969 年始建于湖北十堰的“第二汽车制造厂”，经过四十多年的建设，已陆续建成了十堰（主要以中、重型商用车、零部件、汽车装备事业为主）、襄阳（以轻型商用车、乘用车为主）、武汉（以乘用车为主）、广州（以乘用车为主）四大基地。除此之外，还在上海、广西柳州、江苏盐城、四川南充、河南郑州、新疆乌鲁木齐、辽宁朝阳、浙江杭州、云南昆明等地设有分支企业。2011 年 10 月 20 日，中国最大的汽车合资公司——东风汽车有限公司在莫斯科举行了东风汽车俄罗斯有限公司成立仪式，这是东风提升国际竞争力、扩大海外市场份额、进军海外市场的重要举措。2011 年统计，东风汽车公司总资产达 2 320 亿元。近几年东风汽车发展迅猛，经济实力不断提升，规模不断扩大，2014 年 2 月 18 日，东风汽车集团股份有限公司（以下简称东风）、法国政府、标致家族旗下控股公司和标致雪铁龙集团（以下简称 PSA）各方正式签署谅解备忘录。根据谅解备忘录，东风汽车集团股份有限公司和法国政府有意分别注资约 8 亿欧元入股 PSA，而标致家族旗下控股公司也将参与增资。此交易完成后，东风、法国政府与标致家族旗下控股公司将成为 PSA 并列第一大股东，三方分别持股约 14%。对于东风来说，更为看中 PSA 的技术、平台以及发动机等，力争在谈判中通过入股实现技术获取，充分证实了东风的跨国实力。

东风汽车公司采用圆环内的“双飞燕”为标志（见图 4-43），整个标志镶嵌在汽车的进气隔栅上，如图 4-44 所示。

图 4-43　东风汽车公司的“双飞燕”标志

图 4-44　镶嵌在汽车的进气格栅上的东风标志

4.9.3 上海汽车工业（集团）总公司

上海汽车集团股份有限公司是国内 A 股市场最大的汽车上市公司，截至 2013 年年底，上汽集团总股本已达到 110 亿股。2013 年，上汽集团整车销量达到 510.6 万辆，同比增长 13.7%，继续保持国内汽车市场领先优势，并以 2014 年度 920 亿美元的合并销售收入，第 11 次入选《财富》杂志世界 500 强，排名第 85 位，比上一年上升了 28 位。

目前上汽集团的主要经营范围有整车（包括乘用车、商用车）、零部件（包括发动机、变速箱、动力传动、底盘、内外饰、电子电器等）的研发、生产、销售，物流、车载信息、二手车等汽车服务贸易业务，以及汽车金融业务。上汽集团所属主要整车企业包括乘用车公司、商用车公司、上海大众、上海通用、上汽通用五菱、南京依维柯、上汽依维柯红岩、上海申沃等。上海汽车集团创设了“为了用户满意，为了股东利益，为了社会和谐，上汽要建设成为品牌卓越，员工优秀，具有核心竞争能力和国际经营能力的汽车集团”的美好愿景。其核心价值观是满足用户需求、提高创新能力、集成全球资源、崇尚人本管理。

上海汽车工业（集团）总公司的核心企业是上海汽车工业总公司与德国大众汽车公司等合资建立的上海大众汽车有限公司，该公司成立于 1985 年，最初主要生产桑塔纳牌轿车。

“十一五”以来，上汽打响了建设自主品牌和新能源汽车的攻坚战，自主开发新车型：2006 年 10 月，荣威品牌及其首款产品荣威 750 亮相，次年 3 月上市；2008 年 6 月，荣威 550 上市，MG 3SW 上市；2010 年 4 月，荣威 350 上市；2011 年 4 月，荣威 W5 上市；2011 年 6 月，英国长桥 MG6 三厢下线仪式；2011 年 9 月，MAXUS 大通 V80 上市；2011 年 10 月，荣威新 750Hybrid 混合动力轿车上市；2012 年 4 月，荣威 950 亮相北京车展；2012 年 11 月 5 日，荣威 E50 新能源车上市。

4.9.4 天津一汽夏利汽车股份有限公司

天津一汽夏利汽车股份有限公司是中国第一汽车集团公司控股的经济型轿车制造企业，是一家集整车制造、发动机、变速器生产、销售以及科研开发于一体的上市公司。公司的前身是天津市微型汽车厂，1997 年改制成立天津汽车夏利股份有限公司，1999 年在深圳证券交易所挂牌上市。2002 年 6 月 14 日，一汽集团与天汽集团签署重组协议，一汽集团受让了原由天汽集团持有的公司 50.98%的股份，对公司拥有控股权，企业正式融入一汽体系之中，天津一汽夏利汽车股份有限公司由此得名。

夏利汽车的车标如图 4-45 所示。该公司拥有居于国内先进水平的冲压、车身、涂装、装配生产线，整车质量检测线，汽车发动机铸造及机加工生产线、变速器生产线、计算机工作站、产品开发及检测实验室等，主要生产夏利、威姿、威乐、威志系列轿车，天内牌系列汽车发动机、天齿牌变速器也是企业的拳头产品。天津一汽是生产经济型轿车的企业，服务的对象是每一个家庭，关注的热点是百姓的生活，为用户提供更加安全、节油、环保的“买得起、用得起”的国民车始终是它努力的方向。

图 4-45 夏利汽车的标志

4.9.5 中国重型汽车集团有限公司

中国重型汽车集团有限公司（简称“中国重汽”）的前身是济南汽车制造总厂，始建于1956年，总部设在山东济南，是我国重型汽车工业的摇篮，现为山东省济南市人民政府国有资产监督管理委员会直接监管的重要骨干企业之一。中国重型汽车集团曾在1960年生产制造了中国第一辆重型汽车——黄河牌JN150八吨载货汽车，结束了中国不能生产重型汽车的历史；1983年成功引进了奥地利斯太尔重型汽车项目，是国内第一家全面引进国外重型汽车整车制造技术的企业。2007年中国重汽上市，初步搭建起了国际化平台；2009年成功实现与德国曼公司战略合作，曼公司参股中国重汽（香港）有限公司25%+1股，中国重汽引进曼公司D20、D26、D08三种型号的发动机、中卡、重卡车桥及相应整车技术，为企业长远发展奠定了坚实的基础。目前，中国重汽已成为我国最大的重型汽车生产基地，为我国重型汽车工业发展、国家经济建设做出了突出贡献。

中国重汽集团秉承创新理念坚持一切面向市场，已建立起了HOWO-A7、HOWO、斯太尔王、斯太尔、金王子、豪骏、豪运等十大产品系列，开发并拥有各类车型2700个，形成了国内最完善的卡车整车产品系列型谱。目前主要的经验范围有载重及特种汽车、汽车零部件等。

4.9.6 北京汽车工业控股有限责任公司

北京汽车工业控股有限责任公司（简称北汽控股公司）是国有独资大型企业，根据北京市人民政府授权，对所属全资、控股、参股的企业行使国有资产出资人权益，依法进行经营、管理和监督，承担保值增值责任。

北汽控股公司是北京汽车工业的发展规划中心、资本运营中心、产品开发中心和人才中心，拥有整车制造、零部件制造、汽车服务贸易、研发、教育和投融资等企（事）业单位。北汽控股公司整车制造企业包括北汽福田汽车股份有限公司、北京现代汽车有限公司、北京奔驰—戴姆勒·克莱斯勒汽车有限公司、北京汽车制造厂有限公司；零部件发展核心企业为北京海纳川汽车部件股份有限公司；服务贸易核心企业为北京鹏龙汽车服务贸易有限公司；还拥有北京汽车研究总院有限公司、北京汽车资产经营管理有限公司、北京汽车投资公司和北京汽车工业高级技工学校。2008年，北汽控股公司实现与北京兴东方实业有限责任公司兼并重组，现有员工4.8万人。

北京汽车工业是中国汽车工业的重要发祥地之一，已有半个世纪的发展历史，为我国经济建设和国防建设做出了历史性的贡献。

北汽控股公司积极推进与戴姆勒-克莱斯勒公司和韩国现代汽车集团的战略合作，引导支持旗下北汽福田汽车股份有限公司、北京现代汽车有限公司、北京奔驰—戴姆勒·克莱斯勒汽车有限公司、北京汽车制造厂有限公司等汽车整车制造企业的发展，形成了轿车、越野车、商用车门类齐全、同步发展的产业格局。目前，北京汽车已实现累计产销汽车600万辆。

北汽控股公司实施“北京”牌品牌战略。“北京”牌是北京汽车1958年首次使用、1979年正式注册的著名商标。现在，“北京”牌已经形成集成“北京·福田汽车”“北京·北汽汽车”

“北京现代”“北京奔驰—戴姆勒·克莱斯勒”的品牌构架。其中，“北京·福田汽车”商用车产品已经成为中国、亚洲第一，世界第二的商用车品牌，在中国商用车领域享有优良的声誉。自主研发的“北京”牌中高端轿车和新型 SUV 也在 2010 年陆续走向市场。2009 年，北汽控股公司正式提出新的经营工作指导方针：牢固树立“人文北汽、科技北汽、绿色北汽”发展理念，深入推进集团化发展战略，打造千亿元企业集团，力争进入世界 500 强！北京汽车工业控股有限责任公司被中国工业经济研究院评为 2010 年中国制造业 500 强，排行第 33 位！2010 年 11 月，公司正式更名为北京汽车集团有限公司。

4.9.7 浙江吉利控股集团有限公司

浙江吉利控股集团有限公司是国内汽车行业十强中唯一一家民营轿车生产经营企业，始建于 1986 年，经过 20 多年的建设与发展，在汽车、摩托车、汽车发动机、变速器、汽车电子及汽车零部件方面取得了辉煌的业绩。

2014 年北京车展前夕，吉利发布全新品牌战略。取消现有全球鹰、帝豪、英伦品牌，回归一个吉利，并采用全新标志，如图 4-46 所示。

图 4-46　吉利汽车的标志

浙江吉利控股集团有限公司现有 30 多个品种的轿车，拥有 1.0L（三缸）、1.0L（四缸）、1.0L V VT-i、1.3L、1.5L、1.6L、1.8L、1.8L VVT-i 八大系列发动机，拥有 JLS160、JLS160A、JLS110、JLS90、Z110、Z130、Z170 七大系列变速器。上述产品均已通过国家的 3C 认证，并达到欧Ⅲ排放标准，其中 1.0L（四缸）、1.0LV VT-i 发动机已经达到欧Ⅳ标准。吉利拥有上述产品的完全自主知识产权。

浙江吉利控股集团有限公司在临海建立了吉利汽车轿车开发中心和试验中心；在上海建立了新能源、清洁燃料、混合动力、电动汽车及经典车型研发中心；在宁波建立了发动机研究所、变速器研究所；在路桥建立了电子电器研究所；为加大自主创新步伐，吉利集团筹建一个集成世界先进技术的开放型研发中心和一个创新成果应用平台。

目前，吉利汽车各研究院拥有较强的轿车整车、发动机、变速器和汽车电子电器的开发能力，每年可以推出 4～5 款全新车型和机型；拥有一批行业顶尖的技术专家和技术力量。自主开发的 4G18 发动机，升功率达到 57.2kW，处于国际先进水平；自主研发的自动变速器，填补了国内汽车领域的空白，并获得 2006 年度中国汽车行业科技进步唯一的一等奖；自主研发的 EPS，开创了国产品牌汽车电子助力转向系统的先河。

以“造老百姓买得起的好车，让吉利汽车走遍全世界”为企业理念的吉利控股集团代表着中国民族汽车工业的希望。

近年来吉利发展的势头的越来越好，速度也越来越快，2009 年 12 月 23 日，成功收购沃尔沃汽车 100%的股权。2012 年《财富》世界 500 强企业上榜的五家中国民企中，浙江吉利控股集团首次入围。吉利以营业收入 233.557 亿美元（含沃尔沃 2011 年营收）首次进入 500 强，车企排名第 31，且总排名从去年的第 688 位跃升至第 475 位。截至 2013 年，吉利共有慈溪、临海、宁波北仑、上海、湘潭、济南、成都等 9 个生产基地，合计 60 万的产能。2013 年 4 月 18 日吉利集团与宝鸡签署战略合作协议，计划在宝鸡新建基地，投资 72 亿元，年产整车 20 万辆。

“让世界充满吉利”的愿景指日可待。

4.9.8 奇瑞汽车股份有限公司

奇瑞汽车股份有限公司（Chery Automobile Co，Ltd.），是一家从事汽车生产的国有控股企业，1997 年 1 月 8 日注册成立，总部位于安徽省芜湖市。公司产品覆盖乘用车、商用车、微型车等领域，奇瑞汽车连续 9 年蝉联中国自主品牌销量冠军，成为中国自主品牌中的代表和精品。

公司名称“奇瑞”，奇，有“特别地”的意思；瑞，有“吉祥如意”的意思，合起来就是特别地吉祥如意。“CHERY”是英文单词 CHEERY（意为“欢呼地、兴高采烈地”）减去一个“e”而来，表达了企业努力追求、永不满足现状的理念。奇瑞汽车公司的新标志如图 4-47 所示。奇瑞全新标志并没有经过全新的设计，而是在现有标志基础上进行了改进，这也是为了能够让国内消费者重新认识奇瑞品牌而做的努力。奇瑞新标志以一个循环椭圆为主题，由 3 个字母“C”“A”“C”组成，是 Chery Automobile Company 的缩写。中间镶有钻石状立体三角形，主色调银色代表着质感、科技和未来。中间的钻石形构图，代表了奇瑞汽车对品质的苛求，并以打造钻石般的品质为企业坚持的目标。蓬勃向上的人字形支撑，则代表了奇瑞汽车执着创新、积极乐观、乐于分享的向上能量，支撑起品质、技术、国际化的奇瑞汽车不断前行，同时人字形代表字母 A，喻示奇瑞汽车追求卓越和领先的决心和激情。

奇瑞公司成立以来，始终坚持自主创新，逐步建立了完整的技术和产品研发体系，并打造了风云、QQ、东方之子、瑞虎以及艾瑞泽等一系列在国内家喻户晓的知名产品品牌，而且产品出口到海外 80 余个国家和地区，在全球范围内具备了一定的品牌知名度。

2012 年，奇瑞又与捷豹路虎成立合资企业，展开全面合作。这一系列的合资合作作为奇瑞发展战略的重要补充，将为提升奇瑞汽车综合实力和品牌价值，实现企业战略发展目标起到重要的推动作用。奇瑞坚持自主创新，努力成为一个技术型企业，2013 年，奇瑞正式将“技术奇瑞”确立为企业品牌战略，并发布了多年自主技术积累、导入国际领先标准打造的具有高科技、标准化和前瞻性的核心技术平台——“iAuto”，打造“国际品牌”是奇瑞的战略发展目标。2014 年，奇瑞战略转型后上市的三款新产品获得市场认可和好评，产品和品牌溢价能力不断提升。

图 4-47 奇瑞汽车公司的标志

4.9.9 华晨金杯汽车有限公司

华晨金杯汽车有限公司的前身是沈阳金杯客车制造有限公司，于 2003 年 1 月正式更名，是华晨中国汽车控股有限公司的核心生产企业。公司注册资本 4.44 亿美元，目前，在职员工近 8000 人。

沈阳金杯客车制造有限公司是由华晨中国汽车控股有限公司与沈阳金杯汽车股份有限公司投资组建的合资企业，成立于 1991 年 7 月 22 日。

华晨金杯拥有两个整车品牌、三大整车产品。这两个整车品牌即“中华（见图 4-48）”和”金杯（见图 4-49）”系列；三大整车产品包括拥有自主品牌的中华轿车，国内同类车型中国市场占有率接近 60%的金杯海狮轻型客车、引进丰田高端技术生产的金杯阁瑞斯多功能商务车。

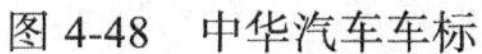

图 4-48 中华汽车车标

图 4-49 金杯汽车车标

除上述 9 家汽车公司之外，我国较大的汽车生产企业还有重庆汽车制造厂（庆铃汽车公司）、广州本田汽车有限公司、江铃汽车集团公司等。

4.10 汽车命名典故

给汽车命名是一项点石成金的智慧性工作，不仅关系到汽车形象的塑造，而且也意味着汽车商战的胜败。

1. 汽车命名的原则

（1）汽车命名具有个性。汽车命名需具有个性，反映汽车公司和汽车的个性，创造一种品牌，如梅赛德斯、宝马、皇冠、红旗等。

（2）汽车命名具有内涵。汽车命名需具有文化韵味和深刻内涵，汽车命名不仅要成为一个听觉信号，而且还是一种文化艺术的缩影，如凌志、蓝鸟、宝来等。

（3）汽车命名注意文化差异。最明显的文化差异是国家、地区和民族间的差异。同一汽车品牌在不同文化背景下，消费者的理解也会不同。

在俄罗斯，拉达（Lada）牌轿车原名为日古利。日古利是伏尔加河畔的一条山脉，高山巍巍，取意自然不错。但是，在英语中，日古利等于“舞男”（gigolo）；在阿拉伯语中，甚至与“骗子”“假货”的读音相似。高山成了舞男，名车成了骗子和假货，于是为了便于出口，将日古利改为 Lada。拉达是一种在伏尔加河上航行的古老帆船的名称。

2. 汽车译名的方法

翻译标准是信（忠实原文）、达（通顺、畅达）、雅（有文化韵味和美感）。

汽车译名方法有意译、音译、音意译结合 3 种方法。

（1）意译：汽车以意译命名的如皇冠、欧宝、花冠等。

（2）音译：汽车以音译命名的如菲亚特、桑塔纳、索纳塔等。

（3）音意译结合：汽车以音意译结合命名的如奔驰、凌志、捷达等。

3. 浓缩世界文化的车名

汽车命名题材包罗万象，人物、山河、动物、历史、地位、花卉、神话等应有尽有。

（1）以人物命名。一些汽车公司以创始人的名字命名。汽车以公司创始人命名的有雪佛兰、劳斯莱斯、标致、雪铁龙、保时捷、法拉利、本田、梅赛德斯、凯迪拉克、林肯等，这些人的名字也为汽车带来了辉煌。

（2）以山河命名。锦绣山河为人们陶醉，名山名河自然是汽车命名的对象，如桑塔纳、太脱拉、伏尔加、黄河、松花江等。

（3）以动物命名。动物充满活力，动物象征时空。汽车如同飞禽走兽，以动物为汽车命名给汽车增加灵动性，野马、眼镜蛇、蝰蛇、美洲虎、美洲狮、雄狮、麝鹿、羚羊、凤凰、天鹰、火鸟、云雀等与大自然共舞。

（4）以历史背景命名。历史记载着时代特征，解放、红旗、跃进、东风都是具有历史背景的汽车品牌。

（5）以地位命名。以地位为汽车命名自然提高了汽车身价，总统、君王、公爵王、皇冠、贵夫人都成就了汽车的品味。

（6）以花卉命名。汽车奔驰在全球，鲜花美化着世界。花冠、丰田之花、紫罗兰、樱花、玫瑰、茶花、莲花等奇花争艳。

（7）以神话命名。神有神力，汽车以神命名自然也就神气起来。马自达是古希腊神话中的光明之神；泰坦是大力神；默寇利是罗马神话中的主商业和道路之神。

复习思考题

1. 列举世界各国汽车公司并画出汽车品牌车标。
2. 汽车命名的题材有哪些？

故事赏析

沃尔沃车标演变史

自从沃尔沃汽车品牌创立以来，便一直以生产安全、可靠的汽车为己任，其坚固、富有力量感的品牌形象也在 87 年的发展历程中愈发凸显并被全世界所认可。然而除此之外，被世人所熟知的还有它那颇具“男性气息”的车标。

1. 沃尔沃车标诞生与发展

1927 年沃尔沃首款标志设计完成，此后经历了一段时期的发展与混乱，直至 1966 年才进行统一改进及应用，并于 1998 年重新调整，于 2005 年再次微调为现款标志并一直沿用至今。可以说沃尔沃用一款标志贯穿了它 87 年的造车历史，企业对这款标志的认可与赞赏程度可见一斑。

沃尔沃最初的标志是由上世纪 30 年代瑞典著名书法家、印刷界专家 Karl-Erik Forsberg 设计而成的，标志整体为一个车轮状的圆形，右上角搭配向外指向的箭头（见图 4-50），整体设计简单易识且寓意丰富。右上角带有箭头的圆圈是“铁元素”的古老化学符号，在这里便代表了钢铁工业与汽车工业，而在古希腊神话中它又是战神玛尔斯的象征，代表着正义、力量与安全。同时它又是古罗马帝国中一个最为常见、用途最广的标志，分别代表着火星、罗马战神与男性阳刚之气。沃尔沃之所以在汽车上采用代表铁元素的品牌标志，一方面是由于其阳刚、安全、富有力量感的品牌形象，另一方面是想让人们联想到瑞典有着光辉传统的钢铁工业，以及企业钢铁般坚强的意志。

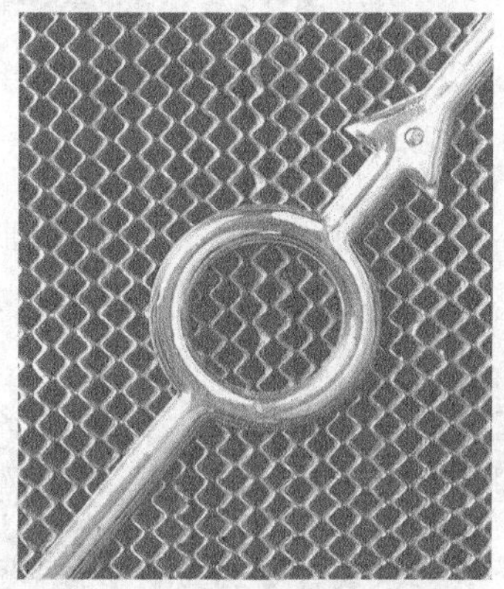

图 4-50　沃尔沃最初的标志

新标志设计完成后便立即在沃尔沃车型上出现。1927 年，沃尔沃第一款汽车 OV4 下线，这也是第一辆带有沃尔沃标志的汽车，标志位于车辆前格栅正中间，在该车散热器部分呈对角线摆放的一条斜线原本是为了将标志固定在格栅上（见图 4-51），后期则逐渐演变为沃尔沃车标的一部分，并起到了很好的装饰作用，此后该款车标还应用在 PV650 与 TR670 系列车型上。

图 4-51　第一辆带有沃尔沃标志的汽车

1935 年沃尔沃公司出产的车型将前格栅平分为左右两部分，坐在车内时标在格栅的左侧（见图 4-52），有点像今天计算机上的“分屏显示”功能，1935 年出产的 PV36 及随后的 PV51

车型均采用了这种标志布局摆放，虽然在布局上发生了变化，但这款标志与首款在样式、内容上完全相同，因此将他们归结为车标使用的“同一时期”。

图 4-52　1935 年沃尔沃车标的应用

2. 沃尔沃车标“混乱期”

1937 年开始，沃尔沃经历了一段相当长时间的车标混乱期，在这一时期同时推出的多款车型均采用不同标志（见图 4-53），也正是因此，风格迥异的沃尔沃车标在这一时期集体爆发了。

图 4-53　不同的沃尔沃车标

1938 年，沃尔沃部分车型上采用了不同标志，不带边框的巨大“V”字形标志代替了圆圈箭头标，配以前脸的“VOLVO”字母（见图 4-54），当时颇受关注的 PV800 系列车型采用的就是这款标志。虽然它看起来有些怪异，但并不难看。

图 4-54　1938 年的沃尔沃车标

1943 年，一款新标志再次出现在沃尔沃部分车型上，这次的设计与 PV800 时代类似，但在尺寸上明显收敛了许多，小号的“V”字形标志下面是“VOLVO”字母，间距相当大的 5 个字母均匀地分布在前格栅上，如图 4-55 所示。那个时代的 PV444/544 与 PV Duett 等车型均采用这款标志。

图 4-55　1943 年的沃尔沃车标

1946 年前后，沃尔沃曾推出过一款相当“拉风”的车标，标志整体依然沿用沃尔沃首款车标风格，并用一根金属条配合“VOLVO”字母贯穿金属圆环，如图 4-56 所示。这款标志曾应用在当时的 PV60 及 PV61 等车型上，且在形状上进行了大幅度调整，实车上将整个标志拆解，将“VOLVO”字母竖放在前脸正中，两边则配以红色横条装饰，如图 4-57 所示。

图 4-56　1946 年的沃尔沃车标

图 4-57　1946 年沃尔沃车标的应用

20 世纪 50 年代中后期，沃尔沃采用了纯文字作为该品牌标志，这款标志则应用在 Amazon 与 P1900 车型上，该标志没有任何图案设计，只是简单地将“VOLVO”这 5 个字母写在了车辆前脸上（见图 4-58），这应该算是沃尔沃车标中最简洁的一款标志了。

图 4-58　沃尔沃的纯文字标志

1957年，沃尔沃车型中又出现了一种独特样式的盾牌形标志，它内部形状由黑底色的金属圆环及斜向右上的箭头组成，并与“VOLVO”文字相配合。外围则是金属质地的盾牌形状边框，如图4-59所示。使用该标志的车型是颇具知名度的“电影明星”P1800车型，它曾在1962年被前007的扮演者罗杰·摩尔选中参与出演电影《圣徒》，如图4-60所示。通过观察我们不难发现，去除盾形边框后，这款标志已经与1966年第一次统一修改时的LOGO极为相似了。

图4-59　1957年的沃尔沃车标

图4-60　沃尔沃P1800

这个标志的“混乱期”一直延续到了1964年，在这一时期内，沃尔沃生产的汽车没有统一样式或布局的标志，各种风格、形式甚至内容的标志层出不穷，沃尔沃的品牌形象在这一时期并未得到很好的统一。

3. 沃尔沃“首次改进款”标志的诞生与应用

标志不统一的问题很快被沃尔沃汽车公司意识到，随着1964年沃尔沃汽车公司在瑞典开设旗下第一大汽车制造工厂，以及1965年在比利时根特建立的第二大生产站点，沃尔沃汽车公司将此后出产的几乎每一辆车均悬挂上了统一标志。由于我们目前所掌握的资料并没有表明它是沃尔沃的第二代车标，所以我们只能称之为“首次改进款”。

该款标志基于首款改进而来，首先在圆圈与箭头样式上稍做修改，使视觉效果更加圆润、厚重。除此之外，这款标志最大的突破在于它将“VOLVO”这5个字母横放在了圆形标中央，并配以圆角长方形作为背景，方形黑底的边框同样也被应用在这款标志上，如图4-61所示，这就使得整个标志的内容更加丰富，结构与样式也更加符合当时的主流审美标准。

图4-61　“首次改进款”标志

新标志一经确定便应用到了1966年出产的沃尔沃140系列车型上（见图4-62），用于将标志固定在进气格栅上的金属条此时已经变为一种装饰，在它的衬托下改进后的标志与前格栅融为一体，相得益彰，既简洁易识又美观大方，而且从这款标志上我们已经可以看到沃尔沃现在标志的影子了。

图 4-62　沃尔沃 140 系列汽车

1966 年后的很长一段时间内，沃尔沃车标没有再大幅修改或换代升级，除个别概念车或特殊车型外，这个时期生产的沃尔沃汽车均采用这款标志。

1979 年，由于产业调整以及沃尔沃在轿车市场上的不俗表现，沃尔沃集团决定将乘用车制造部分独立出来，命名为沃尔沃轿车公司（Volvo Car Corporation）。这款标志也随着轿车公司的独立而转移过来，继续用在沃尔沃轿车上。

1966—1998 年这 32 年间，由于沃尔沃汽车公司统一了标志，从而方便消费者辨认与选择。这一时期，沃尔沃汽车公司在生产经营方面进入了一个相对平稳的快速发展期，随着其产品安全、稳定、可靠的特点逐渐被人们所认可，其品牌知名度也在世界范围内大幅度提升。至 1998 年，包括沃尔沃轿车公司在内的沃尔沃集团已在比利时、澳大利亚、美国、巴西等国家建立生产企业，成为世界最大 500 家跨国公司之一。

4. 沃尔沃汽车公司第二次标志修改

1998 年，沃尔沃轿车公司完成了其全球化发展阶段，进入战略调整阶段，与此同时，沃尔沃车标也在之前标志的基础上再次做出改动，它将“VOLVO”文字下方的长方形底色确定为蓝色，并沿其圆环左右轮廓做圆弧处理，使得整个标志显得更加圆润，其他部位则保持不变，沃尔沃车标风格得以延续（见图 4-63）。

图 4-63　1998 年设计的沃尔沃汽车标志

这一年，沃尔沃轿车公司推出了包括 C70、S70 在内的多款新车（见图 4-64），所有车型均悬挂该标志，在人们脑海中留下了不可磨灭的深刻印象。

图 4-64　1998 年沃尔沃推出的产品

随着 1999 年福特公司 64.5 亿美元的正式收购，沃尔沃轿车公司开始全面重组与调整，其车标也在 2005 年前后发生了细微的变化，仅仅是去掉了正方形边框，并放大了圆形箭头标志，将圆形的标志直接挂在前格栅上，如图 4-65 所示。

图 4-65　沃尔沃现款标志

2010 年 3 月 28 日对于沃尔沃轿车公司来说又是一个新的起点，我国浙江吉利控股集团有限公司正式以 100%股权（18 亿美元）收购沃尔沃轿车公司，李书福成为沃尔沃汽车公司董事会主席，这也是我国国内一次最大规模收购国外汽车品牌行为。然而此次收购并未对沃尔沃汽车公司的造车理念与经营策略产生影响，瑞典人依旧延续着他们严谨、踏实的造车精神，更保留了沃尔沃车标的内涵与成色。

第5章

汽车消费与服务

学习目标 

- 掌握新车选购的衡量指标
- 了解汽车选购时微型轿车、经济型轿车、中级轿车、中高级轿车、高级轿车的各个代表车型
- 掌握汽车保险理赔流程
- 掌握新车入户流程
- 请说出新车检验的方法
- 掌握正确使用汽车的方法

5.1 汽车选购

5.1.1 汽车选购衡量指标

随着人们收入的大幅提升，汽车正源源不断进入寻常百姓家。来自国际统计局的数据显示，2011 年底，我国民用汽车保有量已达 10 578 万辆。而仅仅 10 年前的 2002 年，我国民用汽车保有量才不过 2 035 万辆。这近 5 倍的大幅增长中，私人轿车是主体。汽车这个曾经改变世界的机器，如今已由国人眼中的富人“奢侈品”变为大众消费品，成了普通百姓的代步工具和致富手段，不断改变着我们的生活方式，提升着我们的生活质量。现在购车一般都采用科学的指标来衡量。衡量一辆汽车的质量，技术性能是重要的依据。其中，动力性、经济性是主要指标。当然，在评价汽车质量的同时还必须考虑销售价格以及消费者个人自身的需要。现今市场上流行 4 个衡量指标。

1. 动力性

汽车的动力性指标主要由最高车速、加速能力和最大爬坡度来表示，是汽车使用性能中最基本和最重要的性能。在我国，这些指标是汽车制造厂根据国家规定的试验标准，通过样车测

试得出来的。

① 最高车速：指在无风条件下，在水平、良好的沥青或水泥路面上，汽车所能达到的最大行驶速度。按我国的规定，以 1.6km 长的试验路段的最后 500m 作为最高车速的测试区，共往返 4 次，取平均值。

② 加速能力：指汽车在行驶中迅速增加行驶速度的能力，通常用加速时间和加速距离来表示。加速能力包括两个方面，即原地起步加速性和超车加速性。现多介绍原地起步加速性的参数。因为起步加速性良好的汽车，超车加速性也一样良好。原地起步加速性是指汽车由静止状态起步后，以最大加速强度连续换挡至最高挡，加速到一定距离或车速所需要的时间，它是真实反映汽车动力性能最重要的参数，时间越短越好。

③ 汽车的最大爬坡度：指汽车满载时在良好路面上用第一挡客服的最大坡度，它表征汽车的爬坡能力。爬坡度用坡度的角度值（以度数表示）或以坡度起止点的高度差与其水平距离的比值（正切值）的百分数来表示。

2. 经济性

汽车的经济性指标主要用耗油量来表示，是汽车使用性能中重要的性能。耗油量参数是指汽车行驶百公里消耗的燃油量（以“升”为计量单位）。在我国这些指标是汽车制造厂根据国家规定的试验标准， 通过样车测试得出来的。它包括等速百公里油耗和循环油耗。

① 等速百公里油耗：指汽车在一定载荷下，在水平良好的路面上，以最高挡位分别以不同车速等速行驶 100km，多次往返取平均值，记录下油耗量，即可获得不同车速下汽车的百公里耗油量。将每个车速段的耗油量用点连起来，就发现是一条开口向上的抛物线，最凹点就是耗油量最低的车速段，也就是“经济车速”。一些厂家以这个经济车速作为耗油量参数，实际上也是作为参考值而已，因为一般用户是很难做得到的。

② 循环油耗：指在一段指定的典型路段内汽车以等速、加速和减速 3 种工况行驶时的耗油量。有些还要计入起动和怠速等工况的耗油量，然后折算成百公里耗油量。一般而言，循环油耗与等速百公里油耗（指定车速）加权平均取得的综合油耗值，就比较客观地反映了汽车的耗油量。一些汽车技术性能表上将循环油耗标注为“城市油耗”，而将等速百公里油耗标注为“等速油耗”。

3. 性能价格比

性能价格比指的是产品本身具有的特性和功能与其单个产品价格之间的比率关系，也就是说要根据产品的性能来决定产品的价值，这是以产品性能为主要衡量标准的比较方法。家用车是一种集美观、动力性、舒适性和安全性于一身的特殊商品。用户购买家用车，必然要综合考虑外观造型、技术性能、安全性能等各种因素。一辆轿车的安全性较差，即使价格再低，成熟的用户也绝不会动心；安全性、技术性能俱佳的轿车，即使价格贵一点，用户也会掏腰包，因为它物有所值。

4. 利益价格比

利益的比较是立体化的，既要考虑性能，还要满足需要，更要注重实效。例如，如果需要的是私家日常代步车，安全和舒适就应该是首要的选择标准；如果需要的是家庭和商务兼用车，三厢轿车就比两厢轿车更适合。

性能价格比看重的是性能指标，利益价格比看重实用功效；性能价格比以比较产品为核心，利益价格比以自身需要为核心；性能价格比是刚性的单向比较，利益价格比是柔性的双向比较。

通过利益和价格的比较关系，可以发现在选择车辆时需要细致划分，综合考虑各项因素，性能、质量、服务、品牌缺一不可。汽车是由近两万个零配件组合而成的运动载体，性能固然重要，质量更是关键，同时服务就是保障，品牌就是价值。

5.1.2　汽车选购品牌类型

1. 微型轿车

（1）夏利新 N3+。如图 5-1 所示，作为夏利 N3 的升级产品，其最大的亮点是顺应了目前社会和行业对紧凑型轿车技术进步的要求，通过搭载天津一汽自主研发的 3GA2 型发动机，在动力、环保、经济性等方面比原有车型又有了显著的提高。

（2）奇瑞 QQ3 运动版。如图 5-2 所示。作为多年来一直保持高销量的微型车，奇瑞 QQ 凭借可爱俏皮的外形以及低廉的价格获得不少消费者的喜爱。随着市场上新车的不断踊现，奇瑞 QQ 也推出了 2012 款小改车型。2012 款 QQ3 更时尚、更动感，除了运动版车型变化比较大之外，其余车型在外观和内饰上都没有变化，它使用了奇瑞第二代 1.0L 发动机，排放达到国 IV+OBD 标准，综合路况油耗相比老款车降低了 17%，在 5L/100km 以内。新款奇瑞 QQ3 运动版在车身设计方面保持了普通版的圆润风格，在一些细节上融入了全新的元素，最大的变化是在车头，QQ3 运动版采用了新的前脸设计，显得更加硬朗和动感，前翼子板、前保险杠都做了改动，完全没有了上一代车型的影子，大灯和新奥拓有几分相似，不再是正圆形而改为水滴形。车身长、宽、高分别为 3 568mm、1 495mm、1 530mm，轴距为 2 340mm，相比老款，新款的时尚型在长度和高度上稍有增加，空间变大，赢得众多消费者的青睐。

图 5-1　夏利新 N3+

图 5-2　奇瑞 QQ3

（3）长安奔奔。如图 5-3 所示，长安奔奔是由长安汽车集团和世界著名的意大利汽车设计公司 IDEA 联合设计打造的。长安奔奔的造型由世界顶级汽车设计师 Justyn Norek 亲自操刀雕琢，整体车身线条圆滑流畅，长安奔奔的组合前后大灯、整体成型的前车门、宽大的后视镜、动感的腰线及防擦条、带高位制动灯的尾翼……每一个细节的处理既融合了欧洲先进的设计理念，又充分考虑到中国新兴两厢车潮流的消费需求。

（4）比亚迪 F0。如图 5-4 所示，比亚迪 F0 是比亚迪公司经过多年准备推出的一款精品小车，工艺精湛、品质优良。比亚迪 F0 吸收并整合了众多国际流行元素，全车线条流畅，侧面与尾部结合时尚自然，前格栅及中网采用 U 形笑脸设计，加之炫酷前大灯、活泼辫式天线以及时尚

尾灯组合等潮流元素，让比亚迪 F0 更显活力动感，是时尚前卫新生代一族的购车首选，能尽显个性本色。

（5）吉利熊猫。如图 5-5 所示，吉利熊猫的造型融入了国宝“大熊猫”的造型元素，其可爱的造型吸引了许多人的关注。吉利熊猫是 2008 年 11 月正式上市的安全精品小车，也是吉利全球鹰品牌首款车型，按四星级安全标准设计，采用时尚的“工程仿生”手法设计，秉承小的（small）、特别的（special）、安全的（safe）3S 研发理念，彻底颠覆了“中国小车”的传统概念，在美国《商业周刊》综合车型尺寸、发动机性能、排放系统、耗油量等标准所排出的“世界最小车”榜单中名列第七位。吉利熊猫的前脸采用大嘴式设计，整车造型非常圆润，前大灯组被黑边包围，酷似熊猫的黑眼圈；尾灯则是将大熊猫脚印巧妙的设计成一大四小的 5 个灯组，构成“熊猫”的尾灯造型。这种“仿生学”的设计在国内很少见，体现了“外小内大”的设计目标，达到良好的内外和谐。吉利熊猫的前雨刷均采用有骨架式设计，对前车窗的附着力很到位。轮毂采用复合六幅式铝合金轮毂，并且配备了 14 寸超大轮胎。整体看起来小巧、可爱。

图 5-3　长安奔奔

图 5-4　比亚迪 F0

2. 经济型轿车

（1）雪佛兰乐风。如图 5-6 所示，雪佛兰乐风（LOVA）是专为中国年轻家庭打造的一款精品三厢车。如其命名一样，正是要印证“知本一族”对生活的热爱、对自我的坚持和对明天的渴望，他们需要的是一款具有国际品牌保证的、既实用又能提高生活品质的经济型小车。乐风融汇了诸多高档欧洲三厢轿车的设计精髓，以经典的三厢设计、超大的乘坐空间、充沛的动力、丰富的配置和国际化的品牌实现了时尚和实用的完美结合，使其真正成为精品家轿的典范。不过，随着厂家整体策略的变化，乐风全系列型号已经停止生产。

图 5-5　吉利熊猫

图 5-6　雪佛兰乐风

（2）POLO 劲取。如图 5-7 所示，POLO 劲取的车头曲面吸纳了帕萨特（PASSAT）领驭中高档车的设计理念，强调快速而简洁的曲面走势，动感流畅、气势如虹、毫不拖沓，这一造型特征也是中高级轿车设计中的前沿处理手法。此外，其格栅四周采用整体银色饰框，凸显高档豪华的品质和这款 A0 级车的王者风范。POLO 劲取以先进的技术装备与漂亮的外观造型迎合各阶层用户和目标群体，一直致力于安全、舒适以及多用途方面的追求，取得了丰硕的成果。POLO 劲取一直被视为小型车质量、舒适和安全的标准。

（3）本田飞度。如图 5-8 所示，新一代飞度（FIT）轿车以“全方位领先的两厢车”为开展目标，在外形设计、内部空间、驾乘视野、驾驶乐趣、安全装备、环保节能、产品品质等方面均按全球最高标准打造，再次确立在高端两厢小型车细分市场的全方位领先优势。自 2007 年 10 月在日本上市后，新一代飞度（FIT）轿车连续 8 个月蝉联日本市场普通乘用车型单一品牌销量冠军，并力夺“2007—2008 日本风云车年度大奖”（Japan Car of the Year），这是继第一代飞度（FIT）轿车获“2001—2002 年度日本风云车大奖”后的再次登顶。

图 5-7　POLO 劲取

图 5-8　本田飞度

（4）福特嘉年华三厢。如图 5-9 所示，全新福特嘉年华三厢继承了福特 Verve 三厢小型概念车的独特外观，以一种动感姿态诠释出“运动中的能量”。新福特嘉年华三厢拥有着福特家族招牌式的大胆前脸造型，由一个硕大的倒梯形下格栅主宰，而福特椭圆形的大徽标则位于狭长上格栅的中央，这正是中国市场内新一代福特车型最引人注目的特征。具有雕塑美感的发动机罩，配以向后延伸的锐利的前大灯，增强了新嘉年华三厢的动人魅力。

（5）东风标致 207。如图 5-10 所示，东风标致 207 的最大亮点在于其外观的设计，尤其是前大灯和车尾。大灯显得非常锐利，给人强烈的视觉冲击；形状很具张力，呈外凸形设计，大规格的灯组与中高档车的风格相近；前鼻突出，其上的狮形 LOGO 比 307 系列还大一些；进气格栅和前部防擦条的设计和 307 一样，采用了大嘴版的路线。207 三箱尾部的处理非常出色，不像其他小型车的车尾那样，给人局促之感，它显得非常舒展和饱满，很有标致 607 的那份沉稳大气的神韵，让人印象深刻。

图 5-9　福特嘉年华三厢

图 5-10　东风标致 207

（6）现代雅绅特。如图 5-11 所示，雅绅特是一款为目前“节约型小康社会”量身定做的经济型车型，雅绅特在外部尺寸、动力、安全性和舒适性方面全新演绎了“节约型小康社会”下的“平民主义”。时尚却又不乏沉稳，紧凑却又不乏舒服的雅绅特面向的是 30 岁左右的家庭用户。

雅绅特的原型车是韩国现代第六代 Accent，在外形上采用了比较圆润的设计，整体线条非常流畅。雅绅特驾驶座席座椅采用了 8 方向调节，轴距达到了 2 500mm，后排乘客的腿部与头部空间都比较宽裕。

（7）马自达 2。如图 5-12 所示，马自达 2 精致而富于动感的特性，通过刚毅的外部造型与局部柔和元素的搭配融合，赢得全球消费者的喜爱。作为一款面向未来的全新车型，全新马自达 2 秉承了马自达“卓越设计”“超群功能性”和“灵敏操控性及动力性”的精髓，实现了更加舒适、平稳的行驶性能，并进一步提高了环保和安全性能，以满足社会和时代的全新要求。可以说，全新马自达 2 象征着马自达“Zoom-Zoom”品牌精神的进化和延续。

图 5-11　现代雅绅特

图 5-12　马自达 2

（8）吉利金刚Ⅱ。如图 5-13 所示，吉利金刚Ⅱ的前进气格栅、雾灯、外后视镜等细节设计都有许多变化，看上去比老款的更加时尚，也更富有成熟车型的独特魅力。内饰方面，吉利金刚Ⅱ在很多地方采用了全新的设计。首先，吉利金刚Ⅱ的方向盘采用三幅式设计，而且中控台的布局也有了很大变化，但这款新车仍然采用中置仪表盘。吉利金刚Ⅱ的驾驶席车门内侧设计了全新的控制区，看上去没有太明显的塑料感，比老款车型更有档次，而前排配备的中央扶手也带有杯托功能，人性化设计比较周到。

（9）江淮同悦。如图 5-14 所示，同悦和同悦 RS 造型秉承江淮自主研发思路，联合意大利宾夕法尼亚独创设计。前脸仍然继承了 C 级车的江淮家族特点，如飞扬的双翼，显得动感十足。车型紧凑饱满，内部仍然保持较大空间，如同浓缩型的 C 类轿车。三厢的同悦，同样是前低后略高的侧面，但整车给人更多的是从容不迫之感，后尾厢的延伸由于尾灯的嵌入，再加上尾线的上扬，也增加了这款产品动感的元素。

（10）奇瑞旗云。如图 5-15 所示，旗云整合了原风云和原旗云的品牌，在外形和内饰上升级、在品质上升级。旗云是中国 5～10 万元家轿市场最具购买价值汽车，是中国 5～10 万元家轿市场新标杆。实力以中等以上教育水平中青年男性、城市中的小私营企业主和工薪族为主，稳健、上进、精明。舒适型以都市青年精英和白领为主，热情、精明、进取、追求生活品质和情趣。实力型满足都市主流人群对有车生活（第一辆三厢车）的需求，舒适型满足个性消费者的驾驶乐趣。

图 5-13 吉利金刚Ⅱ

图 5-14 江淮同悦

（11）比亚迪 F3。如图 5-16 所示，比亚迪 F3 是比亚迪汽车公司的一款 A+级乘用车，于 2005 年 4 月 16 日正式下线。比亚迪 F3 的设计理念借鉴了日、韩系汽车发展的成功经验及模式。MM（Man maximum， Machine minimum）的设计理念，使车内人能够享受的空间最大化，而车必需的机器占有空间最小。动力总成采用了东安三菱生产的 4G18，1.6L 排量、单顶置凸轮轴（SOHC）、四缸 16 气门发动机，与东南菱帅和哈飞赛豹的发动机相同，技术虽老但很成熟，省油、经济的特点也是消费者予以认可的事实。最大功率 73.5kW，最大扭矩 134N · m，这样的动力拉动 1.2 t 的车身已经足够，关键是它很省油，百公里耗油 6L 左右。

图 5-15 奇瑞新旗云

图 5-16 比亚迪 F3

3. 中级轿车

（1）雪铁龙爱丽舍。如图 5-17 所示，作为一款兼顾家用和商务用途的中级轿车，东风雪铁龙爱丽舍的全新造型极具欧洲魅力，时尚而不乏稳重的大气风格与用户从容、自信的气质不谋而合，相得益彰。前脸部分，新爱丽舍具有雪铁龙家族显著特征，双人字形标志与多钻晶莹前大灯交相辉映。车身侧面，亮丽的车窗镀铬装饰条，使车身高雅气质自然流露。新型“CRONOS”造型的多幅铝合金轮辋，使车身整体更显扎实、稳重。尾部造型简洁典雅，美观醒目的星辉立体尾灯与前大灯相映成趣。东风雪铁龙新爱丽舍简约舒适风格的内饰，令人倍感温馨惬意。时尚钛银装饰仪表醒目、易读；全新运动风格舒适座椅，可以轻松实现 6 向调节，支撑包裹性极其出色；电动车窗开关按钮、电动后视镜按钮整合在车门扶手上，便于操作；车门储物盒位于扶手下方，方便实用。

（2）雪佛兰克鲁兹。如图 5-18 所示，全新雪佛兰克鲁兹以其充满动感的四门跑车造型，为紧凑型轿车的设计树立了新的标杆。全新雪佛兰克鲁兹生动地重塑了传统三厢轿车的车型特征，

并进一步突显出雪佛兰品牌全球最新的设计语言，这将成为未来所有“金领结”车型的设计符号。其他设计方面的特征主要包括雕塑感的肩部线条，大脸造型上下双格栅以及“宽轮距跨越车身”造型。传奇的科尔维特跑车上的“双座驾驶舱”设计概念，被首次应用在雪佛兰克鲁兹的内饰设计上。车前内饰板的设计与色彩和前排座位相呼应，同时从中央仪表盘处向两边对称延展，赋予驾驶者和乘坐者同样的驾乘体验。高档且更具柔软触感的材质以及亚光饰条的应用，确保克鲁兹在内饰设计上的高品质。主仪表盘的设计由三维数字动画模拟完成，速度计、转速计和汽油、温度表风格统一，可通过液晶屏发出白色和冰蓝色的背光照明。

图 5-17　雪铁龙爱丽舍

图 5-18　雪佛兰克鲁兹

（3）标致 307。如图 5-19 所示，新东风标致 307 的造型设计优雅大气，比例完美的线条和舒展曲面的完美组合令人一见倾心。新东风标致 307 前脸融合了由标致 407 始创的新美学元素，灵动的狮眼线条流畅地延伸至前风挡，勾勒出优雅的轮廓；镀铬隔栅赋予了狮王特有的表情，高贵品位呼之欲出；4.2m 的流线型车身，全新设计的尾部造型，晶莹剔透的尾灯和全新的 16in 轮毂，赋予了它动静皆宜的气质，东风标致 307 一贯秉持的品质、品位不言自明。

（4）现代新悦动。如图 5-20 所示，新悦动的外形很吸引人，在以伊兰特 HD 为原型的基础上，将其圆润、饱满的外形用简洁、明快的线条勾勒得更加富有活力、动感。车身侧面的波浪形腰线是新悦动的外观特点之一，流畅、细长的波形腰线充分展现出新悦动灵动的特性，增强了侧面车身高雅大气的视觉感受，也使它与伊兰特等同级别其他车型明显地区分开来。尾部设计舒展而圆润，一体式保险杠与尾灯的线条融为一体，为车尾的整体效果定下了强劲有力的视觉基调，两侧的反光板提高了安全性及运动气息。前后大灯轮廓相比伊兰特 HD 都有显著的改善，显得更加生动和充满灵气。

图 5-19　标致 307

图 5-20　现代新悦动

（5）日产颐达 2008。如图 5-21 所示，颐达（TIIDA）2008 在继承原有颐达自身优秀品质的基础上，针对外观、内饰、配置三方面升级、更新了 20 项内容。颐达 2008 不仅保留了原有颐达的宽适空间和卓越的 HR16 发动机，而且还升级了内饰的品位和品质，应用了更多的智能化配置与时尚元素，将现代都市的时代特征融合到产品升级之中，更加有助于消费者体验惬意自我的品位生活。颐达增加了月光银、绚酷紫两种颜色，外观较原有颐达都更具有视觉冲击力和品质感。而时尚动感元素的添加，使颐达的气质显得更加强劲，从而达到了与其强劲动力更加匹配的效果。

（6）本田思域。如图 5-22 所示，从外形上看，思域（CIVIC）独特的流线形车体，令人怦然心动。置身车中，又给人以舒适自由的感受。全新思域从整车和前脸上看，运动韵味十足，从后面看，又有一种别致、优雅的静态之美，动静皆宜。全新思域人性化设计的室内空间，足以轻松乘坐 5 人。宽大的座椅，可以尽情舒展身体，放松心情。完备的影音系统、逼真的娱乐效果令人仿佛身临其境。对所有细节，精心打造最完美的驾乘体验。全新思域的外形尺寸为 4 500mm ×1 755mm×1 450mm，2 700mm 的轴距使得其内部空间豁然开朗、宽敞舒适。人性化、科技化的领先设计在新思域车型上表现得淋漓尽致。仪表台采用分列式速度表和转速表，数字化多层次的前卫设计，大大提升了整体格调。

图 5-21　日产颐达（TIIDA）

图 5-22　本田思域

（7）东风雪铁龙世嘉。如图 5-23 所示，东风雪铁龙世嘉流线形车身圆润饱满，风阻系数达到出色的 0.31，在拥有完美造型风格的同时，更有效降低了车辆行驶时的风噪，并且降低了燃油消耗和有害气体的排放。世嘉前脸造型充满活力，镀铬的双人字车标彰显出雪铁龙的品牌特征，极富表现力。发动机舱盖线条清晰有力，前大灯造型与发动机盖和车身两侧相呼应。尾部造型线条感十足，动如静，静亦动。独具匠心的后尾灯与车尾浑然天成，勾勒出流畅的尾部线条。整车给人以“静如处子、动若脱兔”的感觉。东风雪铁龙世嘉配备了同样在凯旋上使用的 2.0L、16V 发动机，采用 VVT 可变气门正时技术，可迸发出的最大功率为 108 kW，最大扭矩可达到 200N · m。配合采用保时捷 Tiptronic 技术的手自一体变速箱，带来车随心动、人车合一的驾乘体验。1.6L、16V 发动机高效、节能，90km/h 等速油耗仅为 6.0L。同时，东风雪铁龙世嘉也可满足国Ⅳ排放标准。

（8）起亚赛拉图。如图 5-24 所示，赛拉图 Cerato 是起亚集团秉承“激情超越梦想”的企业理念，凝聚全球实力，投入 2.4 亿美元，经过 40 个月潜心开发而成的杰作，充分体现了起亚汽车外观时尚、技术成熟、品质一流的一贯风格。推出仅仅一年，赛拉图在欧美市场的销量便超过 10 万辆。新赛拉图在保留原有 CVVT 发动机动力优势的同时，外观内饰得到了全面提升，尾部造型焕然一新，车身加长，驾乘舒适性得到强化，整车表现出强烈的高档感和品质感。新赛拉图的生产基地是东风悦达起亚最新建立的第二工厂，国际一流水准的生产线和管理流程将确保整车品质的优异和稳定。

图 5-23　东风雪铁龙世嘉

图 5-24　起亚赛拉图

（9）奇瑞 A3。如图 5-25 所示，奇瑞 A3 整车尺寸为 4 282mm×1 794mm×1 467mm，近 1.8m 的车宽与很多标准的中型车尺寸相当，这个车身不仅动感十足，更具有第三代家用轿车的乘坐舒适感与空间感，同时 A3 吸收了全球最新 6 项设计风格，由国际知名设计公司著名设计师亲自操刀设计，整车外形更具世界性和更加国际化。大尺寸 U 形前脸一体式设计与后尾 U 形设计遥相呼应，再加上流线的前大灯，形成了有强劲冲击性的前脸；欧洲流行的后门把手造型，更显整车高档欧式风格；轿车内部电动调节座椅、乘坐者腰部支撑和侧向的包覆性也极具水准；欧式雅致内饰、欧式风格仪表盘，在提高能见度的同时，更方便驾驶，彰显高品质和运动感；科技感中控台，控制按键和旋钮排列得工整而人性化；全系采用 205/55 R16 大尺寸轮胎，突显运动风格。目前，奇瑞已回归一个品牌产品线包括艾瑞泽 7、瑞虎、风云、QQ、E3、E5 等。公司在国内建成了芜湖、大连和鄂尔多斯三大乘用车生产基地，具备年产 90 万辆整车、90 万台套发动机及 80 万台变速箱的生产能力。在产品品质提升方面，公司以“安全、节能、环保”为发展目标，逐步与国际接轨，建立了一套具有自身特色的品质保障管理体系，先后通过 ISO9001、德国莱茵公司 ISO/TS16949 等国际质量管理体系认证。2013 年，奇瑞正式将“技术奇瑞”确立为企业品牌战略，并发布了多年自主技术积累、导入国际领先标准打造的具有高科技、标准化和前瞻性的核心技术平台——“iAuto”。iAuto 是 Intelligence Auto 的简称，由 Cloudrive（智云娱乐新车系统）、ACTECO（智效动力总成系统）、Cherisma（智衡整车精益标准）3 个部分组成。

（10）大众朗逸。如图 5-26 所示，在延续了紧凑型车市“动感时尚”设计语言的基础上，朗逸（LAVIDA）体现了一种全新的设计概念——融合。作为为中国消费者量身打造的一款新车，朗逸既保持了德国设计的优秀品质，融入了很多体现中国传统文化的审美观念以及站在时代前沿的设计元素。朗逸用充满前瞻性的设计语言为紧凑型车注入了更多的豪华大气感，改写了消费者对于紧凑型车市场的传统印象，从而满足了消费者更为本土化的需求。

图 5-25　奇瑞 A3

图 5-26　大众朗逸

（11）斯柯达明锐。如图 5-27 所示，Octavia 明锐基于德国大众全球领先的 PQ35 平台。Octavia 明锐作为上海大众斯柯达品牌的第一款轿车，是与欧洲同步的先进车型，并根据中国的情况进行了大量的本土化改进，秉承了德国大众集团中级轿车的最新技术，总体上可以归结为顶尖高效动力、欧洲魅力设计、德系安全品质。2014 年，上海大众汽车公司推出全新升级换代版斯柯达明锐，新款大众斯柯达的 Octavia 是“极简主义”的推崇者，全新明锐遵循“形式服从功能”的工业设计精神，从人性化出发，为消费者带来简约的视觉美感和轻松便利的出行体验。驾车出行时，Octavia 全新明锐配备的免钥匙进入及一键启动系统将解锁启动程序变得更加智能简洁，车主只需携带感应钥匙靠近爱车，便可轻松解锁，一键启动。行驶过程中，Octavia 全新明锐配备的 GRA 定速巡航功能可在车速达到 30 公里/小时以上时启动，通过简单操作，即可实现定速巡航功能；操作转向盘过程中，时尚多功能转向盘上集成了许多功能按键，如音量调整、曲目选择、蓝牙电话、行车电脑菜单等，所有按键都采用大按钮设计，触手可及，操作十分便利。除此之外，Octavia 全新明锐还配备了新一代智能语音多功能 MIB Standard Navi 导航系统，可通过广播电台接收路况信息、语音对话完成目的地设计。泊车时，Octavia 全新明锐配备的 PLA2.0 自动泊车辅助系统能在狭小位置通过多次移位实现水平泊车和垂直泊车，车主只需控制油门和刹车即可，复杂的转向操作则由系统自动完成。无论是外观还是操作的轻松便利，斯柯达 Octavia 全新明锐都展现了“极简主义”在汽车工业设计中的完美运用，为消费者带来轻松愉悦的驾乘体验。

（12）别克凯越。如图 5-28 所示，新凯越的中网被刻意加大加宽，别克“三盾”标志格外醒目；炯炯有神的大灯菱角犀利，整体组合更为饱满。为了营造运动氛围，大包围的设计手笔也被运用在新凯越上，前后轮眉外凸并与大包围相连接，更有视觉震撼力，丝毫没有突兀的感觉；下透气格栅加以左右上翘的前雾灯也迎合这整体运动气息。不仅如此，新凯越车侧鲨鱼鳍状的通风口设计和 10 幅轮毂让整车显得更为活泼。带转向灯的外后视镜已成为了新凯越的标准配置。为了拓展空间，前后延伸的 A 柱和 C 柱配以整车腰线更显稳重。

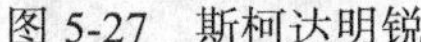
图 5-27　斯柯达明锐

图 5-28　别克凯越

（13）大众宝来。如图 5-29 所示，2014 年全新宝来上市，新车在外观内饰上进行了非常大的改进，回归家族样式的全新宝来在配置上同样有所调整，全系标配 HHC 坡道起步功能和 ESP 电子车身稳定系统，动力保持 1.6L 自然吸气和 1.4T 涡轮增压车型不变，按配置不同共分 8 款车型。全新宝来采用了大众最新家族前脸设计风格，“三道杠”镀铬装饰中网，看起来很协调，全新方正不规则轮廓线前大灯取代了旧款狮眼形设计，与中网相结合后让整个前脸棱角感更强，也更符合大众目前全系车型的设计风格。采用了新的中控台设计，高配车型内饰中布满了仿桃木装饰，并在一些功能键上增加了镀铬装饰，提升了车内的档次感。另外，全新三辐式方向盘基本沿用的是高尔夫6和新速腾的设计，简化了的多功能键，操作更方便。平面式仪表盘也改成了跟高尔夫6类似的筒形设计，更有运动感。在配置上全新宝来也有一定的提升，但根据官方配置信息来看，RNS315 大屏多媒体系统为全系选装，这套系统可以提供导航、蓝牙以及外接音源播放等功能。此外，全新宝来还全系标配了 ESP 电子车身稳定系统及 HHC 坡道起步辅助系统，高配车型上则拥有胎压监测系统、自动恒温空调以及前排座椅加热等配置。

（14）丰田花冠。如图 5-30 所示，花冠可以说是丰田轿车系列中最知名的产品之一，从 1966 年底推出至今，几经换代，现在已是第 12 代车型。在全世界超过 140 个国家进行销售，总产量达 4 000 万辆，是世界汽车业单一品牌产量最大的轿车。花冠车型有多种款式，3 厢轿车、2 厢掀背式轿车和 5 门 2 厢旅行轿车等。

图 5-29　大众新款宝来

图 5-30　丰田花冠

（15）中华骏捷。如图 5-31 所示，骏捷作为一款家用中级豪华轿车，不仅以亮丽的外形征服了消费者，它内在的实力更是无可挑剔。除了运动风格外，“骏捷”被赋予更多时尚元素，整体造型流线感更强，车身宽大而和谐，线条舒缓秀美，无时无刻不传达着运动与休闲意味。

（16）福特福克斯经典 2014 款。图 5-32 所示为经典福克斯酷白典藏版，该车是为了纪念福克斯进入中国即将 10 年，销量超过 100 万台而特别推出的“典藏版”车型，全国限量 2700 台。它最大的亮点就是通过增加 AFS 随动转向大灯、LED 后尾灯以及蓝黑双色运动型座椅等配置，进一步增强了整车的运动氛围，该款车是在 2013 款福克斯经典版基础上推出的新车型。

图 5-31　中华骏捷

图 5-32　福特福克斯经典

福克斯经典系列主要定位于家用轿车，由于新福克斯上市以来一直是市场上的热点，在这种情况下厂家并没有放弃曾经畅销的老款福克斯，命名为福克斯经典进行销售，并且调整了厂商指导价，作为一款口碑良好的经典车型配合较低的售价，确实特别适合作为私家用车。这款福克斯经典在今天看来依旧不会让我们审美疲劳，车头大嘴造型的进气格栅，与锋利的“眼神”

使车头显得还是那么有冲劲。福克斯经典在安全配置方面，高配型比低配车型多了侧气囊以及保证儿童乘车安全的儿童座椅接口，而真皮座椅和电动天窗这两项配置也是国人所喜爱的，前排中央扶手不但提高了驾乘舒适性的同时也多了一处储物空间，倒车雷达这项方便日常用车的配置也是低配车型所不具备的。 在动力系统方面，福克斯经典车型全系只配置了 1.8L 一款发动机。对于福克斯经典这款 1.8L 发动机服役依旧，无论在动力还是燃油经济性上都不占优势，不过满足日常使用没有问题，5 速手动变速箱入挡清晰并带有吸入感，是同类型变速箱中的标杆产品。很多人选择福克斯更多的是因为其扎实的底盘，前麦弗逊后多连杆式独立悬挂，加上同级别中相对运动化的调校，让其在弯中有足够支撑，转向系统指向性不错，尾部也有很好的随动性，有着不错的驾驶乐趣。作为一款上市多年的车型，经典的外观加之具有出色运动性的底盘，配合较低的售价，让它有着良好的产品竞争力，即便在新福克斯热销情况下，它的产品定位仍然有着相应的受众人群，在未来的市场依旧值得期待。

4. 中高级轿车

（1）现代 SONATA · 领翔。如图 5-33 所示，新款 SONATA · 领翔的前大灯、进气隔栅以及前保险杠均发生了本质的改变。前大灯一改老款类似矩形的设计风格，由略显圆润的菱形大灯所替代。前保险杠三段式设计以及新型内嵌式雾灯，也较老款车型更加时尚与动感。SONATA · 领翔的尾灯依然采用分体式设计，一部分尾灯集成在后备箱上，另一部分则集成在车身上。尾灯的整体造型由圆形图案替代了老款车型的长方形设计。

（2）福特蒙迪欧。如图 5-34 所示，作为福特科技含量最高、工艺最精良的旗舰车型，福特新蒙迪欧具有现代时尚的动感设计、卓越的精准驾驭和精湛的工艺三大亮点。新蒙迪欧充分考虑到中高级车消费者对智能科技的细分需求，配备了众多同级领先甚至同级独有的创新科技，如 My key（我的智能钥匙）、多角度按摩通风加热座椅、SYNC®车载多媒体通信系统、ACC 智能自适应巡航等。新蒙迪欧是以创新科技和尊荣品味引领新生活潮流的“科技 · 品味”座驾，受到消费者热捧。

图 5-33　第八代 SONATA · 领翔

图 5-34　福特新蒙迪欧

（3）日产天籁。如图 5-35 所示，新天籁为了满足年轻消费者的需求，在外观上，一举突破原有的稳重形象，整体造型更添时尚动感气息。从前脸看，雄鹰展翅造型的前格栅以及鲨尾式设计的大灯巧妙地融为一体，大气、豪迈；车身腰线凌厉、流畅，加上微翘的尾部，呈现出犹如猎豹捕猎时蓄势待发般的姿态，令人印象深刻。操控方面，新天籁拥有同级首创的梯形控制臂独立后悬挂和源自英菲尼迪的先进技术的 ATC 主动循迹控制系统，两者组成了“梯悬挂+ATC”组合，配合后轮辅助转向，最终大幅提升了车辆在变道超车、过弯时的轮胎抓地力，确保精准过弯、不推头、不甩尾。在舒适性方面，新天籁青出于蓝，凭借零重力健康乘坐系统、3D 平视信息显示系统和全维超静音车体等舒适配置，为消费者提供了舒适的架势享受。

（4）本田雅阁。如图 5-36 所示，九代雅阁的车身长度比八代短了 3cm，但接近 5m 的车身长度依然是同级中的“大个子”；前脸在融合了本田标志性“Solid Wing Face”设计的同时，为了进一步满足中国消费者对于“霸气”的理解，还采用了比海外版更加夸张的大面积镀铬进气格栅；全 LED 的尾灯加入了预警性 ESS 紧急刹车警示系统；提供米其林的 PRIMACY 3st 系列的静音舒适型轮胎；是国内首款搭载地球梦科技动力总成的车型；采用了全新的 CVT 变速器；并采用麦弗逊式前悬挂，进行了一系列的轻量化处理，以更有利于车轮的动态表现。

图 5-35　日产新天籁

图 5-36　本田雅阁

（5）丰田凯美瑞。如图 5-37 所示，新凯美瑞整合了丰田全球最新的设计理念，承袭一贯的卓越优雅，凯美瑞在“Dynamic yet majestic（动感而不失尊贵）”的开发理念下将现代美学的精粹推向更高层次。俊逸不凡的外形，动静之间，气度顷刻流露，尊贵与进取之气浑然天成。在“三维外型”的设计理念下，凹面和凸面的运用更加合理，尤其是前部及尾部的双凹型设计，融威严的尊贵感和进取的冲击力于一体。而各式灯具的应用，更起到了画龙点睛的作用，精密的带 AFS 的 HID 头灯使车辆的头部看起来炯炯有神，带有 LED 的刹车灯与圆形尾雾灯并排而成熠熠灯簇，更为独特的，镶嵌在观后镜上的转向灯使车辆在车流中卓然不群。车身方面，高强度轻量化车身设计的使用，使得凯美瑞降低了声噪，并且获得了更优异的空气动力学表现。成熟的底盘技术，前悬挂为麦弗逊式，后悬挂则采用了双连杆式，让驾乘更平稳，操控感更好。诸多高科技配置使凯美瑞的驾乘舒适性和安全性进一步升级，如智能进入和智能启动系统，方向盘上附带音响、电话、语音识别以及多媒体信息按钮，一体化全自动空调系统并配有 Plasma Cluster 正负离子发生器、检索、定位和导航功能一应俱全的巡航系统（Navigation）等。

（6）新 PASSAT 2014 款。如图 5-38 所示，作为上海大众和德国大众联合开发的换代车型，新帕萨特无论是外观、内饰、动力，甚至连生产平台都发生了本质变化。新 PASSAT 前脸运用了大众最新设计理念，Dynamic Balance 横拉式进气镀铬格栅使整车显得稳健，高光熏黑的宽大格栅与两个飞翼式熏黑前大灯融为一体；后脸营造出宽阔厚重的感受，让前脸轮廓更神采饱满，体现了大众经典传承与创新；平直的侧面腰线体现了低调稳重的商务形象。采用大众汽车尖端发动机与变速箱技术，动力输出自然、高效节能，换挡过程更加精准，功率扭矩都遥遥领先，尽显动力科技与绿色技术魅力，带来更加顺畅的驾驶乐趣和燃油经济性。新帕萨特还拥有最先进的 ESP 电子稳定系统、EPB 电子驻车制动系统、PLA 自动泊车辅助系统、后备箱智能感应开启等。

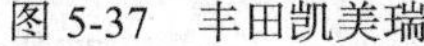
图 5-37　丰田凯美瑞

图 5-38　PASSAT

（7）别克君威 GS 2014 运动版。如图 5-39 所示，君威 GS 的外观设计完美融合了雕塑艺术的美感和精密工艺的严谨，整合前沿空气动力学与仿生学科技，打造终极运动外观，将别克品牌的动感血统提升至全新高度。其大灯犹如一对豹眼，犀利目光极具威慑力，加上周围镶嵌的一排耀目晶钻，营造出时尚动感的 Blue Ring 大灯冰蓝环绕效果，于凌厉锋芒之中平添几分神秘感。作为君威 GS 最具突破性的外观设计，双竖直镀铬进气口犹如一对锋利獠牙，不仅令前脸造型更具攻击性，更昭示了君威 GS 的猛兽本性。环绕车头与车侧的运动大包围，整体造型更具俯冲之势，如同猛兽随时准备出击。源于赛车的空气动力学尾翼，与车身浑然一体，有助于降低车辆尾部升力，增加行驶稳定性并提升操控感。同时，配合下方的展翼后镀铬饰条，更显尾部凌厉线条。遵循“以驾驶者为中心”的原则，仪表盘、中控面板围绕驾驶座环拥而设，回环相扣，既令驾驶者举手之间一切尽在掌握，更营造出宽适豪华的整体空间感受，为极致驾驶增添一份惬意。高档的材质，搭配和谐的色彩、精湛的做工，与运动感车身外形设计遥相呼应，弥漫着动感时尚气息。

5. 高级轿车

（1）奔驰 G 级。奔驰 G 级已经发展成为具备超强越野能力，并且兼备全地形性能的超级汽车，如图 5-40 所示。G 级车型采用 S 级车型的代表最新技术发展水平的 V8 发动机。它在超过 1 700r/min 的转速下可以达到 184kW（250 马力）的峰值功率和 560N · m 的扭矩，是世界上功率最强大的乘用车汽油发动机之一。

图 5-39　别克君威

图 5-40　奔驰 G 级

（2）沃尔沃 S80L。如图 5-41 所示，全新沃尔沃 S80L 加长版是沃尔沃汽车公司为满足中国消费者的需求为中国豪华车市场度身制造的。它秉承了沃尔沃 S80 旗舰豪华轿车的设计精髓和领先技术，并针对中国市场用户的需求，对外观和内饰进行了重新设计。全新沃尔沃 S80L 加长版轴距加长了 140mm，新轴距达到了 2 976mm，整车长 4 991mm。新增加的轴距全部让给了后排座位，使得后排腿部空间大大增加，达到了 1 025mm，迎合了中国消费者对后排空间的高要求，即使是长途旅行，也不容易感到疲倦，大大提升了乘坐的舒适感。车头的沃尔沃 LOGO 采用了全新设计，被显著加大，视觉冲击力更强，更有气势。在细节方面，S80L 加长版独特的设计元素使它更显卓尔不群，前雾灯和尾灯处的镀铬饰件，赋予 S80L 加长版独特而尊贵的外观感受。

（3）华晨宝马 5 系列。如图 5-42 所示，宝马 5 系列是迄今在国内生产的最先进的高档轿车。新一代宝马 5 系列的外部长宽高尺寸为 4 841mm×1 846mm×1 468mm，轴距为 2 888mm。新一代宝马 5 系列比上一代车型加长 66mm。其动力系统得到了进一步加强。顶级版本 545i 配备了来自 7 系的 V8 发动机，最大功率为 245kW，最大扭矩达 450N·m，最高时速为 250km/h，0 到 100km/h 加速仅需 5.9s。新一代宝马 5 系列的价格定位在动感时尚的 3 系和高贵典雅的 7 系之间。将动感与典雅和高级商用轿车的功能性完美融合，将宝马的传统和指引未来的进取精神以及经得起岁月考验的美学标准统一在一起。

图 5-41　沃尔沃 S80L

图 5-42　华晨宝马 5 系

（4）凯迪拉克 SLS 赛威。如图 5-43 所示，凯迪拉克 SLS 是基于新一代 STS 开发出来的一款豪华车，分 2.8L、3.6L 和 4.6L 3 个排量，凯迪拉克 SLS 是专门针对中国市场推出的旗舰车型。新车进一步提高了配置水平，是一款具有战略意义的车型，凯迪拉克 SLS 将使凯迪拉克的产品布局更加完善，并承担起攻占中国豪华车市场，挑战宝马、奔驰、奥迪的重任。

（5）奥迪 Q7。如图 5-44 所示，Q7 极具动感的流线车顶和与众不同的高车门表面，借鉴了双门跑车的造型。作为奥迪家族式设计元素的带纵向镀铬饰条的一体式进气格栅刚劲有力，使奥迪 Q7 更具气势与科技感，彰显自信和活力。LED 日间行驶灯确保行人在各种日间光线条件下都能及时发现您的汽车。LED 日间行驶灯功能的新款双氙气大灯照明效果更加理想，行车安全性显著提高，它还拥有个性鲜明的 LED 尾灯，配合简洁紧凑的后部设计，整个尾部造型更加动感。可调空气悬架系统除具有传统 SUV 通常使用的“自动”“舒适”“运动”模式外，还可供“高位”和“野地”两种模式。驾驶者可以根据行驶路况的不同，通过模式切换调整底盘的离地间隙从而提高整车的通过性和适应性。

图 5-43　凯迪拉克 SLS 赛威

图 5-44　奥迪 Q7

（6）保时捷卡宴。如图 5-45 所示，2014 款保时捷卡宴美规版在车身尺寸方面，新卡宴可谓是全面超越老款车型，其中车身长度增加 48mm，宽度增加了 11mm，高度增加 6mm，轴距也是整整长出了 4cm。保时捷卡宴是具有十足跑车韵味的 SUV。陡坡缓降系统，在遇有坡度较大的路段中可为驾驶者和乘客保驾护航。车内部，经过重新设计的操控区域简约时尚，一体式操控台配合拉丝铝合金装点，让整个空间豪华感倍增，且后排空间更为宽敞、舒适；采用驾驶席环绕式设计，将出色的运动风格与高水准的人体工程学特性、极佳舒适性以及卓越品质结合在一起；方向盘造型散发着浓郁的运动气息，诸如定速巡航等多功能键的加入，也使日常驾驶变得更为轻松；踏板的做工非常精良，前排座椅的下面设计了一个比较实用的储物空间。

（7）兰博基尼 Gallardo LP 570-4 Superleggera。如图 5-46 所示，兰博基尼 Gallardo LP 570-4 Superleggera 的设计更加动感、车身更轻、动力更强、外观更炫，堪称 Gallardo 系列的全新顶级车型。其醒目的“超轻”标志突显出它十足的运动特性，并充分彰显了其高性能轻质跑车的气质。兰博基尼 Gallardo LP570-4 Superleggera 延续了其前代车型的成功—由兰博基尼汽车公司在 2007 年推出的前代车型在短短一年之内销量就突破 618 辆。与已属轻质跑车的 Gallardo LP 560-4 相比，Gallardo LP570-4 Superleggera 的重量又减轻了 70 kg。这款超级跑车的净重不超过 1340 kg，成为兰博基尼公路车型中最轻的一款。

图 5-45　保时捷卡宴

图 5-46　兰博基尼 Gallardo LP 570-4 Superleggera

5.2　汽车保险

买了汽车，想向保险公司投保，还需要了解汽车保险的相关知识。

5.2.1 汽车保险种类

1. 汽车保险的分类

汽车保险的种类依据不同的划分标准可分为不同的种类。按性质可以分为强制保险与商业险。强制保险（交强险，全称是机动车交通事故责任强制保险）是国家规定强制购买的保险，商业险是非强制购买的保险，车主可以根据实际情况进行投保。

根据保障的责任范围还可以分为基本险和附加险。基本险包括商业第三者责任保险、车辆损失险、全车盗抢险、车上人员责任险共4个独立的险种，投保人可以选择投保其中部分险种，也可以选择投保全部险种。玻璃单独破碎险、自燃损失险、新增加设备损失险是车身损失险的附加险，必须先投保车辆损失险后才能投保这几个附加险。车上责任险、无过错责任险、车载货物掉落责任险等，是第三者责任险的附加险，必须先投保第三者责任险后才能投保这几个附加险；每个险别不计免赔，是可以独立投保的。

按销售渠道的不同，车险可分为传统车险与电话车险（网络车险）。电话车险通过电话或者网络获取报价、完成投保，是新兴的车险投保模式。电话车险（网络车险）在欧美比较流行，正以其方便、省钱等优势越来越受到中国车主的青睐。另外，根据车辆保障内容不同，价格有差异。车主在网上投保时可以根据自己的实际情况选择不同的保障项目，从而节省更多的费用。

2. 汽车保险险种的具体介绍

（1）交强险。交强险是由保险公司对被保险机动车发生道路交通事故造成受害人（不包括本车人员和被保险人）的人身伤亡、财产损失，在责任限额内予以赔偿的强制性责任保险。

（2）车辆损失险。车辆损失险是指保险车辆遭受保险责任范围内的自然灾害（不包括地震）或意外事故，造成保险车辆本身损失，保险人依据保险合同的规定给予赔偿。

（3）第三者责任险。第三者责任险是指被保险人或其允许的合格驾驶人员在使用被保险车辆过程时因发生意外事故而导致第三者遭受人身伤亡或财产直接损毁，依法应当由被保险人承担的经济责任，保险公司负责赔偿。同时，若经保险公司书面同意，被保险人因此发生仲裁或诉讼费用的，保险公司在责任限额以外赔偿，但最高不超过责任限额的30%。

（4）盗抢险。机动车辆全车盗抢险的保险责任为全车被盗窃、被抢劫、被抢夺造成的车辆损失以及在被盗窃、被抢劫、被抢夺期间受到损坏或车上零部件、附属设备丢失需要修复的合理费用。可见，机动车辆全车盗抢险的保险责任包含两部分：一是因被盗窃、被抢劫、被抢夺造成的保险车辆的损失；二是因保险车辆被盗窃、被抢劫、被抢夺造成的合理费用支出。对上述两部分费用由保险公司在保险金额内负责赔偿。

（5）车上座位责任险。车上座位责任险又称车上人员责任险，是指被保险人允许的合格驾驶员在使用保险车辆过程中发生意外事故，导致车上的司机或乘客人员伤亡或身亡，依法应由被保险人承担的赔偿责任，保险公司按照保险合同进行赔偿。

（6）玻璃单独破碎险。玻璃单独破碎险的保险责任为使用过程中发生本车玻璃单独破碎的损失，注意“单独”两字，是指被保车辆只有挡风玻璃和车窗玻璃（不包括车灯、车镜玻璃）出现破损的情况。

（7）自燃险。自燃险的保险责任为车辆在行驶过程中，因本车电器、线路、供油系统、货物自身发生机动车运转摩擦引起火灾，造成保险车辆损失以及被保险人在发生该保险事故时为减少保险车辆损失所支付的合理费用，保险公司会相应地进行赔偿。

（8）划痕险。全称车身划痕损失险，是指在保险期间内，保险车辆发生无明显碰撞痕迹的车身表面油漆单独划伤，保险公司按实际损失负责赔偿。

（9）不计免赔险。全称为不计免赔率特约条款，作为一种附加险，需要以投保的“主险”为投保前提条件，不可以单独进行投保，其保险责任通常是指“经特别约定，发生意外事故后，按照对应投保的主险条款规定的免赔率计算的、应当由被保险人自行承担的免赔金额部分，保险公司会在责任限额内负责赔偿。

以上险种只有交强险是车主必须保的，其他险种根据车主驾车情况和意愿自愿承保。

5.2.2 汽车保险费用计算方法

如果要买车参保，首先要看清楚保险公司都能保什么，比如车辆的碰撞行为等，这些都是必保的。但有些保险公司将由于火灾、爆炸而引起的车辆损失列为保险主产品之外，有些公司则是将自然灾害造成的车辆损坏剔除出保险责任，这些都是在保险条款里面明示的，消费者在投保之前一定要认真阅读。那么如何来计算保费，根据所保险的险种不同，保费也不一样，下面介绍一下汽车保险的计算方法。

（1）车辆损失险保费 = 基本保险费 + 本险种保险金额×费率。

（2）第三者责任险保费=固定档次赔偿限额对应的固定保险费。

根据 2012 年 3 月，中国保监会《关于加强机动车辆商业保险条款费率管理的通知》和《机动车辆商业保险示范条例》规定，第三者责任险的每次事故最高赔偿限额应根据不同车辆种类选择确定。

① 在不同区域内，摩托车、拖拉机的最高赔偿限额分为 4 个档次：2 万元、5 万元、10 万元和 20 万元。

② 其他车辆的最高赔偿限额分为 6 个档次：5 万元、10 万元、20 万元、50 万元、100 万元和 100 万元以上，且最高不超过 1000 万元。

③ 挂车投保后与主车视为一体。发生保险事故时，挂车引起的赔偿责任视同主车引起的赔偿责任。保险人对挂车赔偿责任与主车赔偿责任所负赔偿金额之和，以主车赔偿限额为限。

第三者责任险赔偿的具体计算方法分以下两种情况。

① 当被保险人按事故责任比例应负的赔偿金额超过赔偿限额时。

保险公司赔偿额=赔偿限额 ×（1 – 免赔率）

例如，被保险人孙某在投保第三者责任险时，选择最高赔偿限额为 10 万元，孙某驾驶轿车在一次车祸中致第三者赵某伤残，根据公安交通管理部门认定，孙某对此次事故应负主要责任，应当赔偿第三者赵某各种损失共 12 万元，那么保险公司应当赔付的第三者责任险的数额为

保险公司赔款额=10 ×（1 – 15%）=10 × 85% = 8.5 万元

② 当被保险人按事故责任比例应负的赔偿金额低于赔偿限额时。

保险公司赔偿额=应负赔偿金额 ×（1 – 免赔率）

例如，被保险人周某在投保第三者责任险时，选择最高赔偿限额为 10 万元，其保险车辆在事故中致第三者宋某左腿残疾，根据公安交通管理部门认定，双方应负同等责任，经核算，周某共应赔偿宋某损失 6 万元，那么保险公司应赔付的第三者责任险的数额为

保险公司赔款=6 ×（1 – 10%）=6 × 90%=5.4 万元。

（3）全车盗抢险保费 = 车辆实际价值×费率

（4）新增加设备损失险保费 = 本险种保险金额×费率

（5）玻璃单独破碎险保费 = 新车购置价×费率

（6）自燃损失险保费 = 本险种保险金额×费率

（7）车上责任险保费 = 本险种赔偿限额×费率

（8）车载货物掉落责任险保费 = 本险种赔偿限额×费率

（9）不计免赔特约险保费 =（车辆损失险保险费 + 第三者责任险保险费）×费率

商业保险每个保险公司的保险费用都不一样的，首次购买和上年没有出事故的续保是有折扣的。

5.2.3　汽车保险理赔流程

1. 保险理赔基本流程

出了交通事故首先要做到的是及时报案。出了交通事故除了向交通管理部门报案外，还要及时向保险公司报案。一方面让保险公司知道投保人出了交通事故，另一方面也可以向保险公司咨询如何处理、保护现场，保险公司会教车友如何向对方索要事故证明等。

车主在理赔时的基本流程如下。

（1）出示保险单证。

（2）出示行驶证。

（3）出示驾驶证。

（4）出示被保险人身份证。

（5）出示保险单。

（6）填写“出险立案查询表”。

（7）详细填写出险经过。

（8）详细填写报案人、驾驶员和联系电话。

（9）检查车辆外观，拍照定损。

（10）理赔员带领车主进行车辆外观检查。

（11）根据车主填写的报案内容拍照核损。

（12）理赔员提醒车主车上有无贵重物品。

（13）交付维修站维修。

（14）理赔员开具任务委托单确定维修项目及维修时间。

（15）车主签字认可。

（16）车主将车辆交给维修站维修。

以上是车主和保险公司理赔员必须做到的。车主一定要做好前期工作，避免事后理赔时麻烦被动。

其次要和保险公司及时沟通。车主要积极协助保险公司完成对车辆的查勘、照相以及定损等必要工作。结案前应向交管部门了解在事故中自己应负多大的责任、损失多少和伤者赔偿费用等情况，然后再向保险公司询问哪些情况能赔哪些情况不能赔，尽量减少损失。同时，车主在找救援公司拖车以及找修理厂修车时，关于价格问题要与保险公司及时沟通，避免救援公司或者修理厂的开价与保险公司赔偿价格相差太大。对于定损时没有发现的车辆损失，应及时通知保险公司，由保险公司进行第二次查勘定损，这笔额外的损失就不用车主自己掏钱了。因为保险受损和第三者财产损坏，应当尽量修复，修理前保险人应会同保险公司检验，确定修理项目、修理方式及修理费用。若客户自行修理，保险公司会重新核对甚至拒绝赔偿。车主车辆修复以后，在支付修理费用和办理领车手续前务必对修理质量进行查验。

最后提醒车主再出现交通事故后不应出现如下两种极端情况。

①发生交通事故喜欢私了，也就是说怕麻烦，觉得去理赔是浪费时间，但这样往往使事故双方都得不到赔偿。所以在发生交通事故时，最好不要私了，更不能忍气吞声。

② 哪怕一丁点儿剐蹭也要到保险公司去理赔，这样做既浪费时间，又增加了自己的理赔次数，因为保险公司会根据车主的理赔次数调整续保时的优待比例。

2. 汽车保险理赔常识

报案方式：电话报案、网上报案、到保险公司报案以及理赔员传达报案。

保险事故发生后，应在 24 小时之内通知交警部门，在 48 小时内通知保险公司。

理赔周期：保险人自保险车辆修复或事故处理结案之日起，3 个月内不向保险公司提出理赔申请，或自保险公司通知被保险人领取保险赔款之日起 1 年内不领取应得赔款，即视为自动放弃权益。车辆发生撞墙、台阶、水泥柱及树等不涉及向他人赔偿事故时，可以不向交警部门报案，但需要及时向保险公司报案。在事故现场附近等候保险公司来人查勘，或将车开到保险公司报案、验车，一般都选择在原地等候保险公司来人查勘。

5.2.4 汽车保险公司的选择

现在很多车主在选择车险公司时往往会陷入一个误区——谁的便宜就选谁。其实，车险是无形的，需要通过服务才能感觉到它的存在，对车主来讲，购买车险不能只重价格，服务才是更重要的。车险服务主要体现在出险后的理赔和一些特色服务上。虽然大型保险公司车险保费较高，但这些保险公司都已经建立了比较完善的理赔网络，也拥有了一支较成熟的理赔队伍，一旦出险，能够保证在较短时间内赶到现场查勘，协助处理事故。即使是在外地发生事故，因为其分支公司多，也可以及时查勘。不过需要说明的是，一味追求规模大的公司也不一定会适合全部车主，因为某些相对小的保险公司虽然在全国份额上不占多数，但是在某些城市却是当地的领先者，如果车辆只在一定区域内行驶，可以着重对比考虑本地的服务和信誉。

哪家保险公司最适合呢？这就要看需要哪种服务了。如今汽车保险市场竞争激烈，很多公司都将险种细分，车主可自行选择投保项目，即使是相同的险种，各保险公司对其具体的解释条款也不尽相同，这就需要车主在投保前仔细阅读，分清其保障范围，根据实际保障范围和最终保险公司的价格进行对比，结合所提供的服务质量，来决定适合自身要求的保险公司。例如，有的公司报价低，但是它的保障可能也随之降低，理赔等服务也会相对较慢，某些险种条款甚至存在漏洞，真正出了险，很有可能遭到拒赔。北京 2012 年 7 月 21 日的特大暴雨中，很多车主都因发动机被水淹而遭到了保险公司拒赔。

除保费价格、险种条款外，保险公司推出的个性化服务也是选择保险公司的一个依据。例如安邦保险，就推出了“235”速赔实施方案，为车主的快速理赔提供了保障。据了解，“235”这几个数字是安邦保险根据车险理赔的金额实施的结案时间。根据规定，理赔金额在 3 000 元

以下的案件，将在 2 天之内完成理赔结案；3 000～10 000 元的理赔金额将在 3 天内完成结案；10 000 元以上的案件则在 5 天内完成结案。这一规定大大提升了以往的理赔速度，给车主带来了巨大实惠。针对电话直销车险客户，安邦公司更是提出“万元以下，一日赔付”的要求，同时还针对电话直销车险客户推出了“私人车险管家”服务，主动关切案件的环节，应该做什么事情、提前准备哪些资料、无责索赔或有责赔付分别应该走什么流程等。

5.2.5 汽车保险险种的选择

一些车辆出险后，由于投保人没有买相关险种而遭受损失，或者所投险种不承担损失的责任，这样车主往往会白花了投保的金钱却不能获得赔偿，因此在车辆投保中，险种的选择尤为重要，它关系到投保金额、车辆财产以及行车人员的安全保障、出险后能否获赔。选择适合自己爱车的险种，在汽车出险后，就能获得最大限度的赔偿。

由于各家保险公司附加险条款细节各不相同，因此在选择险种前，一定要搞清险种的具体含义，及如何搭配才是最保险的。例如，不计免赔险作为一款附加险种，是为主险服务的。具体来说，不计免赔险分为“基本险不计免赔险”和“附加险不计免赔险”。如果车主购买了“基本险不计免赔险”，那么一旦发生事故，在车损和第三者责任内保险公司会承担车主本人应该承担的全部风险。例如，车主开车出了事故，交警认定他全责，投保了不计免赔险之后，车主可以不承担责任而转由保险公司承担。但是对划痕险等附加险种，“基本险不计免赔险”则不能对其免赔率部分进行赔偿。例如一般保险公司都对车身划痕险有 15%的免赔率，如果车主没有购买“附加险不计免赔险”，则意味着出险后车主要自行承担 15%的维修费。

搭配险种需要根据个人情况而定。除了车辆损失险和第三者责任险这两种基本险外，在 10 多个附加险中，适合私家车主的主要有 4 个：不计免赔特约险，适合车技不佳的新手；玻璃单独破碎险，高档车很有必要买；全车盗抢险，无固定停车场地，小区治安状况不佳，以及经常开车跑外地的车主尤为需要；划痕险，比较适合新车。10 多个险种全部投保既贵又没有必要，很多都用不着，适合自己的组合才是最重要的。

5.2.6 汽车投保方式的选择

近年来车市的火爆，也催发了车险市场的火爆，购买新车后最重要最优先的就是给自己的爱车上一些必要的保险，这样才能安心驾驶，充分享受驾驶的乐趣，不会有太多的后顾之忧。那么一般车险投保都有哪些方式呢？下面将介绍几种最普遍的车险投保方式。

1. 网上投保

这是最新的也是最便捷的投保方式，选择险种、询价、订单都是在网络上完成，非常快捷，在家就可以完成，不用出门，而且保费相对来说也比较低。然而网络交易存在一定的风险，必须找那些大型的网络服务提供商，填写准确的个人信息，在投保后要及时打电话咨询保险公司自己的车险情况，并在接下来的时间里注意查收邮件，因为网上投保的保单是通过邮件方式寄送给投保人的。

2. 营业厅投保

这是最传统的方式，车主必须亲自去营业厅办理，并且填写好投保单子，然后缴费下单。这种方式非常安全保险，但是保险费用一般较高，而且服务态度不一定很好。如果去营业厅投保的话，一定要提前咨询都需要带齐哪些资料，不要到了之后才发现没有这个资料，缺少那个文件，最后保险没有办理好，人反而先累得不行了，反复来回地取资料会浪费不少的时间和精力。

3. 电话投保

这种方式比较方便快捷，而且服务态度好，有专门人员上门服务。一般分两步办理，首先工作人员上门索取相关资料和签订合同，并且收取保费；然后回到公司，第二天给客户送来保单，当然，另外约定时间也可以。但是现在有很多骗子看中了这个市场，张贴假投保号码骗钱，因此使用电话投保一定要致电所要购买的保险公司询问是否提供电话投保服务，确认后再联系，不要随便电话投保，谨防被骗。

4. 4S 店投保

这是目前来说最主要的车险投保方式，车主可以在购买车的时候就一同投保，在 4S 店投保的好处是一旦发生交通事故，这个店就会有相关专业工作人员负责协助车主跟保险公司定损理赔，并且能为汽车提供比较标准的维修服务，为车主节省不少的精力。然而 4S 店作为保险的推销商，会给车主推销很多看上去很好，实际意义不大的险种，在投保之前车主一定要认真考虑和咨询有关朋友，哪些险种是必要的，哪些险种是意义不大的，尽量做到重要的险种不遗漏，不重要的也不购买。

5. 中介投保

现在中介服务无所不至，因此车险也可以通过保险中介来投。中介投保非常方便，只要你把相关资料交给中介，就可以让其代买保险。因为中介服务机构进入门槛低，服务质量参差不齐，所以一定要选择那些口碑好、分店多，并且正规经营的中介。在购买保险后，也必须通过电话或者去营业厅检验一下保单是否是真实的，然后再支付相关费用，谨防那些假中介骗钱。

车主完全可以根据自己的工作生活情况来确定选用哪种投保方式，在投保之前可以询问一下相关人士，具体投哪些险种，做到明确投保，投保后，必须及时确认，谨防被骗保。

5.2.7 汽车投保注意事项

1. 不要重复投保

有些投保人自以为多投几份保，就可以使被保车辆多几份赔偿。按照《保险法》第四十条规定："重复保险的车辆各保险人的赔偿金额的总和不得超过保险价值。"因此，即使投保人重复投保，也不会得到超价值赔款。

2. 不要超额投保或不足额投保

有些车主，明明车辆价值 10 万元，却投保了 15 万元的保险，认为多花钱就能多赔付。而有的车价值 20 万元，却投保了 10 万元。这两种投保都不能得到有效的保障。依据《保险法》第三十九条规定："保险金额不得超过保险价值，超过保险价值的，超过的部分无效。保险金额低于保险价值的，除合同另有约定外，保险人按照保险金额与保险价值的比例承担赔偿责任。"所以超额投保、不足额投保都不能获得额外的利益。

3. 保险要保全

有些车主为了节省保费，想少保几种险，或者只保车损险，不保第三者责任险，或者只保主险，不保附加险等。其实各险种都有各自的保险责任，假如车辆真的出事，保险公司只能依

据当初订立的保险合同承担保险责任，给予赔付，而车主的其他一些损失有可能就得不到赔偿。

4. 及时续保

有些车主在保险合同到期后不能及时续保，但万一车辆就在这几天出了事故，那就后悔也来不及了。

5. 要认真审阅保险单证

在接到保险单证时，一定要认真核对，看看单据第三联是否采用了白色无碳复写纸印刷并加印浅褐色防伪底纹，其左上角是否印有“中国保险监督管理委员会监制”字样，右上角是否印有“限在××省（市、自治区）销售”的字样，如果没有可拒绝签单。

6. 注意审核代理人真伪

投保时要选择国家批准的保险公司所属机构投保，而不能只图省事随便找一家保险代理机构投保，更不能被所谓的“高返还”所引诱，只求小利而上假代理人的当。

7. 核对保单

办理完保险手续拿到保单正本后，要及时核对保单上所列项目，如车牌号、发动机号等，如有错漏，要立即提出更正。

8. 随身携带保险卡

保险卡应随车携带，如果发生事故，要立即通知保险公司并向交通管理部门报案。

9. 提前续保

记住保险的截止日期，提前办理续保。

10. 莫生“骗赔”伎俩

有极少数人，总想把保险当成发财的捷径，如有的先出险后投保，有的人为地制造出险事故，有的伪造、涂改、添加修车、医疗等发票和证明，这些都属于骗赔的范围，是触犯法律的行为。因此各位车主在这些问题上，千万不要耍小“聪明”。

5.3 新车入户

5.3.1 新车入户前的准备

新车入户前需准备购车发票、车辆合格证（某些车型附带检验单）、车主身份证和保险交强险（副本）。

另外，可提前准备身份证复印件 2 份、购车发票复印件一份、车辆合格证复印件一份。

5.3.2 新车入户费用

新车入户前的费用有 3 项。

（1）车辆购置税：是对在境内购置规定车辆的单位和个人征收的一种税。

（2）交强险费用：在新车入户前必须缴纳的费用，其他保险的险种可以在入户后根据驾车技术和意愿自愿选择。

（3）报牌费：报牌费指办理牌照的相关费用。

5.3.3 新车入户流程

1. 购车

分单位购车和个人购车，单位购车需要携带代办人身份证和驾驶证、单位组织机构代码证（原件）复印件、公司营业执照副本（原件）复印件；个人购车需要携带个人身份证和驾驶证。开购车发票时要填写单位组织机构代码或个人身份证号码。

2. 保险

车辆入户前必须购买交强险（根据当地的要求，车船使用税可在此时购买），在保险生效后车管所方能受理。

3. 缴纳车辆购置税

车辆入户前必须缴纳车辆购置税。所需材料有整车出厂合格证明及复印件、组织机构代码证及复印件或个人身份证及复印件、购车发票（发票联和报税联）及复印件。

4. 车管所业务办理流程

① 在整车出厂合格证复印件、组织机构代码证复印件或个人身份证复印件上拓车辆识别码和发动机号码后交车管所外检处办理外检。

② 非免检车辆要经过检测后取得检测合格证。

③ 免检车辆和检测后车辆交受理处受理。

④ 受理后回车管所交费选号（需要准备的材料有完税绿本、交强险副本、发票发票联、整车出厂合格证、车主身份证正反面复印件、机动车检验报告），取得行驶证和登记证书。

⑤ 领取车辆号牌上牌照。

车船使用税是必须上缴的，只是各地区要求缴纳的地点不一样，有的城市 4S 店可代缴。如果员工购车的话，员工购车中心也可代缴，需要问清楚。

2010 年，公安部出台了一项规定：买新车入户当日即可拿到牌照，进一步简化了新车入户的程序和手续，为广大汽车消费者提供了更好的消费环境。

5.4 汽车检验

新车指车辆出厂后直接售出或经专用运输车送到销售商手中，其行驶里程为“零”。当然，厂家在发运过程中可能会行驶一段路程，这样，新车的里程表上显示行驶了 10～20km 是正常的，可以认定为“0 公里”的新车。新车检查主要内容如表 5-1 所示。

表 5-1　　　　新车检查主要内容

检查内容			检查方法
新车起动前	车外检查	整车外观	轮胎气压符合要求时，在车前查看车身、保险杠等对称部位的离地高度是否一致
		查看出厂日期	出厂日期被注明在发动机舱盖下面的一块小铭牌
		底盘、轮毂、减振器、悬挂等工作情况	可用手大力按动车身一角，松开后，看其弹动次数，在 2～3 次为好
		车身平整度	（1）检查时蹲下，使眼睛与检查平面在一个平面上，检查车身钢板、保险杠的平整度，不应该出现不正常的凹陷、凸起 （2）打开车门，推拉几个角度，让光线以不同的角度照射来检查钣金质量 （3）车体防擦条及装饰线应平直，过渡圆滑，接口处缝隙一致
		车漆	（1）保险杠和车身、车门外边缘、左右外后视镜等易受损部位应无色差 （2）仔细查看，如发现某一部分漆色或厚薄与周围不相吻合或显现出细微的圈状刮痕，多是受过损伤后经重新喷涂美容而成
		装配缝隙	（1）检查前机器盖、后备箱盖、车门、油箱盖、大灯、尾灯等处的缝隙是否均匀，同邻近位置的车身是否处于同一平面，有无错位等现象 （2）检查各处开启、关闭时是否顺畅，声音是否正常，可以适当多开关几次。此时，一并检查各处密封条是否完好、均匀、平整，各门把手或开关是否方便、可靠 （3）试试车门开启是否灵活，开门锁时不应太吃力，门轴不应有杂音。关门是否能一步到位，装配良好的车关门时听到声音较沉闷，装配较差的车用力小了关不严，需用大力撞击方能关严，而且声响尖厉，不悦耳
		车门	（1）依次打开每个车门观察是否有下垂现象 （2）将门慢慢打开到推不动为止，感觉限位开关是否起作用，有没有异响 （3）轻轻地关上车门（注意一定是轻轻地），听关门的声音是否有尖锐的撞击声，4 个门是否声音相同或者前面两个相同、后面两个相同 （4）挑选的时候将手轻放在车门上直到关闭，检查每一个车门的回复力
		钥匙	检查每把钥匙对每一把车锁（正副驾驶侧、后备箱、油箱盖等）的开启和锁止的可靠性
		玻璃	（1）查看玻璃下角的标志，看看是不是原配玻璃 （2）检查玻璃有无损伤和划痕，重点检查前挡风玻璃的视觉效果。前挡风玻璃必须具有良好的透光性，不能出现气泡、折射率异常的区域
		后备箱	（1）后备箱空间是否干净、内侧衬板是否平整，如果是遥控开启或是车内开始方式的，应该多检查一下开启是否顺利和上锁后是否可靠 （2）一般都会把灭火器、随车工具、备胎放在车内，通常由衬板进行隔离，应该注意检查，看看是否齐全、固定是否可靠
		轮胎	（1）零公里新车的轮胎，是完全没有磨损的，包括轮胎制造过程中产生的细小痕迹以及刺状的凸起。只要发现哪怕是最细小的轮胎磨损，而里程表显示为“0”，也很有可能存在问题 （2）查看轮胎是否完好，有无磨损，有无裂痕和起泡现象 （3）查看轮毂是否干净、完美，有无凹陷、划痕 （4）询问或者实测胎压，保证轮胎处于正常胎压且四轮气压一致 （5）从侧面推、拉轮胎上侧，感觉不松旷 （6）检查轮胎，看看各胎颜色款式是否一样 （7）检查备胎与其他 4 个轮胎规格和花纹等是否相同

续表

检查内容			检查方法
新车起动前	车外检查	底盘漏油	检查“上下左右”。“上”就是发动机上盖，“下”就是油底壳，“左”“右”就是两边传动轴皮套处，“中”是飞轮盘旁护盖下部。这些部位有的不容易查看，需要弯腰或侧身从狭逢处才能看到。检查标准是不能有湿润的沾灰现象，若有就说明在渗油
		防盗系统	针对原车的防盗功能，进行非破坏性的非法进入、振动等方面的测试，检查防盗系统是否可靠
	机盖检查	外观	打开发动机罩，查看发动机及附件有无油污、灰尘，尤其是缸盖与缸体接合处、机油滤清器接口处、空调压缩机、转向助力泵、传动轴等结合缝隙处有无渗漏
		各种液面	（1）查看“三油两液”（“三油”：机油、制动油、方向助力油；“两液”：冷却液，风窗清洗液）的液面是否正常，若不正常则有可能出现泄漏 （2）液罐外表要干净，无水痕、油渍；液面在 3/5 左右，基本可算正常
		蓄电池	（1）蓄电池的固定桩头与电线的连线应可靠、良好，用手扳无松动现象 （2）检查蓄电池的接头是否有腐蚀现象 （3）蓄电池的指示灯如果显示绿色，表示蓄电池状态良好且蓄电充足；如果是黑色或白色，则表明蓄电不足甚至已损坏，最好尽快充电
		做工	查看各个线头连接情况，是否有晃动等
	车内检查	洁净程度	（1）检查车内各处的洁净程度，应该没有任何脏东西，尤其是角落等处，如果比较脏则可能是别人挑剩下的或者有问题调整过的车 （2）检查所有饰面是否含有破损的地方，如中控台、座椅、车顶、车地面等
		座椅	座椅表面应清洁、完好，乘坐时应该基本舒适，不应该感觉到座椅内有异物影响乘坐。如果座椅可以进行多方向调节，应该进行调整测试，必须能够达到各个方向的限位点，且调整过程能够保持平顺、无异响。如果后座可以进行折叠，应该检查折叠的效果。如果座椅可以放倒一定角度，应该进行角度方面的调整测试。如果头枕可调也应该调整检查
		储物空间	检查车内每一个储物空间的整洁度和开启、锁闭的可靠性。目前车内储物空间很多，尽量不要遗漏，如中控台部分的多个储物盒、车门、座椅下面和后面、前后中央扶手等处
		控制台面板	留意面板上刮伤掉的漆。检查中控各部分是否完整、按键是否可靠，表面是否整洁，不应该有划痕和污迹。带有遮阳板、化妆镜的可以一并检查。对于车内其他按键也一并在点火前进行初步检查，如中控门锁、窗、后排空调开关、方向盘上的转向、灯光等
		安全带	（1）仔细检查每一条安全带拉开、自动回收、锁止的可靠性，应该平稳顺畅 （2）模拟并检查安全带在发生作用时的可靠性，即用手特别迅速地拉动保险带。如果是高低可调的安全带，还应该进行调整测试
		离合器	手放在方向盘上，踏离合器踏板，应感觉轻松自如，并有一小段自由行程
		制动	右脚踩下制动踏板不放，应保持一定高度，若其缓慢下移，则表示制动系统有泄漏现象
		油门踏板	脚放在油门踏板上时，脚腕应自然舒适，不应有沉重、不回位的现象
		离合和制动的挑选	（1）冷车时踩住离合挂各个挡位，务必要求各挡都很顺畅 （2）踩住离合挂各挡，然后松开离合要求能摘挡。若挡位松了离合摘挡很费劲

续表

检查内容			检查方法
新车起动后	车内检查	感觉	发动机点火应该短暂且顺利，起动后发动机转速应平稳，无抖动和杂音。质量较好的车应该只能听到很小的噪声，且噪声不应该刺耳，同时应该感觉不到从方向盘、挡把等地方传到车内的抖动。启动一小段时间后，发动机转速表应该维持在一定数值范围内（800～1200r/min），指针应该很稳定。过一段时间以后，还应该检查水温表（70℃～90℃）、机油温度表等显示是否正常，仪表盘是否清楚，各指示灯及转速、速度、油表、水温表、里程表、时钟、电压表等是否正常
		仪表盘	指示灯正常行驶时应该是不亮的，一般若有红色警示灯亮时就应该多注意了。应该注意里程表，对于新车而言，行驶里程应该越少越好。对于带有行车计算机的，还应该逐项检查行车计算机显示是否正常、稳定、可靠
		方向盘	检查方向盘是否转动自如，自由行程是否过大，回轮后位置是否正确。如果是多向可调方向盘还应该测试调节是否方便，是否在各个位置都能够很好地控制转向
		变速箱	原地测试挡位，不要松开离合或者制动。变速器换挡应轻便灵活，挡位准确，不乱挡、无异响，连续换挡时应该流畅
		制动/离合/油门	请保持空挡或驻车挡。制动/离合踏板应该脚感舒适、软硬适中，且行程应该适当，自由行程不应过长，在整个行程中应该平稳顺畅、无异响异动。轻点油门，发动机应该给予响应，转速应该随着油门稳定地变动。驻车制动行程应该适中，且效果可靠。制动踏板踩到最大力，保持1min，踏板不能有缓慢下移现象
		后视镜/天窗	对后视镜、车窗、天窗进行逐一检查，在开启、闭合的过程中应该自如、平稳、顺畅，不应该有明显的噪声。后视镜应该视野合理、成像清晰，两侧后视镜及中央后视镜经过调整后应该能够基本覆盖身后视野。车窗应该洁净、平整，视线清晰。带有天窗的，应该对天窗的滑动/开启/倾斜等进行检查。如果车窗/天窗带有一键式或防夹功能，应该在保证安全的条件下进行必要的测试。各项调整功能，尤其是电动调节功能必须都能够调整到最大限位，带有后视镜折叠功能（电动或者手动）的需要测试折叠的可靠性
		车窗	升降自如，上升能到顶，下降能到底，侧滑窗开关应轻松自如、推拉顺当、密封良好。先将所有的车窗关闭，然后一起落下，检查4个车窗是否同时工作，之后再一起将车窗升起，检查是否同步。逐一检查每一个车窗升起、落下，并注意听有没有由于不顺畅、松动或者共振引起的声音
		灯光	依次检查各项灯光：示宽灯、近光灯、远光灯、雾灯、转向灯、制动灯、倒车灯、高位制动灯、仪表盘照明、车门灯、阅读灯、化妆灯、储物箱照明灯、后备箱照明灯等，灯光应该明亮、稳定，开关应当可靠。对称安装的灯的类型、规格、充色及照射高度应一致，变换远近灯光，亮度及照射位置应正确，不偏离、散光
		刮水系统	喷一些玻璃水，检查各挡位（慢速、间歇、快速、自动感应、多级可调）速度是否合理（绝对不要在无水情况下使用刮水器），刮水系统是否工作正常。刮水刷扫过玻璃时，应该基本上没有刮玻璃的噪声，且扫水方面没有明显的遗漏

续表

检查内容			检查方法
新车起动后	车内检查	空调	（1）空调系统出风正常，调整冷热后应该能够在一定时间内吹出冷/热风 （2）调整风口应该可以顺利关闭、开启或者转向指定角度，带风口开度调节的同时应该测试开度 （3）调整风的循环模式，如内外循环、除霜、出风等模式，应该立刻给予响应，各风口的风量相应做出变更 （4）出风口不应该吹出过多污物和异味，且在风量不是很大时，不应该有明显的风声 （5）带有电辅助加热后视镜、后挡风的车，还应该进行通断及效果测试
		音响/影音系统	（1）检查音响，将声音开大，听有没有因为振动而产生的共振或者擦圈的声音 （2）检查收音机/CD运转时的效果（提车前请准备好CD），注意静电噪声、接收灵敏度、抗干扰能力（可以将手机放在旁边然后拨号）、音质、挑碟、换碟等方面是否正常、可靠 （3）对于多扬声器系统，应该留意每个扬声器是否都能够正常发声
		各种按钮、开关是否都有效	对着说明书检查、测试
		点烟器	点烟器工作是否正常、可靠
	车外检查	远听发动机声音	打着两辆车，站在中间位置，并保持离开两车距离相等，声音大的车被淘汰
		细听发动机声音	打开前盖，用螺丝刀一端顶在发动机上，另一端顶在耳朵上听声音。踩油门升发动机转速再听声音。然后用块破布堵住排气口，假如发动机声音明显变闷并几秒钟就熄火，就是好车，否则就是什么地方漏气
	机盖和底盘	感觉	用大拇指按住机器机油盖子，用力压住，感受发动机震动传到胳膊上是否平稳，是否有固定的频率，确保不要有凌乱的震动
		机油颜色	拉出机油尺看机油颜色。着车3min后熄火，拉出机油尺用纸巾擦拭，油黑的淘汰
		观察“跑冒滴漏”	（1）车子行驶或开启一段时间后，检查有无漏油、漏水、漏气等现象。打开发动机盖，观察发动机气缸体和气缸盖、油底壳之间有无机油渗漏；水箱周围有无水渍；蓄电池桩头附近有无污染和锈蚀；空调管路的接口处有无尘土 （2）把车子升起来，查看底盘有无油污。低身观察底盘，转向节附近有无渗油；驱动轴的防尘套是否完好；减振器周围有无尘土；看底盘是否有刮碰伤痕，管路是否有明显不合理的地方 （3）检查发动机室、车底边缘是否有贴补痕迹
		尾气	观察车后排气管出口排出的废气，应无烟（环境气温低时的蒸气除外）、无味（将手放在排气口附近片刻，然后观看手上有无油迹，闻一闻是否有气味）
上路检查	感觉		可以检查隔音、发动机情况、变速箱，以及减振、制动。首先，不能开得过于粗暴，因为汽车处于走和磨合。加速要循序渐进。换挡在2 000r/min左右，速度不宜过高。注意听发动机的声音，感觉隔音如何；怠速坐在车里是不是平稳；发动机运转声音是否有规律，还是比较杂乱；加速响应是否快捷。特别注意当低速换挡加油时候发动机的声音，也就是说当发动机比较吃力的时候是什么状态，应该是平稳、噪声沉闷但是不杂乱，声音杂乱的绝对不要

续表

检查内容		检查方法
最后检查	基本配置	按汽车配置表逐项确认，看有无缺少配置，或者相同配置的情况下，有无搞错对应的型号
	随车附件	随车工具（扳手、千斤顶等）、脚垫、座垫（有些车型可能不附带这些物品）
	装饰	贴膜、脚垫、座套、灭火器、掸子、工费打折卡、免费洗车卡（不要后挡膜，改为后背箱垫）
相关资料检查	相关资料	检查购车发票、车辆合格证、“三包”服务卡、车辆使用说明书和保养手册 有些车辆发动机有单独的使用说明书，有些车辆的某些选装设备（天窗、倒车雷达等）有专门的要求或规定，这时消费者都要向经销商索要有关凭证
	发动机型号、车辆识别代号、产品合格证及制造日期	核对铭牌上的发动机排量、制造年月、车辆识别代号、发动机型号等内容，合格证上的号码要与车上的发动机型号、车辆识别代号一致。车型、功率、说明书与实物一致
注意事项	蓄电池接头	蓄电池接头一般是松的，开走前一定要拧紧

5.5 汽车维护及正确使用

正确使用汽车是延长汽车使用寿命的有效方法。汽车的正确使用包括日常维护、定期维护与保养，以及各部件的正确使用。

5.5.1 汽车的维护与保养

汽车维修是指以维护或者恢复汽车技术状况和正常功能、延长汽车使用寿命作为任务所进行的维护、修理以及维修救援等相关的活动，汽车维修是汽车维护、修理以及救援的泛称，包括整车维护、整车修理、总成修理、小修、专项修理、维修救援和维修竣工检验等。

汽车维护是指道路运输车辆运行到国家有关标准规定的行驶里程或间隔时间，为维护汽车完好技术状况或工作能力，必须按期执行的维护作业。汽车维护制度贯彻“安全第一、预防为主”的方针，是保障汽车运行安全的基本制度。

汽车维护分为日常维护、一级维护和二级维护。

1. 日常维护

日常维护是由驾驶员每日出车前、行车中和收车后，负责执行的车辆维护作业。作业中心内容是清洁、补给和安全检视。

2. 一级维护

一级维护是由维修企业负责执行的车辆维护作业。其作业中心内容除日常维护作业外，以清洁、润滑、紧固为主，并检查有关制动、操纵等安全部件。

3. 二级维护

二级维护是由维修企业负责执行的车辆维护作业。其作业中心内容除一级作业外，以检查和调整转向节、转向摇臂、制动蹄片、悬架等经过一段时间的使用容易磨损或变形的安全部件为主，并拆检轮胎，进行轮胎换位。二级维护必须按期进行。

5.5.2 正确使用汽车轮胎

1. 轮胎气压

各汽车制造厂对轮胎气压都有特别的规定，使用时必须遵守。有些轮胎会在胎侧标明最高充气压力，使用时不可超过最高值。轮胎气压随温度的变化而改变，温度每升/降 10℃，气压也随之升/降 0.07～0.14kgf/cm^2（7～4kPa）。气压必须在轮胎冷却时测量。每月应至少检查一次气压（包括备胎）。通常在高速公路行驶时，轮胎气压应提高 10%，以减少因屈挠而产生的热量，从而提高行车安全。同一车轴上的两条轮胎应是花纹规格完全相同的，而且应该具有同样的气压，否则会影响车辆行驶和操控。

轮胎气压不足会导致轮胎过热。低压使轮胎的接地面积不均匀，胎面或帘布层脱层、胎面沟槽及胎肩龟裂，帘线断裂，胎肩部位快速磨耗，缩短轮胎的使用寿命；增大轮胎与轮辋之间的异常摩擦，引起胎体损伤，或者轮胎与轮辋脱离，甚至爆胎，同时会增加滚动阻力、加大油耗，而且影响车辆的操控，严重时甚至引发交通事故。

气压过高则使车身重量集中在胎面中心上，导致胎面中心快速磨耗，受外力冲击时，容易产生外伤甚至爆胎；张力过大，造成胎面脱层及胎面沟底龟裂；轮胎抓地力减小，制动性能降低；车辆跳动，舒适性降低，车辆悬架系统容易损坏。

2. 注意事项

① 汽车起步不可过猛，以减小车轮在地面上打滑。因为车辆快速起步时，车轮产生的滑动，甚至肉眼看不见的滑动，也能加剧轮胎磨损。

② 汽车在遇到不良路况及在复杂的道路上行驶时，应根据路面情况调整车速。在拱形路面上行驶时，应尽量保持汽车在道路中央行驶，避免轮胎单边受力。同时应尽量避免紧急制动，以减缓轮胎磨损。

③ 夏季行驶时，轮胎温度较高，不要降低轮胎气压，也不要用冷水浇泼。最好能在途中多休息几次，并以适当的速度行驶。

④ 行驶中，当感到车身有侧面倾，或转向盘经常被引向一侧的现象时，必须立即停车，检查轮胎气压。

⑤ 长途行驶的车辆，在休息时，应注意检查各个轮胎的气压，还应检查轮胎螺母有无松动，轮胎花纹中有无石子和杂物，轮胎是否过热等。

⑥ 当驶越障碍物（如铁轨、石块等）时，要尽可能降低速度，谨慎通过，以免刺伤轮胎。

⑦ 不要靠近路边石阶或人行道行驶，同时尽可能避免驶入较深的轮辙，以免损伤胎侧。

⑧ 行驶中尽量避免车轮左右侧滑和急转向，以防轮胎与轮辋发生割切或爆胎。

⑨ 汽车通过横沟时，应稍微改变行驶方向，以使轮胎不垂直通过横沟，而形成一定角度，

减轻振动。同时当后轮要通过时，应稍加大油门，在轮上产生附加牵引力，以减轻车身的垂直振动，降低轮胎的动负荷。

⑩ 汽车在严寒条件（特别是轮胎温度低于-30℃）下长时间停驶后再行驶时不可立即加速，应在最初的 20～30min 内以 5～7km/h 的速度行驶，使轮胎温度上升后再提高行驶速度。

⑪ 在寒冷天气，汽车长时间停驶时，为防止轮胎被冻住，必须在轮胎下面垫木板或沙子等物。

⑫ 货物的装载一定要分布均衡，车辆不要超载，使负荷均匀分布在各个轮胎上。

3. 定期实施轮胎换位

实施轮胎换位可有效防止轮胎偏磨。汽车行驶一定里程后，应进行轮胎换位。汽车前轮轮胎一般比后轮轮胎磨损程度低。另外，汽车的左右轮胎的磨损情况也各不同。为了使轮胎磨损均匀，延长轮胎的使用寿命，必须定期实施轮胎换位。

5.5.3 正确使用蓄电池

蓄电池是汽车必不可少的一部分，现有蓄电池大致可分为两种：传统的铅酸蓄电池和近些年来刚在国内普及使用的免维护蓄电池。

铅酸蓄电池由正负极板、隔板、壳体、电解液和接线桩头等组成，其发电的化学反应是依靠正极板活性物质在电解液（稀硫酸溶液）的作用下进行，其中极板的栅架是用铅锑合金制造。传统蓄电池在使用过程中会发生减液现象，这是由于栅架上的锑会污染负极板上的铅，造成水过分分解，大量的氧气和氢气分别从正负极板上逸出，使电解液减少。

免维护蓄电池的极板是用铅钙合金制造的。由于蓄电池采用了铅钙合金作为栅架，所以充电时产生的水分解量少，水分蒸发量低，加上外壳采用密封结构，释放出来的硫酸气体也很少，所以它与传统蓄电池相比，具有不需添加任何液体，对接线桩头、电线和车身腐蚀少，抗过充电能力强，起动电流大，电量储存时间长等优点。

蓄电池在使用过程中应注意以下几点。

（1）蓄电池长久不用，它会慢慢自行放电，直至报废。因此，每隔一定时间就应起动一次汽车，给蓄电池充电。另一个办法就是将蓄电池上的两个电极拔下来。需注意的是，从电极柱上拔下正、负两根电极线时，要先拔下负极线，或卸下负极和汽车底盘的连接，然后再拔去带有正极线。蓄电池有一定的使用寿命，到一定的时候就要更换。在更换时同样要遵循上述次序，不过在把电动机线接上去时，次序则恰恰相反，先接正极，然后再接负极。

（2）当电流表指针显示蓄电量不足时，要及时充电。蓄电池的蓄电量可以在仪表板上反映出来。在路途中发现电量不够，发动机又熄灭起动不了时，作为临时措施，可以像其他的车辆求助，用其车辆上的蓄电池来起动车辆，将两个蓄电池的负极和负极相连、正极和正极相连。

（3）电解液的密度应按照不同的地区、不同的季节，按照标准进行相应的调整。

（4）在电解液不足时应补充蒸馏水或专用补液，切忌用饮用纯净水代替。因为纯净水中含有多种微量元素，对蓄电池会造成不良影响。

（5）在起动汽车时，不间断地使用发动机会导致蓄电池因过度放电而损坏。正确的使用方法是每次起动车的时间总长不超过 5s，再次起动间隔时间不少于 15s。在多次起动后仍不能起动时，应从电路、点火线圈或油路等其他方面找原因。

（6）日常行车时应经常检查蓄电池盖上的小孔是否通气。倘若蓄电池小孔被堵，产生的氢气和氧气排不出去，电解液膨胀时，会把蓄电池外壳撑破，影响蓄电池寿命。

（7）检查电车的正、负极桩有无被氧化的迹象。如发现有氧化现象时，可以用热水将蓄电池极桩上的氧化物冲洗掉。

（8）检查电路各部分有无老化或短路的地方，防止电池因为过度放电而损坏。

5.5.4 正确使用汽车空调

随着汽车工业的急速发展，人们每天坐在汽车里的时间越来越长，车内的环境也就更加重要。除了开窗通风外，调节车内空气质量的另一重要方面就是使用汽车空调。

使用空调时应将车门窗关闭，否则不但影响制冷效果，还会增加油耗。应正确选择空调的风速和温度。一般情况下，车内温度调节至与外界温度相差 5℃～7℃为宜，另外当车速低于 25km/h 时，应将空调置于较低挡，防止出现发电量和冷气不足的问题；夏季车内温度较高，进入车内前先将窗户打开通风，待车内热气排出后再开空调，这样制冷效果更快更好。尽量不要开着空调吸烟，在车内吸烟，如果短时间内排不出去，容易刺激眼睛和呼吸系统，影响行车安全。如果一定要吸烟，应打开外循环，让车内空气尽快与外界交换。长时间停车时最好少开或不开空调，否则发动机排出的一氧化碳等有害气体容易进入车内造成中毒。雨天开空调时，由于内外温度、湿度相差较大，车窗玻璃容易起雾，影响视线，故在行驶过程中需内外循环交替使用，以有效防止雾气产生。在不使用空调的季节，每隔近 20 天应让空调运转几分钟，以保持良好的工作状态。

5.5.5 正确使用汽车离合器

如今，汽车越来越多，新驾驶员也越来越多，很多人对驾驶汽车还停留在懵懂的阶段，对汽车操纵机构的正确使用还不是很清楚。对于手动挡的车型而言，离合器是汽车动力系统的重要部件，它担负着动力与发动机之间进行切断与连接的工作。要想加速好手动挡汽车，必须学会如何使用好离合器。

离合器的正确使用对车辆的平稳起步、顺利换挡至关重要。操纵离合器踏板时，应用左脚掌在离合器踏板上，踩下离合器踏板时动作要快，一踩到底；松抬离合器踏板时，快慢的时机要合适。操纵离合器踏板应遵循的原则为开始抬离合器踏板时应稍快些，以缩短离合器踏板自由行程的时间；当离合器踏板的自由行程结束后，离合器开始接合，此时应慢慢松抬离合器踏板，使离合器平稳接合；当离合器处于半接合状态时，汽车已慢慢起步，此时不能迅速松抬离合器踏板，而应稳住离合器踏板，稍稍停顿；当离合器完全接合时，这时在汽车平稳起步后应迅速将脚从离合器上移开，放在离合器踏板的左下方。尽量不要用脚尖或脚心踩离合器踏板，以免操纵无力或滑离踏板；不要长时间使离合器处于半接合状态，以防止离合器处于打滑状态

而烧损离合器片；不要猛抬离合器踏板，以防止损坏传动系统的零部件；行车中，不要将左脚始终放在离合器踏板上。

5.5.6 正确使用手动变速器

轿车手动变速器大多为四挡或五挡有级式齿轮传动变速器，并且通常带同步器，换挡方便，噪声小。一般行驶 20×10^4～30×10^4km 后，变速器才可能发生一些故障，但如果使用不当，则会造成早期损坏，因此手动变速器使用时应注意以下几点。

（1）换挡前应将离合器踩到底，操纵变速杆时动作要轻快、准确、柔和，不可用力过猛，也不要硬拉硬推，使齿轮发响，以免变速器操纵机构受损。行驶中，不要长时间将手放在变速杆上，否则会造成变速器换挡拨叉过早磨损。

（2）挂倒挡时要在汽车停止状态下进行，有些车还需要压缩倒挡弹簧或提起倒挡提钮，同样在倒车后，要使车辆前进，也应先将车停稳。

（3）运行中换挡必须选好换挡时机，升挡前，应首先进行汽车加速（所谓“冲车”），当车速升高到一定值时，及时挂入高速挡；降挡时，将车速降到一定值时，方可挂入低速挡。在确保安全情况下，应尽量使用高速挡，以减轻机件的磨损和降低油耗，并且根据路面及交通情况及时调整车速。

（4）严禁在空挡熄火状态下挂挡起动发动机，或在车速太低时挂入高速挡以及车速过高时换到低速挡，以免损坏变速器内运动组件和发动机。

（5）因汽车出厂时变速器中已加入了优质的齿轮油，正常情况下无需更换变速器油，当正常行驶 8×10^4～10×10^4km 后则必须更换一次变速器油。选用变速器用油参见随车手册。

5.5.7 正确使用自动变速器

正确规范地操纵自动变速器，可提高汽车行驶的安全性，降低油耗，延长自动变速器的使用寿命。

装有自动变速器的汽车在一般道路上向前行驶时，应将操纵手柄置于 D 挡，这样自动变速器就能根据车速、行驶阻力、节气门开度等因素，在 1 挡、2 挡、3 挡之中自动升挡或降挡，以选择最适合汽车行驶的挡位。

加速时，应平稳缓慢地加大油门，并尽量让油门开度保持在小于 1/2 开度的范围内。也可以采用“提前升挡”的操作方法，即汽车起步后，先以较大的油门将车迅速加速至 20～30km/h，发动机转速约为 3 000r/min。然后将油门踏板很快松开，并持续 2～3s，这时自动变速器就能立即从 1 挡升至 2 挡。当感觉到升挡后，再将油门踏板踩下，继续加速。从 2 挡升至 3 挡也可用这种方法。这种操作在一定程度上节省了燃油，同时还能降低发动机的磨损程度，减小噪声。

在急加速时，还可以采用“强制低挡”的操作方法，即将油门踏板迅速踩到全开位置，此时，自动变速器会自动下降 1 个挡位，获得强劲的加速效果。当达到加速的要求之后，应立即松开油门踏板，以防止发动机转速超过极限，造成损坏。“强制抵挡”旨在高速超车，在这种工况下，自动变速器中的摩擦片磨损、发热现象均较严重，很容易造成碎裂或黏结，如非特殊需要，不宜经常使用。

在一般坡道行驶时，可按一般道路的行驶方法，将操纵手柄置于 D 挡（前进挡），用油门或制动踏板来控制上、下坡车速。如果汽车以超速挡在坡道上行驶，因坡道阻力大于驱动力，导致车速下降，到一定车速时自动变速器从超速挡降至3挡。到3挡后，又因驱动力大于坡道阻力，汽车被加速，到一定车速时又升挡至超速挡，形成“循环跳挡”，加剧了自动变速器中摩擦片的磨损。在这种情况下，可将超速挡开关关闭，限制超速挡的使用，汽车就能在3挡稳定地加速上坡。如果坡道较陡，汽车上坡时在3挡和2挡“循环跳挡”，只要将操纵手柄置于2挡位置，即可使自动变速器在2挡稳定行驶。

在雪地或泥泞路面上行驶时，操纵手柄应置于D挡，当驱动轮打滑时，如果立刻松开油门踏板，由于打滑的驱动轮转速较快，自动变速器会出现前面所述的提前升挡的现象，从而进一步加剧驱动轮打滑。此时可将操纵手柄置于S挡（运动模式）或L挡（低速档），限制自动变速器的最高挡位，即可利用油门开度来控制车轮的转速，防止驱动轮打滑。

自动变速器的操纵应注意以下事项。

① 在驾驶时，如无特殊需要，不要将操纵手柄在D挡、S挡、L挡之间来回拨动，特别要禁止在行驶中将操纵手柄拨入N挡（空挡）或在下坡时用N挡滑行。否则，由于发动机怠速运转，自动变速器内由发动机驱动的油泵出油量减少，而自动变速器内的齿轮等零件在汽车发热带动下仍然高速旋转，这些零件会因润滑不良而损坏。

② 挂上挡行驶后，不应立即猛踩油门踏板，否则会使自动变速器中的摩擦片、制动带等受到严重损坏。

③ 当汽车还没有完全停稳时，不允许从D挡换至R挡，也不允许从R挡换至D挡，否则会损坏自动变速器中的摩擦片和制动带。

④ 一定要在汽车完全停稳后才能将操纵手柄拨入P挡（停车挡）位置，否则自动变速器会发出刺耳的金属撞击声，并损坏停车锁止机构。

⑤ 要严格按照标准调整发动机怠速，怠速过高或过低都会影响自动变速器的使用效果。怠速过高，会使汽车在挂挡起步时产生强烈的蹿动；怠速过低，在坡道上起步时，如果松开制动后没有及时踩油门，汽车会后溜，增加了坡道起步的操作难度。此外，在汽车行驶中如果要在D挡、2挡（或S挡）、1挡（或L挡）等前进挡位中变换挡位时，如果按1挡—2挡—D挡的顺序进行变换（即由低速挡换至高速挡），可以不受任何车速条件的限制，也就是说，不论车速高低都可按此顺序改变操纵手柄的位置。但是，如果要按D挡—2挡—1挡的顺序（即由高速挡换至低速挡）变换操纵手柄的位置，必须让车减速至车速低于相应的升挡车速后才能进行。例如，欲将操纵手柄从D挡换至2挡，必须在车速降至低于2挡至3挡的升挡车速后才能进行。如果将操纵手柄由高速挡位换至低速挡位时车速过高，就相当于人为地手动强制低挡。这样在车速过高时进行强制低挡，不但汽车会受到发动机的强烈制动作用，而且相应的低速挡执行机构将因急剧摩擦而损坏。

5.5.8 汽车维修九大误区

人们在汽车使用与维修中存在着一些误区，这些误区是在汽车制造水平低、修理手段落后、检测手段缺乏的年代里长期形成的。这些误区有时看似正确，其实不然，具有很大的危害性，会使车辆受到损失、人身安全受到威胁，更有可能由此埋下了事故的隐患，或造成车辆性能下降、磨损加快、寿命缩短等。因此，应避免汽车维修的九大误区。

1. 盲目拆掉发动机节温器

如果因发动机温度高而盲目拆除节温器，冷却液只能进行大循环，不能调节冷却强度，难以保证发动机在较适宜的温度下工作。发动机经常处于低温状态下工作，会造成发动机功率下降、磨损加快、油耗增加。如果发动机节温器发生故障检修或更换之后，发动机温度还过高，就应检修冷却系统的其他部位，不能拆除节温器。

2. 发动机温度怕高不怕低

有些人认为行车时发动机温度怕高不怕低。其实，发动机温度低时危害性也很大。应根据汽车使用说明书规定的正常温度行车，才能保证发动机的使用寿命。

3. 水泵风扇皮带越紧越好

水泵风扇皮带越紧并非越好。皮带过紧不仅会使其拉长或断裂，缩短皮带的使用寿命，而且还会因拉力过大，导致发电机轴、水泵轴变形弯曲和轴承的早期损坏。汽车发动机风扇皮带的松紧度应符合技术要求，一般正常皮带装配时挠曲度为10～15mm为宜。

4. 发动机怠速升温

用怠速升温时，由于转速较低，机油泵不能较快地将润滑油压入各润滑表面，油压也低，使发动机各运动机件在干摩擦或半干摩擦状态下工作，燃油因低温雾化不良，使未燃烧的燃油（混合气）窜入曲轴箱，冲刷掉缸壁上的油膜，也会加速机件的磨损。所以，发动机起动数秒后，应用快怠速升温（在现代轿车上专设有快怠速装置，机温升高后，会自动调节到怠速状态），改善发动机的润滑条件。

5. 用喷灯烘烤油底

冬季用喷灯烘烤油底，不但会使机油中的添加剂发生化学变化，失去原有的性能，而且还会使机油胶结、油底变形，容易引起火灾。最好的做法是根据当地冬季的最低气温选用相适应的机油。在有条件的地方，最好把车辆停放在有保温设施的车库内。

6. 轮胎气压宁高勿低

有些人喜欢将轮胎气压充得较高，认为这样既可超载又可节油，这是不正确的。轮胎气压过高，会使轮胎接地面减小，磨损加重，而且还容易爆胎。轮胎气压过高，使轮胎的附着系数减小，降低制动时的效果，增大侧滑量（尤其是在雨雪路面上），对行车安全造成较大的危害。轮胎气压过低也不好，会造成磨胎肩、油耗增加等。所以应按轮胎上标明的标准气压充气，充气量一般在标准气压的±5%较为适宜。

7. 发动机加机油宁多勿少

发动机在加机油时不可多加，也不能少加。机油加多了会增加曲轴连杆机构的转动阻力，又会使飞溅到气缸壁上的机油增多，造成燃烧室积炭增加，降低发动机功率，增加磨损，影响排放。所以应按照机油检测尺的刻线加油，以最多不得超过上刻线，最少不得低于下刻线为宜。

8. 装用自动变速箱和三元催化置换器的汽车用推拖法起动

装用自动变速箱和三元催化转换器的汽车因故障或蓄电池缺电不能起动时，采用人推或用其他车辆拖动的方法起动，是非常错误的。因为采用上述方法是不能把动力传递到发动机上的，不仅起动不了发动机，反而会损坏三元催化转换器。

9. 紧固螺栓宁紧勿松

汽车各部位的螺栓，根据直径、螺距及用途，其扭矩大小均有相应规定，达不到规定扭矩螺栓会松脱，这固然不好，但盲目增大扭矩会造成被紧固的零部件变形，并会使螺杆伸长，螺纹变形甚至断裂。

复习思考题

1. 汽车选购的衡量指标是什么？
2. 列举选购不同品牌轿车的名称。
3. 请说出汽车保险理赔流程。
4. 请说出新车入户流程。
5. 请说出新车检验的方法。
6. 如何正确使用汽车？

故事赏析

沃尔沃的选择

1927年，古斯塔夫·拉尔森和阿瑟·加布里尔森在哥德堡创立了瑞典沃尔沃汽车公司，经过此后近20年的快速发展，沃尔沃一跃成为北欧最大的汽车制造公司。

沃尔沃一直被瑞典人视为民族品牌，更是瑞典现代工业的象征，而且因它的安全性能优越，被公认为“世界上最安全的轿车”。但在1999年4月1日，瑞典政府却突然宣布了一个令全体国民十分震惊的消息：因面临资金困难，决定将沃尔沃集团内的轿车公司出售给美国福特汽车公司。消息一出，举国上下一片哗然，全瑞典都陷入了巨大的悲伤之中。但政府仍“一意孤行”地将沃尔沃轿车公司卖给了美国福特公司，沃尔沃集团也只是继续拥有沃尔沃的卡车公司部分，这不免让瑞典人大失所望。

但事情的发展令所有瑞典人都喜出望外：沃尔沃集团在卖掉轿车公司后，不仅能够腾出手来，用足够的精力发展卡车工业，而且业绩直线上升，销售利润超过了过去整个集团的利润总和。更重要的是，集团当时在出售沃尔沃轿车公司时，还留了“好几手”。

首先，系牢“安全带”。当初，在出售沃尔沃轿车公司时，集团向福特公司提出几个强硬的条件：尽管轿车公司已经出售，但生产线绝不能转移出瑞典，也就是说，福特公司必须在瑞典的国土上生产沃尔沃轿车；原来在沃尔沃轿车公司工作的瑞典工人，福特公司必须要一个不剩地全部留用；所有瑞典工人的平均月薪必须达到2万瑞典克朗以上（相当于2万元人民币）；公司必须每月支付给每位工人2万元瑞典克朗的福利金；此外，还要为工人修建高档的洗澡间、娱乐室等。开始，美方对于如此苛刻的条件不予答应，但瑞典人心平气和地告诉对方，“因为你们购买的是瑞典企业，所以就必须遵守瑞典法律，绝无第二种选择。”最终，福特公司不得不答应了沃尔沃集团提出的上述要求。

其次，卖“身”不卖“心”。沃尔沃轿车的安全系统有其独到之处，它的发动机非常先进，曾多次荣登世界上10种最安全汽车的榜首。但在出售沃尔沃轿车公司时，他们只答应出售轿车公司，而不出售最核心的安全技术。换句话就是，福特公司生产出的沃尔沃轿车，发动机技术只能由瑞典人掌握。福特虽然买到了沃尔沃轿车的“身”，但却买不到它的“心”，这也是福特公司一直耿耿于怀的。

最后，知己更知彼。虽然沃尔沃轿车在北美和亚洲市场被看作是高档车，但它大多却是销往欧洲地区，而那里的消费者则把沃尔沃视为中档车。因此，它的市场定位就常常出现戏剧性的变化：市场需求旺盛时，它竞争不过高档车，市场低迷时，它又难以卖过更有价格优势的低档车。沃尔沃集团也正是知道沃尔沃轿车高不成、低不就的“脾气”，才果断将公司予以出手。而留下来的卡车公司，受市场波动的影响则微乎其微。

当史无前例的金融风暴席卷全球时，福特汽车公司也难逃厄运，陷入了巨大的经营困境，最终宣布出售沃尔沃轿车品牌，并与瑞典方面沟通，希望他们能予以购回。但瑞典方面却友好地表示，瑞典政府无意参与美国品牌轿车的并购交易，不过政府正在夜以继日地研究如何拯救国内汽车业的计划。

表面看似憨厚、实则精明的瑞典人，在狠赚了一把后，此时却选择了袖手旁观。

鱼与熊掌不可兼得，重要关口，必须学会选择，懂得取舍。

第6章

汽车名人

学习目标

- 了解世界各国的汽车企业家和设计师
- 了解并掌握世界各国汽车名人所做贡献

6.1 德国汽车名人

6.1.1 卡尔·本茨

1844年，卡尔·本茨出生在德国西部的卡尔斯鲁厄。学生时期的卡尔·本茨热爱自然科学，尤其喜欢物理。1860年，卡尔·本茨遵从母亲的意愿，进入卡尔斯鲁厄综合科技学校学习，在那里，他较为系统地学习了机械构造、机械原理、发动机制造、机械制造经济核算等课程，为他日后的发展打下了良好基础。

1877年创业失败后，穷困潦倒的卡尔·本茨决定制造发动机获取高额利润以摆脱困境，他在1879年12月31日制造出第一台单缸煤气发动机。经过多年的反复试验和改进，他终于研究成功火花塞点火内燃机。随后，他又将内燃机改进为卧置单缸二冲程汽油发动机，并将它安装在装有3个实心橡胶车轮的车上，运行时速达到15km/h，远远超出了当时作为主要陆上交通工具的马车。这辆汽车拥有火花塞点火、循环水冷却、钢板弹簧悬架、前轮转向、后轮驱动、制动手把和齿轮齿条转向器等当时最先进的结构，也具备了现代汽车的很多特性。卡尔·本茨在1886年1月29日为这辆汽车申报了专利，同年11月专利申请获得批准。后来人们将1886年1月29日看作世界汽车的诞生日，1886年被称为汽车元年。这辆三轮汽车被命名为“奔驰1号”，现在陈列在德国斯图加特市的奔驰汽车博物馆中。

1926年，卡尔·本茨在德国家中去世，其故居现在是“奔驰—戴姆勒基金会”的总部。

6.1.2 戈特利布·戴姆勒

1834年3月17日，戈特利布·戴姆勒（见图6-1）出生于德国舍恩多夫。

图 6-1　戈特利布 · 戴姆勒

少年时代的戴姆勒就对燃气发动机产生了浓厚的兴趣，并开始学习研制奥托式燃气发动机。1872 年，戴姆勒设计出四冲程发动机。1882 年，他与好友迈巴赫在奥托四冲程发动机的基础上研制出了高速小型汽油发动机，并于 1883 年推出首部使用汽油的卧式发动机。1884 年，他又推出了性能更好的立式发动机（取名老爷钟，风冷，功率 0，18kW，最高转速 600r/min），并于 1885 年 4 月 3 日获得德国专利。同年 8 月 29 日，他将此发动机安装在一辆木制双轮车上，取名为“骑式双轮车”，获得了德国专利，这便是世界上第一辆摩托车。1886 年，戴姆勒把这种发动机安装在他为妻子 43 岁生日而购买的四轮马车上，创造了第一辆戴姆勒汽车。由于这辆车和本茨的专利汽车难分先后，因此戴姆勒与本茨并称“汽车之父”。

1897 年，戴姆勒的公司生产出“凤凰”牌小客车。1903 年，戴姆勒公司生产了一种当时很先进的敞篷小客车，采用前置发动机，有前车灯、挡风板、双门 5 座位，造型更加接近现代轿车，还有比原来更轻、动力更大的发动机、更长的轴距、更低的重心，这种车被命名为梅赛德斯，这是公司主要投资人埃米尔 · 耶利内克女儿的教名，这位投资人也是戴姆勒汽车的热情支持者。

“梅赛德斯”小客车的投产大大提高了戴姆勒公司的商业地位。1900 年 3 月 6 日，戈特利布 · 戴姆勒在德国斯图加特去世。1926 年 6 月 29 日，戴姆勒公司和奔驰公司合并，成立了在汽车史上举足轻重的戴姆勒—奔驰公司（Daimler-Benz），从此他们生产的所有汽车都命名为“梅赛德斯—奔驰（Mercedes-Benz）”。

6.1.3　威廉 · 迈巴赫

威廉 · 迈巴赫一生最大的传奇在于创造了两个举世闻名的豪华品牌：梅赛德斯与迈巴赫，分别在豪华车的不同领域演绎着各自的辉煌。

图 6-2　威廉 · 迈巴赫

1846 年 2 月 9 日，威廉 · 迈巴赫（见图 6-2）出生于德国的海尔布隆。在他 10 岁的时候，父母相继去世，小小的他成为一个孤儿，在一家慈善机构的照顾下长大。

1865 年，威廉 · 迈巴赫与“汽车鼻祖”戈特利布 · 戴姆勒相识并很快成为密友。1883 年，迈巴赫与戴姆勒一起研制出首部使用汽油的卧式高速小型汽油发动机，并于 1884 年又推出了性能更好的立式发动机。

1889 年，迈巴赫把带有滑动小齿轮的 4 速齿轮传动装置装在车上，并将这辆车在巴黎世界博览会上展出，从此滑动齿轮系统被正式引入汽车制造中。在戴姆勒公司迈巴赫充分显示了其设计天赋，在 1898—1899 年间他发明了能产生 6～23 动力的 5 种不同型号的发动机。1901 年，在戴姆勒的支持下，迈巴赫设计出了一辆梅赛德斯，这是汽车历史上公认的第一辆现代轿车，它昭示着“马车时代”的结束，而迈巴赫也凭借这个设计在汽车界被尊称为“设计之父”，享受着非凡的荣耀。

1907 年，迈巴赫离开了戴姆勒公司。两年后，他与长子卡尔 · 迈巴赫联合创办了自己的公司，并开始为费迪南德 · 冯 · 齐柏林伯爵生产飞艇使用的大功率发动机。

1919 年，热爱汽车的迈巴赫父子推出了象征完美和昂贵的高级轿车品牌迈巴赫。经过不断地改进，于 1931 年推出了旗舰车型齐柏林 DS8，这种车长 5.5m，采用功率为 147kW 的 8L 发动机，这是当时声望最高的德国轿车，它以无与伦比的典雅风范和汹涌澎湃的动力征服了世界，售价高昂。

到 1941 年停产，迈巴赫总共生产了大约 1 800 辆车，每辆车都按照用户的要求精心设计和装备。可以说，带有交叉 MM 徽标的每辆轿车都各有不同，彰显出各自主人的个性。

1929 年 12 月 29 日，威廉·迈巴赫在斯图加特逝世。

2002 年，沉寂了 60 年的迈巴赫在梅赛德斯—奔驰集团的强力支持下复出，作为该集团的顶级品牌，复苏后的迈巴赫充满魅力，依然神秘。

6.2 美国汽车名人

6.2.1 亨利·福特

1863 年 7 月 30 日，汽车大王亨利·福特（见图 6-3）出生在美国密歇根州迪尔伯恩。身为农场主的儿子，福特厌恶农活，却热爱机械，他在 12 岁时建立了自己的机械坊，15 岁时他亲手造了一台内燃机。

图 6-3 亨利·福特

1879 年，福特离开家乡去底特律密歇根汽车制造公司做机械师学徒工，学成后他进入西屋电气公司，后来又成为爱迪生电气公司的工程师。福特在 1896 年制造出自己的第一辆汽车，并把它命名为“四轮车”。

此后，他与别人合伙在 1899 年成立了底特律汽车公司，福特醉心于研究新车，根本不重视公司的汽车销售，所以这家公司在一年后就因经营不善而倒闭了。1901 年，在商人们的支持下福特成立了第二家公司，这家公司主要生产福特发明的赛车，他通过参加比赛来证明车辆的优越性能，他曾经在 1901 年亲自开车参加比赛并获胜。但不久他的资助者就迫使他离开了公司，这就意味着他的第二次创业也以失败告终。

1903 年福特与其他 11 位投资者筹集了 2.8 万美元，按照股份制模式建立了福特汽车公司，福特自任董事长兼总经理。福特公司在 1908 年推出了著名的福特“T 形车”，并于 1913 年第一次将流水线引入汽车工厂生产“T 形车”。由于“T 形车”采用了规格统一的零件，以及可以互换的总成，从而大大提高了工作效率，降低了生产成本，使这种价格低廉的汽车大量进入美国家庭，开创了前所未有的火爆销售记录。1918 年，美国的汽车有一半以上是“T 形车”，到 1927 年，福特更是累计生产了 1 500 万辆“T 形车”，创造了空前的记录。

晚年的福特坚持独裁政策，拒不改革，导致公司一片混乱，并分别在 1927 年和 1936 年被通用和克莱斯勒超过，最终他不得不让位于孙子福特二世。亨利·福特于 1947 年逝世于德宝的家中，享年 83 岁。

人们这样评价福特：他不是汽车的发明者，但他是汽车工业的创始人，他创建的汽车王国改变了我们的生活。

6.2.2 威廉·杜兰特

1861 年，威廉·杜兰特（见图 6-4）生于美国波士顿。从学校毕业后，杜兰特从事过很多工作，积累了一定的经验。1886 年，他投资了 1 500 美元和道拉斯·道特在弗林特市共同成立了一家马车制造公司，凭借自己出色的销售和经营才华，马车公司的业务突飞猛进，迅速为他积累了大量的财富。15 年后，当初的投资已经变成了 200 万美元，且公司成为了美国最大的马车制造厂。

图 6-4 威廉· 杜兰特

1904 年，杜兰特斥资 50 万美元资助经营陷入困境的别克汽车公司，随着资金的进一步投入，他完全控制了这家公司。1908 年，杜兰特看上了刚刚成立的通用汽车公司，以 375 万美元的价格将别克公司卖给了通用公司，自己如愿以偿地进入了通用公司。他采用以股票换股票的方式将 20 多家汽车制造厂、汽车零部件制造厂及汽车推销公司合并起来，形成了一家巨型的汽车企业，旗下包括了美国较大的汽车厂，如凯迪拉克、奥茨莫比尔、奥克兰（庞蒂克公司的前身）等。由于过度扩张和资金储备不足，1910 年，通用汽车公司出现了严重的资金问题，财团接受了公司的举债请求，同时也开出了极为刻薄的条件，杜兰特被解除了总经理的职务，被迫退出公司。

退出通用汽车公司后，杜兰特筹集资金，与路易斯·雪佛兰共同组成了雪佛兰汽车公司，生产经济型雪佛兰汽车，经营大获成功。他通过换股方式，在 1916 年将通用公司从银行家的控制下重新夺了回来，使其变成了雪佛兰一家子公司。

后来杜兰特将新的汽车公司改为股份制企业，并获得了老通用公司的全部股权。在重新获得通用公司的领导权以后，杜兰特拒绝接受董事会的领导，导致公司一再出现经营失误，在 1920 年显现严重危机，濒临倒闭。在公司上下的一片反对声中，杜兰特被迫于 1920 年 11 月再次离开公司，其在通用的股份也被公司收购。1947 年，杜兰特黯然离世。但是他一手缔造的通用汽车公司，却成功地存活下来，并成为现在世界上最大的汽车公司。

6.2.3 阿尔弗雷德·斯隆

1875 年，阿尔弗雷德·斯隆（见图 6-5）出生于美国的康涅狄格州，毕业于麻省理工学院。

1898 年斯隆的父亲以 5 000 美元买下一家小的滚珠轴承厂，送给他去经营。20 年后斯隆以 1 350 万美元（2 700 倍）把工厂卖给了威廉·杜兰特并加盟通用汽车公司。1920 年，杜兰特从通用公司离职，斯隆担任公司运营副总经理，当时总经理杜邦采纳了斯隆的建议，开始对公司采用分权与集权相结合的管理模式，取得了一定的成效。3 年之后，斯隆升任公司总经理和总裁。这时的通用汽车公司岌岌可危，面临解体的危险。上任后的斯隆重建了公司的组织结构，把政策的制定和政策的执行进行了分离；设立财务委员会主理财务决策，该委员会的成员绝大部分由

图 6-5 阿尔弗雷德·斯隆

外部董事担任，因而保证了委员会内部没有利益冲突，保持中立立场，使重大的投资按总公司的战略方向进行，确保了投资的效益。在投资方面，所有工作由拨款委员会集中处理，由斯隆亲自掌控。在经营方面则采用了分期付款、旧车折价、增加热销的车型产量等方式和每年推出新车型等策略。短短 3 年时间，斯隆让通用起死回生，后来更是超越竞争对手福特汽车公司一跃成为了美国最大的汽车制造商。在他领导通用汽车公司的几十年中，通用汽车公司成为最大的汽车制造商，不仅是世界上最大的产业集团之一，而且也是美国经济的重要标志。

斯隆在汽车行业 50 多年的管理经验，不仅使自己成为 20 世纪最伟大的企业家，成为职业经理人的榜样，而且对管理理论的发展也做出了伟大的贡献。

6.2.4 李·艾柯卡

1924 年 10 月 15 日，李·艾柯卡（见图 6-6）生于美国宾夕法尼亚州。

图 6-6 李·艾柯卡

1946 年 8 月，艾柯卡来到底特律，在福特汽车公司当了一名见习工程师。但他不喜欢整天同机器打交道，到销售部门同人打交道是他感兴趣的事情。经过一番努力，福特公司宾夕法尼亚州的地区经理终于给了他一个机会，22 岁的他当上了一名推销员，由于出色的销售业绩，25 岁时艾柯卡已经成为地区销售经理。

1956 年，艾柯卡别出心裁地提出了“56 元钱买 56 型福特车”的分期付款购车方法，让一般人也能买得起汽车。这一招使福特汽车的销量直线上升，而公司也将这种销售方法在全美推广，使公司的汽车年销量猛增。艾柯卡也因此一路晋升，成为华盛顿特区经理，几个月后，他被调到福特公司总部，担任卡车和小汽车两个销售部的经理。

1960 年，艾柯卡担任了福特公司副总裁和福特分部的总经理。他主持研制了新车“野马”，第一年销售量竟高达 41.9 万辆,创下了全美汽车制造业的最高纪录。后来公司又陆续推出了“侯爵”“美洲豹”和“马克 3 型”等高级车型，同样大获成功。1970 年 12 月 10 日，艾柯卡登上福特汽车公司总裁的宝座，成了这家美国第二大汽车企业中地位仅次于老板福特的第二号人物。可惜好景不长，8 年后，这位二号人物被大老板亨利·福特二世解雇了，对于即将退休的艾柯卡来说，这简直是晴天霹雳。54 岁的艾柯卡没有被击倒，他接受了一个新的挑战——到濒临破产的克莱斯勒汽车公司出任总经理。艾柯卡要求公司员工“共同牺牲”，主动将自己 36 万美元的年薪减至一美元，带领全体员工改组公司结构，紧缩开支，加紧研制新产品。终于在 1982 年推出了“道奇 400”新型敞篷车，畅销市场，多年来第一次使克莱斯勒公司走在其他公司前面。5 年后，1983 年 8 月 15 日，艾柯卡代表克莱斯勒公司将 8 亿多美元的支票交到银行代表的手里，还清了所有的债务。而恰恰是 5 年前的这一天福特公司解雇了他。

1985 年，克莱斯勒公司在世界汽车制造公司的排名榜中跃居第 5 位。1986 年，克莱斯勒公司的股票涨到每股 47 美元，6 年来其股息增长 860%，雄踞 500 家大公司的榜首。艾柯卡成了美国人最崇拜的人。

6.3 中国汽车名人

6.3.1 饶斌

饶斌被尊称为“中国汽车工业之父”（见图6-7），他出生于吉林省并在此度过了自己的童年。

新中国成立后开始筹建汽车厂时，饶斌被调来参与工厂的筹建工作，原厂长郭力主动让贤，饶斌担任了汽车厂的厂长。1953年，中国第一汽车集团公司（原第一汽车制造厂）建成了，从此中国有了自己的汽车工业。1956年7月13日，第一辆解放牌载货汽车披着红绸开下了一汽的总装线，中国不能自己制造汽车的历史结束了。1958年5月12日，第一辆东风牌轿车研制成功，作为向党的八届二中全会的献礼，这辆车由火车从长春运到北京，饶斌亲自将它开出了北京站。

图6-7 饶斌

1959年年底，饶斌调任原第一机械工业部副部长兼汽车局局长。1964年，饶斌开始筹建第二汽车制造厂（简称“二汽”），此时的中国工业已经初具规模，因此他提出用“聚宝”的方法进行建设，即利用全国各地较好的企业来包建二汽的各个分厂，使二汽成为现代化的汽车制造企业。

1979年2月，66岁的饶斌离开二汽，继续从事与汽车有关的管理工作，曾经担任第一机械工业部（简称“一机部”）副部长、机械委汽车工作组组长。1982年中国汽车工业公司成立，饶斌成为第一任董事长。

1985年饶斌退休，但是他并没有离开他挚爱的汽车事业，依然为中国汽车工业的发展奔走着。1987年7月，74岁的饶斌还在调研上海大众公司，对公司引进的各种设备进行了详细的了解，但是在这里，他留下了最后的身影，再也没有回来……

饶斌的夫人张矛这样评价他：他简直就是一个视汽车为生命的人！中国汽车界对饶斌的评价是：“如果说一个人的经历能够完整地反映中国汽车工业最初30多年的发展历程，这个人无疑是饶斌。”

6.3.2 郭力

郭力（见图6-8），原名高崇岳，出生于1916年，祖籍河北沧州，从小跟随父亲在东北长大。

新中国成立后，中央重工业部设立汽车工业筹备组，1950年4月郭力被任命为筹备组主任。上任后的郭力加紧进行各项准备工作，完成了工厂厂房的修复和修建，建立了培训干部的汽车工业学校。为了获得地方政府的支持，加快工程进展，郭力多次向东北局和党中央请求调一位熟悉东北情况的干部来主持汽车厂的工作，后来中央同意了他的请求，调饶斌来担任汽车厂的厂长，而郭力自己则退居二线担任副厂长兼总工程师，成就了一段让贤佳话。

图6-8 郭力

1954年，郭力带领500名实习生赴前苏联学习。在此期间，郭力接受一机部授权，代表中方审批了一汽的技术设计。回国后，郭力主抓汽车厂的生产准备工作，通过艰苦的努力，一汽的试生产一次成功，于1956年7月，推出我国自制解放牌汽车。

1964年8月郭力调到北京一机部，负责在原汽车局的基础上筹办中国汽车工业公司，他根据中国国情，借鉴国外经验，主持起草了《汽车托拉斯的组建报告》,国家批准建立中国的汽车托拉斯,并将其命名为中国汽车工业公司。1965年1月,郭力被正式任命为一机部副部长兼中国汽车工业公司经理。其后，在试点的基础上，北京、南京等地相继成立了汽车分公司，到1965年年底，中国汽车工业公司的组织结构基本完成，形成了国家队汽车行业和重点企业进行集中管理的经济组织。全公司形成了75家直属企业，长春、南京、北京、重庆等分公司，以及全国重点零部件企业的生产、协作和销售网络。

1976年2月，郭力因病去世，享年60岁。但是他对中国汽车工业做出的巨大贡献，却是难以磨灭的。

6.3.3 孟少农

孟少农（见图6-9），原名孟庆基，祖籍湖南省桃源县。

图6-9 孟少农

少年时期的孟少农随父亲在北京度过，1921年入北京北师大附小读书，1927年进北师大附中。1928年年底父亲失业，遂举家返回湖南。1930年，孟少农考入长沙岳云中学，1932年进入长沙高中。高中毕业参加全省会考，他取得会考第一名的好成绩。希望实业救国的孟少农在高中毕业后考入清华大学，就读于机械工程系。1940年，孟少农以优异的成绩考取了西南联大的留美公费生，1941年进入麻省理工学院机械系学习。1943年获得硕士学位后，孟少农放弃了攻读博士学位，先后到美国的福特汽车公司等大型企业工作，学习汽车制造和汽车设计方面的理论。1946年5月，孟少农婉言谢绝了美国公司提供的优厚待遇，乘战后中美通航的第一班轮船回到了中国。

新中国诞生后，孟少农于1950年成为中央重工业部汽车工业筹备组副主任，他积极协助主任郭力展开工作。在一汽筹建过程中，重工业部指派孟少农负责驻莫斯科代表小组，办理一汽技术设计联络、设备订货与分交、聘请专家、派遣实习人员等事宜。1953年7月，孟少农奉调回国就任一汽副厂长兼总工程师，主要负责技术方面的工作，他把全部的精力和智慧都倾注到一汽建设上，保证了一汽的调试生产按照计划进行。

在以后的几十年中，孟少农一直在我国汽车行业做技术指导工作，为后来陕西汽车制造厂、第二汽车制造厂的创建和发展，做出了巨大的贡献，并领导了一汽、陕汽和二汽几代产品的研制和开发。1980年11月，他被推选为中国科学院技术科学部委员。1983年和1984年连续两年，他被评为湖北省特等劳动模范，1985年又荣获全国第一批“五一”劳动奖章。

1988年1月15日，孟少农同志在北京逝世。

6.4 其他各国汽车名人

6.4.1 费迪南德·保时捷

1875年，费迪南德·保时捷（见图6-10）出生于奥匈帝国波西米亚北部（现属于捷克）。

身为机械技师的儿子，少年时期的保时捷热爱电气与机械，15 岁时进入赖兴贝格的工业学校夜校部学习，毕业后来到维也纳，在贝拉爱格公司工作，同时在维也纳工科大学旁听。1897 年，保时捷担任了一家电力公司试验部门的经理，并开始接触汽车。1898 年，他设计出可装在汽车车轴上的电动机。这一杰作被洛纳公司看中，他们聘请保时捷设计洛纳公司的第一辆汽车——洛纳·保时捷 1 号。这是一辆小电瓶车，它最大的特点是两个后轮上各装有一台电动机，直接驱动车轮。每充电一次可行驶 80km，起名为“洛纳-保时捷”。1900 年洛纳-保时捷汽车在巴黎展览会上展出，获得大奖出尽风头。同年保时捷制造出了 4 轮驱动赛车。1902 年，保时捷又成功制造了由汽油机与发电机相组合的混合动力汽车（Hybrid Car），该车不仅可以作为乘用车也可用于载货，这应该是世界上第一辆混合动力汽车，至此费迪南德·保时捷以其杰出的设计天赋名扬天下。

图 6-10　费迪南德·保时捷

1903 年，保时捷受聘于戴姆勒公司，担任首席工程师和公司董事。在这里他设计了经典的 S 系列大型赛车。1925—1927 年的短短两年间，S 系列赛车参赛 27 场，夺得 21 个冠军。但公司始终不支持保时捷开发小型轿车，导致他愤然离开公司。1930 年，保时捷建立了以自己姓氏命名的设计事务所，为当时欧洲的著名汽车公司提供设计方案。其中包括 1933 年 AutoUnion 的发动机、中置式赛车（Midship Racer）等著名设计项目。1934 年，保时捷设计出了德国的国民车（VW Prototype，甲壳虫轿车的原型车）。此外他还主持设计了第二次世界大战中德军使用的虎牌坦克和航空发动机，并因此在战争结束后被盟军指控为战犯而遭到逮捕，关押两年后获释。在此之后，设计事务所主要由保时捷之子费利主持，并于 1948 年在斯图加特建立了保时捷汽车公司，推出了一代名车保时捷 356 双门运动型跑车。

1952 年 1 月 30 日，就在保时捷 356 型跑车开始为公司赢得荣誉时，费迪南德·保时捷因病去世，终年 77 岁，在人们的心里，他是位不可多得的设计天才。

6.4.2　恩佐·法拉利

1898 年 2 月 18 日，恩佐·法拉利（见图 6-11）出生在意大利北部摩德纳。

他的父亲阿尔弗雷多是一个不折不扣的“赛车迷”。在他 10 岁那年，父亲带他到波伦亚观看了一场赛车比赛。赛车场惊心动魄的场面深深吸引了他，他盼望着自己也能成为一名优秀的赛车手，13 岁那年他千方百计地说服了父亲，允许他单独驾驶汽车，从此，他与汽车结下了不解之缘。

1918 年，20 岁的法拉利自费参加了森姆尼赛车队，第一次体验了赛车运动独具的疯狂刺激。22 岁那年法拉利在大奖赛中夺得亚军，并得到了阿尔法·罗密欧汽车制造公司老板的垂青，成为公司的一名试车员。法拉利如愿以偿，他埋头于自己所钟爱的事业，与同事一起改进赛车的结构，优化赛车的品质。32 岁时法拉利成为阿尔法·罗密欧汽车公司赛车队的队长。随后的 7 年里，

图 6-11　恩佐·法拉利

他统率“法拉利赛车队”先后参加了39场大奖赛，获得了11场冠军，出尽了风头。同时也为阿尔法·罗密欧汽车公司荣登世界跑车行业头把交椅，立下了汗马功劳。

与老板同事日渐水火不容的人际关系，使法拉利在40岁脱离了阿尔法·罗密欧汽车制造公司。卧薪尝胆7年后，法拉利在意大利北部城市波伦亚的马拉内罗，创办了法拉利汽车制造公司，生产出以跃马为标志的第一辆法拉利赛车。以后的 3 年时间里，法拉利又相继生产了Tipo166、Tipo195、Tipo212、Tipo255 等型赛车。法拉利以自制的各种赛车参加汽车比赛，屡屡获奖，奠定了法拉利在世界车坛的地位。

1988年8月14日，90岁的赛车之父恩佐·法拉利去世了。但是他留下了辉煌法拉利，却仍然誉满全球。

6.4.3 劳斯和莱斯

劳斯莱斯是著名的贵族汽车品牌，这是以两个人的名字命名的，他们是查尔斯·劳斯和亨利·莱斯（见图6-12）。

图6-12 查尔斯·劳斯（左）和亨利·莱斯（右）

1904年，英国贵族查尔斯·劳斯和设计师亨利·莱斯共同创建了一家汽车公司，由莱斯负责制造汽车，而劳斯则负责销售汽车。两年后，公司出产了第一辆劳斯莱斯轿车，这辆被称为“银色幽灵”的车堪称真正的传奇之作。它首次露面于巴黎汽车博览会时，其金色钟顶型散热器就吸引了众人的眼球，直到今天这一造型依然是劳斯莱斯不可替代的设计元素。除了独特的外观，“银色幽灵”还拥有领先于时代的技术：强制润滑，7L 6缸发动机输出功率可达35kW，最高车速达110km/h，这在当时绝对是一项世界纪录。

1970年，一辆劳斯莱斯不间断地行驶了24 000km，整个过程中汽车维修费用只有3英镑（约合人民币28元），这证明了莱斯是一个天才的发动机设计师，他设计制造的发动机具有良好的耐久性和动力输出均匀等突出优势。4年之后一辆“银色幽灵”又创造了另一项纪录：从伦敦到爱丁堡往返，以4挡行驶，百公里平均油耗只有11.6L。

劳斯莱斯汽车的创始人之一劳斯于1910年7月12日遭遇空难，另一位创始人莱斯于1933年4月22日去世。

值得一提的是，劳斯莱斯还是著名的航空发动机制造商，分别为著名的波音公司和空中客车公司提供性能优良的发动机。只是在20世纪70年代，公司严重亏损，不得不在英国政府干预下被一分为二，分别成为航空发动机公司和轿车公司。在1996年，劳斯莱斯轿车公司被宝马汽车公司收购，但劳斯莱斯的品牌得以保留，“飞天女神”依然熠熠生辉。

6.4.4 丰田喜一郎

丰田喜一郎（见图6-13）出生于1895年。他的父亲丰田佐吉是日本杰出的发明家和企业家。丰田佐吉利用自己发明的自动纺织机创建了一家大型的棉纺厂，完成了家族资本的原始积累，也为丰田喜一郎以后的汽车发明之路提供了充足的资金支持。

图 6-13　丰田喜一郎

性格内向、勤奋好学的丰田喜一郎进入日本著名的东京帝国大学学习机械工程，毕业后在父亲的丰田纺织株式会社工作了 10 年。1933 年，在丰田喜一郎的一再坚持下，终于在丰田纺织株式会社内部成立了专门研制汽车的汽车部。经过艰苦的努力，丰田喜一郎和同事们终于在 1934 年 9 月造出了动力强劲的 3389CC 六缸直列发动机，这种发动机可达 48kW（65 马力）。在此基础上他们又在 1935 年陆续制作了 A1 型小客车和 G1 型卡车。后来他们推出了改进后的 AA 型小客车，它的外观要比 A1 型汽车更为简练，性能更加优越。到 1936 年年底，丰田公司已开发出多种基础设计，包括帆布车篷可敞开的 AB 型四门旅行车，还有 DA 型大客车的底盘。

随着丰田汽车公司业务的进一步发展，它在日本汽车行业的龙头地位逐渐明晰，很快被日本确定为国家生产汽车的两大制造商之一。扩大工厂规模、增加汽车产量，成为汽车部当务之急，而作为公司分部的地位对其发展确实相当不利。因此在 1937 年 8 月丰田喜一郎和其领导的汽车部从纺织株式会社分离出来，单独成立了"丰田汽车工业株式会社"。丰田喜一郎在汽车公司的发展过程中，不断摸索，提出 "及时生产"的经营理念，初创出后来风靡全球的"丰田生产法"，将传统的整批生产方式改为弹性生产方式。按照这种模式组织的生产，工人和工厂都可以得到好处：工人每天只需完成自己的定额，早做完者早下班，做不完者必须加班完成；工厂无需设置存活仓库，无须占用大量周转资金，许多外购零部件在工厂付款之前就已经被装车卖出了。经过进一步的发展和完善，今天的"丰田生产法"已经被世界制造业奉为经典，争相学习。可以说，日本成为今天的世界汽车大国，作为"日本国产车之父"的丰田喜一郎居功至伟。

1952 年 3 月 27 日，丰田喜一郎因患脑溢血去世，终年 57 岁。

6.4.5　本田宗一郎

1906 年 11 月，本田宗一郎（见图 6-14）出生于日本静冈县的一户贫苦人家。本田宗一郎自幼偏好机械，16 岁到东京一家汽车修理厂当学徒。6 年后，他回到家乡开设了自己的汽车修理店，以精湛的修车技艺赢得了顾客的好评，使修理店的生意越来越红火。后来，积累了一些资金的本田宗一郎开始了发明创造。很快他就研制出取代木制车轮辐条的铁制车轮辐条，在博览会上获得专家好评，并通过申请获得了专利权。

图 6-14　本田宗一郎

1934 年，本田宗一郎看到了汽车市场的发展前景，开始转行生产汽车零部件，他将自己的公司起名为"东海精密机械公司"，简称"东海精机"。1937 年，他试制成功汽车的关键零配件活塞环，丰田汽车公司成为东海精机活塞环的主要买主。后来本田宗一郎将自己拥有的股份全部卖给了丰田汽车公司。

1946 年 10 月，本田宗一郎在滨松设立了"本田技术研究所"，他获悉日本陆军积压了一批微型发动机，这是在战争中准备用于通信设备的，现在已经派不上用场了，都堆在仓库里。他以低廉的价格购进了这批发动机，改装后将其安装在自行车上。这种被称为"吧嗒吧嗒”的机器自行车一问世就博得好评，第一批产品被抢购一空。丰田技术研究所的工人们加班加点地工作，使“吧嗒吧嗒”的产量不断增加，眼看买来的发动机就要用完了，本田宗一郎决定自己生产发动机。经过一番努力，终于和朋友河岛一起生产出排量为 50mL 的 A 型发动机，这台微型发动机就是最早的“本田摩托发动机”，也是日本 A 型摩托批量生产的开始。

1948 年，本田宗一郎组建了“本田技术研究工业总公司”并自任社长，在 A 型发动机的基础上公司陆续推出了改进后性能良好的 B 型发动机和 C 型发动机，后来更是生产出了排量为 98mL，功率为 1.69kW 的 D 型发动机。

经过多年的努力，本田摩托车终于在 20 世纪 60 年代在世界顶级摩托车大赛中屡屡获奖，确定了本田公司在国际摩托车市场的地位。

1961 年，本田公司开始进军汽车市场，他们研制的赛车在比赛场上取得了不俗的成绩。1970 年，美国通过了当时最严苛的环保政策《马斯基法规》。经过反复的试验和改进，1972 年 10 月本田宗一郎终于开发出符合该规定的 CVCC 发电机，获得了业界的高度评价。1974 年本田公司正式采用 CVCC 发动机生产出雅阁轿车。

1991 年 8 月 5 日，这位享誉全球的著名企业家逝世。

复习思考题

1. 汽车之父是谁？
2. 亨利 · 福特对汽车工业做出了怎样的贡献？

故事赏析

李 · 艾柯卡“逆境绝情”的故事

20 世纪 60 年代后，李 · 艾柯卡亲自出马，夜以继日地研制出一款专为年轻人设计的新车，并定名为“野马”，第一年销售量竟高达 41.9 万辆，创下了全美汽车制造业的最高纪录。头 2 年“野马”型新车为公司创纯利 11 亿美元，他成了闻名遐迩的“野马之父”。后来“侯爵”“美洲豹”和“马克 3 型”高级轿车型的推出，更是大获成功。1970 年 12 月 10 日，艾柯卡终于如愿以偿地登上福特汽车公司总裁的宝座，成了这家美国第二大汽车企业中地位仅次于福特老板的第二号人物。

一瞬间，好似整个世界都在他的脚下了，艾柯卡从来没有这么得意过。可是，老天没有让他的高兴持续太久，1978 年 7 月 13 日，由于“功高盖主”，他被妒火中烧的大老板亨利 · 福特开除了。当了 8 年的总经理，在福特工作已 32 年，一帆风顺，从来没有在别的地方工作过，突

然间失业了，艾柯卡几乎无法承受住这个打击，这是梦还是现实，命运为什么要给他开这个玩笑呢？

不仅如此，亨利·福特要对艾柯卡的支持者进行一次整肃，谁要是继续保持与他的联系，自己也就有被开除的危险。艾柯卡被解雇一周后，负责公共关系的墨菲，接到了大老板亨利·福特打来的电话："你喜欢艾柯卡吗？""当然!"墨菲回答。"那你被开除了。"事情就是那么简单。一时间，艾柯卡没有了朋友，没有了事业，仿佛他在世界上已不复存在。"野马之父"一类的话再也听不到了。昨天他还是英雄，今天却好像成了麻疯病患者，人人避而远之。该怎么办呢？"艰苦的日子一旦来临，除了做个深呼吸，咬紧牙关尽其所能外，实在也别无选择。"艾柯卡是这么说的，最后也是这么做的。他没有倒下去。

在他被解雇之后，由于过去的威名，许多大公司诸如洛克希德、国际纸业公司等，都对他发出过邀请。但艾柯卡认为，54岁是个尴尬的年龄：退休太年轻，在别的行业里另起炉灶又太老；况且汽车的一切已经流动在他的血液里。因此，他还是选择了汽车业这一老行当。他接受了一个新的挑战——应聘到濒临破产的克莱斯勒汽车公司出任总经理。

但是克莱斯勒公司的状况比他预料的还糟。由于前任的无能，公司几乎处于无政府状态，纪律松弛，35位副总裁各把一方，互不通气；财务混乱，现金枯竭；产品粗制滥造，积压严重。就在艾柯卡上任当天，该公司宣布连续3个季度的亏损达1.6亿美元。在公司处于生死存亡的关键时刻，艾柯卡没有气馁，更不想退缩，而是深入员工中调查研究，认真分析国内外汽车市场的发展趋势。为了拯救克莱斯勒，确保65万员工的工作和生活，他没有简单地裁员，决定以紧缩开支为突破口，提出了"共同牺牲"的大政方针。艾柯卡从自己做起，把36万美元的年薪降为1美元，与此同时全体员工的年薪也减少了125倍。

"要想渡过难关，克莱斯勒人流出的血必须一样多。如果有人光等待别人为他付出，自己却袖手旁观，那就会一无所有。"他强调道："作为企业的领导，最重要的一点就是身先士卒，做出样子。这样员工的眼睛都看着你，大家都会模仿你。"

艾柯卡把自己年薪减至1美元的做法在美国企业界没有先例，很自然地引起了轰动。克莱斯勒人长期以来一直很铺张浪费，讲究奢侈，他们无不对此深感震惊，开始时很不理解。然而榜样的力量是无穷的，总经理的表率作用是最好的动员令。从各级领导到普通员工，人人渐渐地达成共识。大家毫无怨言，心甘情愿地勒紧裤腰带。"共同牺牲"给克莱斯勒公司带来了生机，使广大员工看到了希望。艾柯卡率领高层领导班子对营销、信贷、财务、计划和人事等部门进行整顿改革，积极扶持新产品的开发，花大力气抓生产制造。

当然，更重要的是尽快拿出适销对路的产品。1982年，"道奇400"新型敞篷车先声夺人，畅销市场，多年来第一次使克莱斯勒公司走在其他公司前面。K型车面市，也一下子占领小型车市场20%以上的份额。

艾柯卡曾经说过“齐心协力可以移山填海”。1983年8月15日，艾柯卡把他生平仅见的面额高达8亿1 348万多美元的支票，交给银行代表手里。至此，克莱斯勒还清了所有债务。而恰恰是5年前的这一天，亨利·福特开除了他。

第7章 赛车运动

学习目标

- 了解 F1 大赛及其特点
- 了解 WRC 大赛及其特点
- 了解勒芒 24 小时耐力赛的特点
- 认识大赛的赛手

赛车运动是汽车在封闭场地内、道路上或野外比赛速度、驾驶技术和车辆性能的一项运动。“赛车”一词来自法文“Grand Prix”，意思是大奖赛。赛车运动是集人、车一体的综合较量。不仅是车手个人技术、意志与胆量的竞争，同时也是汽车设计、产品质量的角逐，体现了人与车辆的完美运动结合。在国外，汽车比赛几乎和汽车具有同样的历史。今天，各式各样的汽车比赛统称为赛车运动，它是世界范围内一项影响较大的体育运动。赛车运动激烈、惊险、浪漫与刺激，使成千上万的观众为之着迷，也使汽车技术的发展日新月异。

7.1 赛车运动的起源

19 世纪 80 年代，在欧洲大陆出现了汽车的雏形。汽车运动随着汽车工业的发展而兴起。初期汽车比赛的目的是为了检验汽车的性能，宣传使用汽车的安全性和可靠性。1894 年，在法国举办了第一次汽车比赛，路线是巴黎至鲁昂，距离为 129km。1895 年 6 月 11 日，法国汽车俱乐部和《鲁·普奇·杰鲁纳尔》报联合举办了世界上最早的长距离汽油车公路赛，线路由巴黎到波尔多往返，全程 1 178km。埃为尔·鲁瓦索尔获得第一名，用时 48 小时 45 分钟，平均车速 22.55km/h。但是由于比赛规则规定只允许乘坐一人，而他的车上有两人而被取消冠军头衔。此次比赛共有 23 辆车参赛，跑完全程的只有 8 辆（包括了汽油车和蒸汽车）。

在以后的比赛中，为避免汽车在野外比赛时扬起的灰尘影响后面车手的视线，也为防止观众进入赛道观看而发生伤亡事故，汽车比赛逐渐改为在封闭的场所和跑道上进行。这就是汽车场地赛的雏形。1905 年，在法国的勒芒举行了第一次真正意义上的场地汽车大奖赛。从此，汽车大奖赛成为世界体育舞台上的一项非常重要的赛事。

1904 年 6 月 20 日，由法国、英国、德国、比利时等欧洲国家发起，在巴黎成立了国际汽车联合会（FIA），由它来负责管理全世界汽车俱乐部和各种汽车协会的活动。1922 年国际汽车运动联合会成立，作为 FIA 的下属机构，它主要负责制定有关参赛车辆、车手、路线和比赛方法等相应规则，并在各地举行汽车赛时做必要的调整和协调。中国汽车运动联合会（FASC，简称中汽联）于 1975 年在北京成立，于 1983 年加入国际汽车联合会。

7.2 赛车运动的种类

随着赛车运动的发展，赛车运动的种类越来越多。国际汽车联合会每年根据申请在世界上 80 多个国家和地区安排近 800 场各类国际汽车比赛。国际汽车联合会的主要赛事包括国际汽联世界一级方程式锦标赛（FIA Formula 1 World Championship）、国际汽联方程式 3000 国际锦标赛（FIA Formula 3000 International Champonship）、国际汽联 GT 锦标赛/耐力赛（FIA Grand Touring Car Championship）、国际汽联三级方程式洲际杯（FIA Formula 3 Intercontinental Cup）、国际汽联杯老爷车 GT 赛（FIA Cup For Historic Grand Touring Cars）和国际汽联世界拉力锦标赛（FIA World Rally Championship）。

7.2.1 世界一级方程式赛车

世界一级方程式锦标赛（FIA Formula One World Championship），简称 F1，是由 FIA 举办的最高级别的年度系列场地赛车比赛。

F1 赛车是世界上最昂贵、速度最快、科技含量最高的运动，是商业价值最高、魅力最大、最吸引人观看的体育赛事。它展示了以空气动力学为主，及无线电通信、电气工程等世界上最先进的技术。很多新的技术都是在 F1 上得到最初实践的。“F”是 Formula 的缩写，即方程式；“1”的解释有很多，可以理解为顶尖车手、顶级赛事、奖金等。图 7-1 所示为 F1 比赛场景，图 7-2 所示为 F1 赛车进入维修站，图 7-3 所示为 F1 赛车手，图 7-4 所示为 F1 比赛车祸。

图 7-1　F1 比赛场景

图 7-2　F1 赛车进入维修站

图 7-3　F1 赛车手

图 7-4　F1 比赛车祸

1. F1 赛车

一辆赛车从概念设计到制作完成需要工作 25 万小时。顶级 F1 车队在制造赛车过程中，需要生产数目惊人的零件。例如，宝马-威廉姆斯车队在 12 个月中生产了大约 20 万个零件。F1 赛车可以在 2.5s 内从 0 加速到 100km/h，在 5s 内加速到 200km/h。F1 赛车有很强的制动特性，可以在 1.9s 内从 200km/h 减速到 0，制动距离为 55m。使一辆赛车从 315km/h 减速到 185km/h 所需要的能量，相当于让一头大象往上跳 10m 的能量。F1 车手在比赛期间大约要换挡 2600 次；宝马车队曾经统计过，在大奖赛期间一台发动机大约要打火 800 万次。比赛中，F1 排气管处的温度可以达到 800℃；每次比赛结束后，F1 赛车底盘需要拆开，并进行 200 多项检查。一台 3L 10 缸的发动机，重量低于 100kg。2008 年，F1 赛车开始使用 V8 发动机。在 F1 比赛期间，一名车手会消耗大约 600 卡路里的热量。

2004 年，宝马-威廉姆斯车搭载 V10 发动机的功率达到了 735kW，在意大利蒙扎赛道跑出了 369.7km/h 的赛道记录。2005 年，本田车队先在莫哈维沙漠机场跑出了 415km/h 的极速，接着在美国巴纳维亚盐滩跑出了超出 400km/h 的极速，并且得到了官方的认证。2006 年，沃达丰-迈凯伦—梅赛德斯赛车发动机转速突破 20 000r/min。后来由于国际汽车联合会对赛车规则的改革，现今 F1 赛车的极速受到了极致。

在全球倡导环保、低碳的今天，FIA 也决定创造一个“绿色的 F1 大奖赛”。FIA 官方宣布，从 2014 年起，F1 大奖赛将执行 1.6L V6 涡轮增压发动机，配备能量恢复系统。

2. F1 赛程安排

F1 的赛程分为 3 天，星期五只举行练习赛。练习赛期间，除了上赛季前 4 名的车队外，其他车队还可以派自己的备用车上道练习，而驾驶备用车的车手在前两年参加一级方程式分站赛的数目不能超过 6 站。

星期六上午有两段为时 45min 的练习赛。排位赛在周六下午举行，分两个阶段进行，共耗时大约 90min。第一阶段排位赛的发车顺序由上站比赛的成绩决定，第一名首先发车，后面的依次类推。第二阶段的发车顺序是按照第一阶段的成绩出发，单圈计时。第一阶段排位赛成绩最差的首先出发，未完成第一阶段的赛车，不得参加第二阶段的排位赛，只能在正式比赛中最后一位出发。单圈成绩最快的车手在星期日的决赛中排头位，成为杆位（Pole Position, PP），又称为“竿位”。

星期日上午进行热身赛（Warm Up）；星期日开始决赛（The Grand Prix）。在一些路面较狭窄、超车困难的跑道，排位顺序对于比赛的结果有直接的影响。如果车手在测试时的单圈最快成绩，比起同场最快车手所跑出单圈成绩的107%还慢，将无法参加决赛。这样做是避免速度过慢的车手影响其他车手的安全。决赛前有一圈热身，在起跑前有30s的倒计时，由5个一组的红灯所控制，5个红灯同时熄灭时比赛就开始。

3. F1旗语介绍

由于F1赛车车速快，为使参赛车手及时了解和掌握赛道信息和比赛指令，通常用旗语来向车手传达信息。

（1）黄旗：黄旗代表前方车道有障碍物，如一辆撞坏的或者出现故障的赛车，提醒车手要小心驾驶。如果障碍赛车停在赛道一侧，或者障碍物不在赛道上，那么黄旗会静止不动。如果障碍物在赛道上，那么黄旗会来回摇动，以提醒车手做好准备改变方向。如果赛道被彻底堵塞，那么会摇动两面黄旗。出现黄旗的时候不允许超车。如果一名车手没有认真读取黄旗信息，而仍旧以比赛的速度来到赛道的事故发生地段，那么这名车手将会受到严厉的处罚，甚至会被取消比赛资格。

（2）红黄竖条纹旗：红黄竖条纹旗代表赛道前方路面有油，或者路面较滑，车手应该小心驾驶，直到信号收回为止。如果比赛官员挥动旗帜，代表前方不远处有所谓的的湿滑地带。

（3）白旗：当出现白旗时候，代表前方有慢速行驶的车辆。这可能是一辆救护车、一辆拖车或者是赛会安全车辆。当看到白旗的时候，车手应该小心驾驶，甚至应该适当减速。

（4）红旗：红旗代表比赛或者试车因某种原因提前结束或暂停。红旗会在整个赛道各个位置同时出现，这个时候车手应该回到维修站，并在那原地待命，以得知是否恢复比赛，何时恢复比赛。正式比赛赛程超过75%后出示红旗，则比赛结束，比赛最终成绩以挥动红旗前两圈的成绩为准。

（5）蓝旗：蓝旗表示后方有领先一圈以上的车准备超车，被出示蓝旗的车手应该减速让行，必要时让出赛车线。如果一名车手被出示挥动蓝旗3个弯内还没能够及时为快车让路，这名车手可能受到处罚。

（6）绿旗：绿旗表示比赛。排位赛开始或者赛道存在的障碍已经得到清除，让比赛恢复正常。

（7）黑旗：如果车手的号码显示在出发线，同时旁边有黑旗出现，这表示车手在跑完这一圈之后需要回到维修站。当一名车手因为比赛行为不当而需要对其进行调查，或者车手在比赛中严重犯规的时候，会向车手出示黑旗。出现该旗帜时，车手被取消比赛资格。

（8）黑底红圈旗帜：如果车手的号码显示在出发线，同时旁边有黑底红圈旗出现，这表示车手需要立即与维修站取得联系。当比赛官员怀疑车手的赛车存在机械问题而需要检修的时候，会出示黑底红圈旗帜。

（9）黑白方格旗：当出现黑白方格旗的时候，表示比赛或者练习结束了。这个时候所有车手都要返回检修车道或者集中到出发区。在这里车手们需要将他们的赛车开到赛前检录处，赛车在这里需要被检测以确保符合比赛的各项规章制度。对于每次比赛的冠军，将会为他挥舞黑白方格旗；对于冠军之后的车手，黑白方格旗将会静止出示。

（10）黑白对角旗：与车手号码一同出现，警示该车手出现违规。

4. F1 超级驾驶执照

就像一般的道路驾驶一样，F1 也需要驾照。那是一张由 FIA 颁发的“超级驾照”——FIA Super Licence。这张车手执照只发给在 F3000、F3 或 CART 系列赛事表现杰出的车手。通常一位车手要花 8 年的时间从小型卡丁车（Karting）逐步晋级到 F1，但事实上仅有极少数人能够有此能力和机会获得象征登上赛车金字塔顶端的 F1 驾照。

2009 年超级驾照的起征点 10 400 欧元，另外获得积分起征点为 2 100 欧元/分，还要另外附加 2 720 欧元的保险费。而 2007 年这一数字分别是 1 725 欧元和 456 欧元。

5. F1 总冠军

F1 的年度总冠军分为两种，车手总冠军及车队总冠军。在很多 F1 专家的眼中，车队总冠军的价值大于车手总冠军。计分方式采用积分制，车手与车队的积分都是累计的。车队积分则以两位车手积分累加。假如比赛在未达全部赛程 75%时被迫终止，则积分必须乘以 1/2，求出各赛站累计积分，方可决出本年度车手及车队的世界冠军。若最终积分相同，则比较分站冠军数、亚军数、季军数……直到一方比另一方多为止。如果依然相同，还要比较比赛最快圈数的多少、竿位的多少，中级的方式将通过抽签决定。

6. 2014 年 F1 参赛注册车队

（1）红牛车队（Red Bull Racing）。2004 年 9 月，福特公司为自己的 F1 时代画上了句号，宣布将停止所有有关 F1 赛事的活动。奥地利能量饮料制造商红牛公司购买了美洲虎车队及车队设在 Milton Keynes 的工厂。很快红牛对车队管理层进行了大换血，克里斯蒂安·霍纳接任了赛事总监，前美洲虎车队的雇员冈瑟·斯特纳重新负责设计方面的工作。

为了在赛场上争取出色成绩，车队力邀老牌车手大卫·库尔特哈德加盟，同时车队也与克里斯蒂安·克里恩和维托尼奥·鲁伊兹签下了车手合约。车队使用的新型赛车 RB1 实际上是美洲虎车队专门为 2005 年设计的，另外马克·史密斯加入了技术团队，红牛车队（Red Bull Racing）成为赛季中的亮点。2013 年 F1 世界锦标赛上，红牛车队车手塞巴斯蒂安·瓦特尔夺得连续第 9 个分站冠军，并提前 3 站加冕车手世界冠军。红牛车队也提前 3 站夺得连续第 4 个车队冠军，图 7-5 所示为红牛车队赛车。

（2）法拉利车队（Scuderia Ferrari）。从 1950 年 F1 大奖赛创办时就开始参赛的法拉利车队，是 F1 车坛的一块“活化石”。在半个多世纪中，法拉利人见证了 F1 大奖赛的兴衰变迁。恩佐·法拉利亲手创办的这支车队，在最初的日子里，虽然充满活力，却不幸地与范吉奥和他的阿尔法·罗密欧车队成为对手。直到 1961 年，法拉利人才终于拿到了他们第一个年度总冠军。随着 1996 年迈克尔·舒马赫加盟，经过 3 个赛季的磨合，在 1999—2004 年中，舒马赫和他的法拉利车队连续 6 年垄断了 F1 车坛中几乎所有荣誉。图 7-6 所示为法拉利车队的赛车。

图 7-5 红牛车队赛车

图 7-6 法拉利车队赛车

（3）迈凯轮车队（McLaren Mercedes）。迈凯轮 F1 车队历史悠久。1963 年，迈凯轮车队由新西兰人布鲁斯·麦克拉伦（Bruce McLaren）创建。此公司曾称作迈凯轮赛车有限公司（Bruce McLaren Racing Limited），初期以制造 F1 赛车为业务，3 年后，车队在 1966 年的摩洛哥 GP 大赛上首次亮相。

车队取得了 F1 车手二人组合中的双料冠军。在 1988—1989 赛季中，队友塞纳（Ayrton Senna）和普罗斯特（Allan Prost）夺下了 14 个冠军头衔。塞纳/普罗斯特这对拍档也因在一个赛季里赢得最多的 GP 冠军而备受赞扬。在 1988 年，这对车手在赛事日程 16 场比赛中赢得 15 场。车队连续赢得了 4 场世界车手和车队锦标赛殊荣（1988—1992 年）并蝉联 8 项世界车队锦标赛桂冠，第一项是在 1974 年。如今车队已经取得 13 个世界车手锦标赛冠军的记录。图 7-7 所示为迈凯轮车队赛车。

（4）路特斯 F1 车队（Lotus F1 Team）。路特斯 F1 车队是一支参与世界一级方程式锦标赛赛事的英国车队。在 2012 年赛季是他们第一次以"路特斯"之名参加的世界一级方程式赛季。车队总部继续沿用前身雷诺车队设在英国牛津郡恩斯托镇（Enstone）的基地。2013 年，路特斯是另一支渐入佳境的车队，继 2012 赛季初展现出不俗的竞争力之后，在本赛季初期，由于路特斯 E21 对倍耐力新配方轮胎突出的适应能力，前五站中有四站登上领奖台。莱科宁一人持续完赛一直保持到夏休期前。虽然在轮胎配方做出调整之后，优势被削弱，但进入后半赛季之后，格罗斯让的突飞猛进让路特斯又看到了另一种可能。图 7-8 所示为路特斯车队赛车。

图 7-7　迈凯轮车队赛车

图 7-8 路特斯车队赛车

（5）梅赛德斯车队（Mercedes AMG Petronas F1）。2010 年，奔驰公司收购了 2009 年度冠军车队—布朗车队。随后更名为梅赛德斯-奔驰车队，并且成功邀请迈克尔-舒马赫重新出山，与小罗斯伯格一起组成"全德车手组合"。2013 年，迈克尔-舒马赫终于让梅赛德斯"磨成一剑"，在 2013 赛季重新出发。沃尔夫加盟让车队管理层注入了新鲜血液，W04 从赛季初就开始展现的强大排位能力，打破了此前红牛"杆位到夺冠"的传统模式。从中国站开始，梅赛德斯在 9 站比赛中收获了 8 个杆位，单圈排位能力力压红牛。作为引擎供应商，2015 年梅赛德斯的新车也被看好，V6 新时代或许将是银箭的新机遇。图 7-9 所示为梅赛德斯车队赛车。

（6）宝马索伯车队（Sauber F1 Team）。宝马索伯车队是 2006 年进入 F1 的新车队。2006 年，

车队第一次以宝马索伯车队的名义参加了一级方程式的赛事，赛车使用宝马发动机，普利司通轮胎。2008 年加拿大大奖赛中，宝马索伯 F1 车队收获建队以来第一个分站赛的冠军。受国际金融危机影响，2009 年宝马车队宣布退出 2010 年的 F1 大赛，前合作伙伴皮特・索伯重新接手车队运营。

2013 年，索伯的 2013 赛季也保持着中游车队坐二望一的态势。2013 年日本大奖赛是索伯在该赛季收获的最精彩的比赛，胡肯伯格与古铁雷斯两位车手双积分完赛，这是车队本赛季仅有的一次。甚至在比赛中，胡肯伯格大部分时间都能够保持在前四。对于皮特・索伯以个人名义主导的车队而言，车队 CEO 莫尼莎的管理能力也在第一个完整的赛季渐渐得到了认可。

图 7-10 所示为索伯车队的赛车。

图 7-9 梅赛德斯车队赛车

图 7-10 索伯车队赛车

（7）印度力量车队（Force India F1）。2008 赛季是印度力量车队首次征战 F1，他们的前身车队是世爵车队，2007 年赛季被印度富商收购，车队留用了前世爵车手苏蒂尔，在另外一个车手席位上，车队采取了“海选”的形式，先后有小舒马赫、费斯切拉、克莱恩、里尤兹等 F1 车手前来试车，最后费斯切拉获得正式车手席位，里尤兹担任了车队的试车手。

2013 年，马尔雅的印度力量延续了四年来稳定的发挥，保持在中游车队的第 6 位。虽然距离头排车队有差距，但前半赛季的持续拿分能力仍然可圈可点。比赛中，印度力量主要以尝试非常轮胎策略为主。然而整体技术团队的底蕴一定程度上限制了车队在往上走的空间和动力。虽然奔驰引擎提升了车队的竞争力，然而 2014 年新规则将多大程度上给印度力量提供令人耳目一新的机会仍然是未知数。

图 7-11 所示为印度力量车队的赛车。

（8）威廉姆斯车队（Williams F1 Team）。威廉姆斯车队是由弗兰克・威廉姆斯于 1977 年成立的，进入比赛初期只有 17 个工作人员与车手。第一辆赛车是 FW06，但后来，威廉姆斯成了 F1 历史上的一支劲旅。至 2013 年，威廉姆斯车队共赢得 9 次车队冠军。

2013 年，该车队两位车手仅各有一次机会拿到积分，从试车手提升而进入正式车手行列的博塔斯直到赛季尾声才渐渐找到驾驶真正 F1 赛季的节奏。2013 年 5 月末，威廉姆斯对外宣布下赛季将改用梅赛德斯引擎，现任法拉利车手马萨也将于明年加盟车队，随着博塔斯逐渐磨合找到状态，重新整合出发的威廉姆斯或许有机会迎来摆脱困境的新契机。

图 7-12 所示为威廉姆斯车队的赛车。

图 7-11 印度力量车队赛车

图 7-12 威廉姆斯车队赛车

（9）红牛二队（Scuderia Toro Rosso）。红牛二队的前身就是F1的米纳迪车队，红牛集团老板马特西茨于2005年底将其收归旗下。首个赛季使用受限的V10发动机参赛，意大利车速王里尤兹帮助车队在美国站拿到了第一个积分。

2013年，作为红牛车手储备营的二队虽然始终在中下游徘徊，但车队的表现仍然往往得到许多关注。从车队整体而言，红牛二队2013赛季并没有明显的提升。里卡多的总体成绩无论是排位赛还是正式比赛都优于维尔格尼。毕竟除了统计数据之外，两位小红牛车手都没有太多出众的可圈点之处。引擎供应商方面，红牛二队与雷诺签下了长期合约，这也确保了与红牛一队的一致性，在车手过渡上将更顺畅地衔接。

图7-13　红牛二队赛车

图7-13所示为红牛二队赛车。

（10）卡特汉姆车队（Caterham F1 Team）。卡特汉姆车队前身为莲花车队（Team Lotus）的一支于2010年参加2010年世界一级方程式锦标赛的车队。2012年，车队名称由莲花车队变更为卡特汉姆车队，赛季开始前，佩特罗夫顶替老将特鲁利，成为车队的主力车手。整个赛季，卡特汉姆车队没有能够获得积分，最终排在车队积分榜的第10位。

2013年，对于大部分中国车迷来说，卡特汉姆的名字在赛季初突然进入了视野，由于本土车手马青骅一度有机会成为正式车手，车队因此而在国内受到关注。不过最终马青骅与车手席位失之交臂，只能屈居成为保留车手。整个2013赛季，赛季内部的动荡一定程度上直接导致了比赛中两位车手都没有好的发挥。新人范德加德在赛道上不时犯错，如果下赛季卡特汉姆能够重新签回科瓦莱宁，对于面临新规则的车队来说，将是适应期的一个重要有利因素。

图7-14所示为卡特汉姆车队赛车。

（11）玛鲁西亚车队（Marussia F1 Taem）。玛鲁西亚车队前身为维珍车队。2010年，这是维珍车队成立后参加的首个赛季，此前，维珍集团在2009赛季赞助了布朗车队。2012年，车队名称由维珍车队变更为玛鲁西亚车队，法国年轻车手皮克加盟与格洛克搭档征战新赛季。整个赛季，玛鲁西亚车队没有能够获得积分，排在车手积分榜第11位。

2013年，后维珍时代的玛鲁西亚进入第二年，背后由俄罗斯财团支撑的车队，作为一支财政条件并不宽松的小车队，成功地保住了他们在F1生存的目标。2014年7月车队已经宣布将于2014年开始启用法拉利引擎，而作为结盟法拉利的“筹码”，如今就在玛鲁西亚磨练的法拉利预备车手比安奇将继续留队。面临V6涡轮引擎的新时代，小车队很可能有机会在夹缝中开拓出一条新路。

图7-15所示为玛鲁西亚车队赛车。

图7-14　卡特汉姆车队赛车

图7-15　玛鲁西亚车队赛车

7. 著名 F1 赛道

（1）摩纳哥蒙特卡洛赛道（见图 7-16）。蒙特卡洛赛道是一条具有悠久历史的赛道，赛道全长 3.340km，是 F1 赛道中最短的一条，位于蒙特卡洛城中，以街道为赛道，并拥有 F1 赛道中最慢的弯角和唯一的隧道。同时因为在街道比赛，车队的加油站也很小、很窄。但是由于赛道的技巧性强，悬架和轮胎都很重要，这站比赛的冠军也是许多车手梦寐以求的。

根据数据统计，摩纳哥蒙特卡洛赛道最快时速能达到 270km/h，而有时却只能跑出 40km/h。该赛道两侧没有任何的缓冲区，想要在这里超车基本上是不可能的。车手们在这里要十分小心，精神集中和精确的赛车控制是获得好成绩的法宝。赛车的车轮会十分接近防撞栏，一场赛事中平均需要换挡 3000 次。

另外，由于蒙特卡洛宜人的风景，这里也是车手们最喜欢的一站比赛。迈克尔·舒马赫曾经在这里获得 5 次冠军，不过成绩最好的还是塞纳。1984 年进入 F1 车坛的塞纳在 1987 年首次赢得了摩纳哥大奖赛冠军。此后塞纳在摩纳哥 8 次登上领奖台，其次 6 次是分站冠军。

（2）德国霍根海姆赛道（见图 7-17）。霍根海姆是一个特别为德国著名汽车公司梅赛德斯—奔驰而建造的赛车场，这里可以说是迈凯轮车队的主场，从 1986 年开始主办德国 F1 大奖赛。霍根海姆赛道以快速著称，全长 4.574km，有 4 条直道从森林中穿过，因此地面温度会忽冷忽热，这对轮胎是个考验，因此发动机与驾驶技术都很重要。

图 7-16　摩纳哥蒙特卡洛赛道

图 7-17　德国霍根海姆赛道

前巴西著名车手塞纳曾经在霍根海姆赛道 3 次称霸，迈克尔·舒马赫排在第二位，有两次获胜经历。霍根海姆赛道成了威廉姆斯和法拉利车队的福地，两支车队轮流夺冠。

（3）意大利蒙扎赛道（见图 7-18）。意大利大奖赛在蒙扎举行，蒙扎距离米兰大约 30km。蒙扎赛道于 1922 年建成，而从一级方程式问世以来，蒙扎都是意大利 F1 比赛的主办地。其平均时速超过 240km/h，可以带给观众无可取代的感官刺激。在几十年的历程中，蒙扎赛道也曾创造过历史。1965 年，意大利大奖赛共有 41 部赛车参赛，是 F1 大奖赛历史上参赛车辆最多的一次，而且也是比赛最接近的一次，前 5 部赛车的差距在 0.08s 之内。这次比赛也创造了 242.615km/h 的平均最快时速。

图 7-18　意大利蒙扎赛道

（4）英国银石赛道（见图 7-19）。位于英国中央地带的银石赛道，是全世界汽车赛事最频繁的赛道之一，银石更是英国赛车工业的发源地。赛道单圈长度为 5.89km，比赛总里程为 306.198km。银石赛道的前身是一座“二战”时的军用机场，1948 年起开始举办英国大奖赛，并在 1950 年成为第一场 F1 世界锦标赛的赛场。自 1987 年开始，银石赛道成为英国大奖赛的代名词。

1973 年，朱迪·舒切克特驾驶的赛车在银石赛道的 Woodcote 弯道处打滑，结果造成 8 辆赛车撞在一起的连环事故。因此，赛道方在 Woodcote 弯道加了一个减速弯道，接着在以后的 1991 年、1994 年、1996 年、1997 年又陆续对 Woodcote 弯道进行进一步修改。面对 F1 大奖赛举办国日趋激烈的争夺，临时赛道也不断改善其泥泞的道路与严重的交通问题，以避免落伍而遭淘汰。

银石赛道拥有很长的直线道与高速的弯道，这不仅测试了赛车的性能，而且考验了车手驾驶技术和胆识的极限度。1999 年，迈克尔·舒马赫在这里撞断了腿。

（5）上海国际赛道（见图 7-20）。上海国际赛车场是上海国际汽车城营造汽车文化的重要组成部分。它位于嘉定区安亭镇东北，距安亭镇中心约 7km。东至漳浦河，西至松鹤路、东环路，南至宝安公路，北至规划中的郊区环线高速公路，总面积约 5.3km^2。

图 7-19　英国银石赛道

图 7-20　上海国际赛道

上海国际赛车场赛道总长度 7km 左右，由一级方程式赛道和其他类型的赛道组成。一级方程式赛道单圈长度为 5.451km，宽度 12～18m。赛道整体造型犹如一个翩翩起舞的“上“字。它既有利于大功率发动机发挥，又具有挑战性，可充分体现车手技术。除了部分与 F1 赛事共用外，还可以举办各类不同的赛事。赛车场的看台可容纳约 20 万人，其中带顶篷的固定看台有 5 万个座位，其余为坡型露天看台。

上海国际赛道的特色设计包括：螺丝状收缩的弯道（弯道 T1 ~ T3），其半径从 93.90m 变为 31.8m；螺线状展宽的弯道（弯道 T11 ~ T13），其半径从 8.80m 增加到 120.55m；还有两处急转弯道，曲线半径分别为 18.70m（T6）和 10.07m（T14）。

赛道轴最低点的绝对标高为+4.50m，最高点位于弯道 T2 上，绝对标高为+11.24m。最大上坡坡度为 3%，最大下坡坡度是 8%。整个赛道是由弯道、直道和一些上下坡道组成的，其在最长直道上（T13 和 T14 之间）的最高允许时速为 327km/h，并且在窄弯道处要求制动到 87km/h 的时速，给观众带来赛车运动所特有的激烈、紧张和刺激的感觉。

8. 世界著名 F1 赛车手

在 F1 赛事走过的半个世纪中，涌现出了众多出色的车手，德国的迈克尔·舒马赫和巴西

的艾尔顿·塞纳就是其中的杰出代表。

（1）迈克尔·舒马赫（见图 7-21）：出生于 1969 年 1 月 3 日，德国人。迈克尔·舒马赫被公认为是这一代车手中最具天赋的，被称为当代 F1 车神。从 1991 年他代表乔丹车队首次参加 F1 大奖赛至今，已获得 7 次年度总冠军，并保持了多项赛车记录。

（2）埃尔顿·塞纳（见图 7-22）：于 1960 年出生于巴西的圣保罗市。当他年满 13 岁时就开始参加在其家乡举行的小型赛车比赛，初战告捷，从此节节胜利，17 岁就夺得南美冠军。20 世纪 80 年代，塞纳几乎成了 F1 的代名词，这是他赛车生涯的辉煌时期。1994 年 5 月 1 日，对于 F1 赛车运动及广大车迷来说是个黑色的日子。在意大利伊莫拉赛道上，塞纳第一个冲出跑线，当赛车行至第 7 圈时悲剧发生了，在塔姆布雷罗（Tamburello）弯道上，塞纳的赛车以约 300km/h 的速度撞上了混凝土防护墙，他于数小时后死亡。塞纳之死震撼了全世界，许多国家的新闻媒体都进行了报道。塞纳遗体运回巴西后，当时的巴西政府为此举行了国葬。

图 7-21　迈克尔·舒马赫

图 7-22　埃尔顿·塞纳

7.2.2　世界汽车拉力锦标赛

世界汽车拉力锦标赛（World Rally Championship，WRC）始于 1973 年，是 FIA（国际汽车联合会）四大赛事之一，与 F1 齐名。但是与 F1 不同的是，所有参赛车辆必须以量产车研发制造而成，并在世界各地的雨林、泥泞、雪地、沙漠及蜿蜒山路等不同的路况进行比赛，是最严酷的赛事之一，但也是最有魅力的比赛之一。每年全球有近 10 亿人次通过各种方式观看 WRC（见图 7-23）。

拉力赛一词取名自“Rally（集结）”，表示参赛车辆必须严格按照比赛规定的行驶路线，在规定的时间内，到达分站点目标并在规定时间内完成车辆的维修检测。

拉力赛的赛段为各种临时封闭后的普通道路，包括山区和丘陵的盘山公路、沙石路、泥泞路、冰雪路等，也有无法封闭的沙漠、戈壁、草原等地段。复杂的地形和漫长的赛程不仅考验车手的车技和经验，还要考验领航员的配合、车辆的性能以及维修的力量。

图 7-23　WRC 比赛情况

WRC 的比赛规则十分详细，如参赛车辆必须为各大汽车厂家年产量超过 2 500 辆的原型轿车，同时对于赛车改装后的尺度、重量以及排量、功率等都有严格的限制。

WRC 时每辆赛车必须同时搭乘一名车手和一名领航员。车手只管开车，充分发挥自己高超的驾车水平，而领航员既要在比赛期间安排好一些生活琐事，而且还要在比赛时为车手指明每一天比赛的正确方位和路线，并在赛段里及时地提供前方的路况。

1. 比赛组别

WRC 比赛依参赛车辆规格的不同，分为原厂组 Group N 及改装组 Group A 两大组别。而 A 组与 N 组依排气量的不同将每组分为 4 小组。

（1）A 组。

① A8：2 000C.C.以上改装组。

② A7：1 601～2 000C.C.改装组。

③ A6：1 401～1 600C.C.改装组。

④ A5：1 400C.C 以下改装组。

（2）N 组。

① N4：2 000C.C 以上原厂组。

② N3：1 601～2 000C.C.原厂组。

③ N2：1 401～1 600C.C.原厂组。

④ N1：1 400C.C 以下原厂组。

每一站的比赛中，每一组至少要有 5 部车参赛，否则必须强迫晋级。

2. WRC 比赛方式

每一站拉力赛包含了 2 天的实地勘察、1 天的机件检查以及 3 天比赛。每一站赛事被分成 3 段（Leg），通常每一站有 15～25 个特别赛段（Special Stage，SS）。SS 就是在封闭管制的路段上进行竞速，1 个 Leg 通常规划有 5～10 个 SS，长度通常在 10～50km，SS 的规划总长度以 400km 为限。WRC 就是以每一位车手完成所有 SS 路段时间的总和来分胜负，计时的单位是 0.1s，以规划的平均速度 110km 为限，最高不可超过 132km。

WRC 的积分制度与 F1 相同，每一站的前 8 名分别可获得 10、8、6、5、4、3、2、1 的积分，车手所得积分可成为车手本身及车队年度积分，全年积分最高的车手与车队将获得世界冠军的最高荣耀。

World Rally Car（WRCar）包含在 A8 组中，只有汽车制造厂身份的厂队才具有参赛资格，2004 年共有 5 个车厂参与角逐。

目前 FIA 规定每支厂队只能派出两部车参赛，而参赛厂队也必须全年参赛才能角逐年度车队积分。综合这两项规定，车队积分是取具有车队积分车手中成绩最佳的前 8 位。

参加 WRCar 组比赛的都是精英车手，比赛起跑的出发顺序是依照他们的排名，积分领先者首先出发。通常参加比赛的车辆数约 90 部，除了参加 WRCar 比赛车辆之外，其余部分也会穿插引擎动力较低、专为年轻车手所设的 JWRC（Junior World Championship）或 PWRC（Production World Championship）比赛。

3. WRC 比赛路面

（1）一般赛段（Road Stage, RS）。RS 是一般的道路，它连接着两个特殊赛段。因为是一般的道路，因此限速必须遵守比赛当地的交通法规，也就是和一般道路用车一样不能超速违规。

因此，为了让车手有足够的时间到达下一个 RS 起点，特别提供一段时间，给车手以当地法定限速完成 RS，并配合警力或军队以维持交通顺畅。而 RS 的计时单位是 1min，若车手未能在指定时间到达，每迟到 1min 总成绩将加罚 10s。

（2）特殊赛段（Special Stage, SS）。比赛路面分为柏油路面及非柏油路面（碎石路面）两大类，法国站是最著名的柏油路面赛事。此外，西班牙站与意大利站也是 WRC 中知名的柏油路面赛事。但若加上天气的因素，则会有雪地的路面，如每年的摩纳哥蒙地卡洛站与瑞典站中，参赛车都是在冰天雪地的恶劣环境中竞赛，在雪地竞赛中使用的是胎宽狭窄的钉胎，来增加轮胎表面压力，以得到较好的抓地力。全年比赛中属碎石路面赛站最为常见，碎石路面依其特性不同可分为粗糙的碎石路面以及平滑松软的碎石路面。前者如希腊、土耳其等赛站；后者如芬兰、新西兰等赛站。在粗糙的碎石路面上比赛，车辆将遭遇路面大小碎石的撞击，悬架、车轮等容易损坏；在平滑的碎石路面上，如芬兰站等比赛时，速度飞快；而松软的路面如英国等，如果遇到下雨，路面将会变得泥泞不堪，非常容易打滑，对于车辆与车手都是一大考验。

（3）超级特殊赛段（Super Special Stage, SSS）。SSS 是为了观众及方便电视转播而设的，WRC 史上的 Super Special Stage 起源于澳洲站 Langlry Park SSS。SSS 的长度通常只有 2km，是整个比赛中最短的特殊赛段，但对观众的吸引力确实是最高的，因为观众可轻松地在观众席上，欣赏传统比赛中看不到的两车同场竞技的画面，而且不必受风沙之苦。

4. WRC 经典赛车

（1）标致 206 WRC（2002 年，见图 7-24）。标致 206 WRC 属于天生强大的拉力赛车，短轴距非常适合拉力比赛中高速转向，出色的调校悬架和涡轮增压，使得整部 206 WRC 战车在不同的路况有着强大的战斗力，更可贵的是在砂石路面上表现优异，在柏油路面上也很不错，从而使 206 WRC 让标致继 205T16 后再次在 WRC 赛场上称霸 3 年之久。

（2）三菱 Lancer Evolution V（1998 年，见图 7-25）。在 Evolution V 诞生之前，三菱就一直大刀阔斧地改进赛车，终于在 1996 年夺冠，也因此坚定了 Evolution V 的改进方向。该款车整台发动机强化后扭矩，进排气管进行重新调节，包括外抛的翼子版在内的气流运动学部件，显著提升了赛车的稳定性和速度。车手只要掌握好赛车的速度临界点，就能跑得很快。

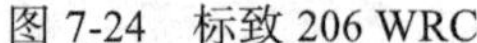
图 7-24　标致 206 WRC

图 7-25　三菱 Lancer Evolution V

（3）雪铁龙 Xsara WRC（2004 年，见图 7-26）。与标致同属 PSA 集团的雪铁龙在生产这辆 Xsara WRC 时，标致给予了技术支持。但整部 Xsara WRC 的设计有浓重的偏向性，在干燥、高速的柏油路上，赛车的转向反应灵敏，在出弯时候的指向性相当高，有效帮助车手在不长的特殊赛段中抢占时间。

（4）富士 Impreza WRC（1997 年，见图 7-27）。这辆倾富士“厂力”发展的 WRC 赛车，使传统的四驱系统和独特的水平对置发动机，完全得到“赛车化”升级，并配合了扰流效果很好的空气动力学部件。Impreza WRC 在复合性的路面有很强势的表现，尤其是在赛车前后重量分布上很出色，重心较低的发动机提高了弯中的稳定性。

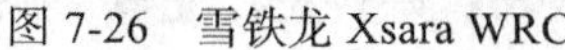
图 7-26　雪铁龙 Xsara WRC

图 7-27　富士 Impreza WRC

（5）奥迪 Quattro（1982 年，见图 7-28）。作为历史上最为著名拉力赛车，奥迪 Quattro 适应性很高的四驱动系统让很多人对驱动技术有了重新认识，它赛道表现快得惊人，只是有整套四驱系统对于当时来说过于复杂和过重，才导致后来发展的止步，但一点也无碍它成为经典。

（6）福特 RS200（1985 年，见图 7-29）。福特一直热衷于 WRC 赛事，RS200 和 Escort 都是经典的赛车。RS200 为 B 组规格，中置发动机四轮驱动，最大功率达到 367.6kW。而其民用版本限量生产，有 147kW、221kW 和 367.6kW 3 种功率输出供选择，由于数量很少，因此成为收藏家们追求的车型。RS200 造型独特却不夸张，当年其综合实力相当强悍，备受称赞。

图 7-28　奥迪 Quattro

图 7-29　福特 RS200

7.2.3　世界汽车耐力锦标赛——勒芒大赛

世界汽车耐力锦标赛包括了勒芒大赛、摩纳哥大奖赛、美国印地大奖赛等久负盛名的汽车大赛。勒芒大赛是其中最具代表性的。

勒芒（Le Mans）位于法国巴黎西南约 200km 处，是一个人口约 20 万的商业城市。这个小城市能够闻名于世界，主要是因为自 1923 年开始（1936 年、1940—1948 年除外），每年 6 月举行的被称为最辛苦、最乏味的单项赛事——“勒芒 24 小时耐力赛”。该赛道是将当地的高速公路和街区公路封闭成一个环形线路线。单圈长 13.5km，沥青和水泥路面，比赛一般从第一天的下午 4 点开始，一直持续到次日的下午 4 点，历时 24h。

参加世界汽车耐力锦标赛（World Endurance Championship）的车型主要是 C 组运动原型（Sport Prototype）车。此种车可乘 3 人，轮流驾驶。

勒芒大赛在世界上是最负盛名的，因为一般耐力赛只有 500～1 000km，而勒芒约 5 000km。不管勒芒的赛道多么艰险，也不管历史上发生过多少悲剧，每届勒芒大赛都在 6 月份如期举行。一些汽车厂家不惜耗巨资（数百万美元），想在大赛中取胜，谁也不肯轻易放过利用这项大赛来提高公司声誉的机会。

勒芒大赛对车手是个极大的考验，赛制规定每辆赛车只准 3 名车手轮番驾驶，每人连续驾驶时间不超过 4h，主车手总驾驶时间不超过 14h。很多著名的赛车手对勒芒大赛刮目相看。4 次获得勒芒大赛冠军的法国车手波斯卡科洛说："如果不打算参加勒芒车赛，就不能算是一个真正的赛车手。"波斯卡科洛的搭档，老牌赛车手沃森与他的观点并不完全一样。他说，"我觉得参加勒芒大赛是与你理智的判断相违背的。"印第车赛的老手科根说："一般来说，赛车手们并不过于害怕这项运动的危险，即使担心，也不是在他们坐在车内进行比赛的时候，勒芒确实有点不寻常，并不是因为车速太快，而是高速行驶持续的时间太长，好像是没完没了似的，这就使你有时间去想那些本不该想的事情。到了夜里又完全相反，我的脑子完全发木了，因为我已经被吓得灵魂出窍了。"德国著名车手路德温格不加掩饰地说；"尽管我已经 3 次取得过勒芒的冠军，但我仍然痛恨这个地方！这纯粹是轮盘赌。"勒芒大赛既像磁石一样吸引着赛车手，又像恶魔一样令人望而生畏。

勒芒环形跑道中，其中绝大部分是封闭式的公用高速公路，赛车在其 2/3 的路段上时速达 370km/h 左右，C 组车一般只用 3min 左右的时间就能跑完一圈的路程。在跑道上有一段约 6km 的直路，赛车在这段路上飞速驶过，速度达到 390km/h。车手们在 24h 的比赛中，在这段路上行驶要用 6h，紧张得令人感到窒息，稍有疏忽，后果不堪设想，当然这段路对车辆也同样是最严酷的考验。

尽管勒芒汽车大赛危险重重，但是由于它是世界上最重要的比赛之一，同时由于这项比赛给车手们的分数相当于其他世界竞标赛的 3 倍，因此不断地吸引着越来越多的赛车手来参加。

由于勒芒耐力赛是全球各种耐力赛时间最长的比赛，而且选手驾车在同一环行赛道上要不停地转上 350 多圈，比赛显得单调、乏味。不论车手、维修人员还是观众，在下半夜的时候都会变得疲惫不堪，因此这场比赛被称为最辛苦、最乏味的比赛。大多数观众是带着宿营车或帐篷前来观战的，赛场周围还有设施齐备的餐饮、娱乐和休闲场所，以及销售仿制的各大车队服装、帽子的铺位。观众可以在餐厅里一边吃着可口的食物，一边观看窗外时速达到 300km/h 的赛车飞驰而过。

7.3 赛车运动的魅力

汽车比赛已成为世界人民喜爱的一项运动。1925 年 7 月 12 日，在德国慕尼黑举行的第一次老式车拉力赛上，81 岁高龄的卡尔·本茨驾驶着他发明的三轮汽车参加了比赛，可见赛车运动的魅力。

F1 汽车锦标赛是全世界最引人注目的赛车运动。从 1950 年在英国银石赛场开始的 F1 汽车锦标赛，到 2004 年为止已举办了 55 年，总共进行了 1 600 多场的比赛，比赛地点覆盖了五大洲十几个国家，近年来每站吸引超过 3.6 亿多人通过电视转播观赏。赛车运动具有如下魅力：

1. 改善汽车的性能

汽车比赛有助于改善汽车的性能。汽车诞生百余年来，汽车技术得以不断发展的原因在很大程度上是根据各式各样汽车比赛所做的大量试验，不断进行改进的结果。赛车场是汽车技术创新的“试验田”。汽车赛可以作为试验汽车新构造、新材料等的重要手段。在比赛中获胜的赛车往往就是制造厂日后生产新车型时参考的样板。

2. 强化的道路试验

汽车赛实质上是一种强化的道路试验。F1 赛车的最高车速能达到 350km/h，汽车赛能够使汽车的所有零部件都处于最大应力状态下工作，将正常使用条件下几年后才能出现的问题在短短的几个小时之内就能暴露出来，节省了大量的时间。

3. 动态车展

汽车赛可喻为动态车展。F1 现在每年举行 16～18 场，分站赛场遍布全世界。赛车是先进技术的结晶。今天，在汽车大赛中推出的每一部新型赛车，都代表着一家汽车公司甚至一个国家在汽车方面的新技术水平。目前，F1 赛车发动机最大功率达到 669kW（910 马力），最高转速为 19 000r/min。高转速、大功率的 F1 赛车发动机所需要的零部件都需要采用高强度、质量小的特殊合金材料，因此 F1 赛车发动机造价惊人，不含研发费用，每台可高达 15 万美元。赛车底盘的许多部件都是由碳复合材料制成的，这种材料结合了强度高和质量小的优点。轮胎也是 F1 赛车的重要部件，目前为 F1 赛车提供轮胎的公司只有普利司通和米其林两家。F1 赛车外形是空气动力学的杰作，是在非常精密的风洞中进行数千次试验的结果。赛车展示了尖端汽车技术。

4. 最佳广告

汽车赛是生动真实的广告。一次组织得好的汽车赛，尤其是国际性高水平大赛，能够吸引上亿的观众（包括电视观众）。在比赛中获胜的赛车和车队可以为汽车制造商和比赛赞助商提供最佳广告宣传，可以促进产品销售，为企业带来巨大的经济利益。正因如此，许多车队才高薪征聘优秀车手。大的实业公司才慷慨解囊赞助大型车赛。汽车商和赞助商每年在 F1 上的总投入超过 10 亿美元。赞助商头号巨子要数万生产万宝路香烟的菲利甫·莫里斯公司，每年赞助费高达 1.7 亿美元。

5. 促进汽车大众化

汽车赛促进了汽车大众化。除职业性汽车比赛外，世界各地的汽车爱好者们还自行组织一些小型的汽车比赛，这对汽车工业的发展有着另外一层意义。许多地方性的汽车俱乐部，联系着成千上万名汽车运动爱好者，其广泛性和群众性是汽车大赛所无法比拟的，地方汽车俱乐部组织的汽车赛招揽大量参赛者和现场观众，通过比赛掀起了一阵阵汽车热，使越来越多的人被汽车所吸引，传播了汽车技术，扩大了汽车爱好者队伍，培育了潜在的汽车制造、使用、维修方面的人才和汽车市场。汽车赛使许多人成为汽车迷。

6. 集人与车为一体的综合较量

汽车赛是集人与车为一体的综合较量。与其他体育运动相比，赛车运动不仅是车手个人技艺、意志和胆量的竞争，而且是汽车设计、产品质量的角逐，这种独具特色的双重性运动，更能体现人类精英与高新科技最完美的结合，体现人类对自然的征服能力。

汽车赛是车战、商战、金融战，还是科技战？怎样说也不过分。它那丰富而又复杂的内涵超过了世界上任何一项体育运动。总之，具有高科技产品的汽车公司作后盾，有顶尖赛车高手，拥有雄厚经济实力的大企业集团的资助，再加之热衷赛车运动的人们的积极参与，这就是赛车运动能够经久不衰的关键所在。

复习思考题

1. 什么是F1大赛？F1具体有哪些特点？
2. 简单介绍F1赛车的主要性能特点。
3. 什么是WRC？WRC具有哪些特点？
4. 勒芒24小时耐力赛有什么特点？

故事赏析

穷小子变大富翁——舒马赫的故事

舒马赫的童年是在一个叫许尔特的小镇度过的。舒马赫的父亲是工匠，也是一个卡丁车赛车场的负责人。

卡丁车是世界上最小的赛车。贪玩的舒马赫逐渐对这样的比赛感兴趣。他的第一部卡丁车是没有引擎的，他要像蹬自行车那样让它前进。可是，父亲发现儿子真是十分喜欢那辆卡丁车，于是将一台旧摩托车的引擎拆下来装上。儿子在住房附近开着这辆卡丁车四处闯荡，直到有一天他出了第一次车祸——撞到了羊圈的柱子上。父亲感到要给儿子找一个安全的地方开车了，他在当地的卡丁车俱乐部给儿子登记注册。舒马赫在回忆起那些日子时津津乐道："开车到处乱闯，又是侧滑，又是打转……我当时真是太开心了。"

舒马赫从那时起就展露了自己的赛车天赋，6岁就成了当地卡丁车俱乐部冠军。当时，舒马赫使用的赛车是父亲用别人抛弃的旧赛车拼凑起来的；而且，由于当时他身材矮小，脚挨不到踏板，父亲还特地将车身锯短。在舒马赫的家庭中，舒马赫参加比赛已经成为头等大事。

舒马赫11岁时，父母带他到比利时观看卡丁车世锦赛。在那次比赛中，舒马赫首次看到巴西车手埃尔顿·塞纳驾驶赛车，塞纳比赛时的疯狂给他留下了很深的印象。塞纳成了他的偶像。舒马赫怎么也想不到，多年以后，那位少年时代的偶像变成他在F1中的敌人。

1980 年，舒马赫不断参加德国乃至欧洲的卡丁车锦标赛，并取得了不俗的成绩。接着问题就来了，由于参加赛车耗费大量的金钱，舒马赫的父亲已经无力支持他在比赛中继续获得好成绩。但此刻，舒马赫在许尔特已是家喻户晓的明星。第一位注意到舒马赫天分的人是尤尔根·德里克，他答应出钱购买舒马赫需要的一切配件。作为回报，德里克要拿走舒马赫取得的所有冠军奖杯。这是舒马赫首次与赞助商合作，赞助费通常是几百或几千美元。不到十年，大型企业赞助商为了能推销自己的产品，给他的赞助费是上百万美元。而现在，几百万美元对于舒马赫来说，也已经是小数目了。过去十几年他在 F1 赛场上积累的财富据保守的估计至少已超过 4.5 亿英镑，这还不包括他从其他商业行为中所赚取的酬劳。

舒马赫平静地面对名和利，除了看得到的财富，舒马赫这个名字的影响力也是惊人的，不管他走到哪儿，都有大批的追随者。但舒马赫却深深为此苦恼。成为名人后，舒马赫更喜欢待在他在瑞士的家。每次他在比赛结束后，都会驾驶着租来的价值 5 000 万马克的飞机回到家中，与妻子科琳娜在一起。舒马赫的私生活一直很检点，他的家庭观念十分传统，连他和妻子的合影都很少有媒体能够抓拍到。舒马赫对于疯狂的车迷并不感冒：“我并不是无所不能的神，尽管我热爱我的车迷，但他们不必将我围得水泄不通。”正如他自己所说，舒马赫不是神。尽管在比赛中他经常把法拉利赛车开到 360km/h 的极速，但他也不是对所有的高速运动都在行。有一次，为了给欧米茄手表做广告，舒马赫坐在了时速仅为 135km/h 的雪橇里，事后他承认，当时他的双腿在发抖。但舒马赫并不惧怕死亡：“如果事故发生了就顺其自然，那时你无法保护自己，生死有命，当它要结束时就结束吧。”或许正是他的这种大勇成就了 F1 车坛上的一个神话。

第 8 章

新能源汽车及智能汽车

学习目标

- 了解新能源汽车的类型
- 了解电动汽车的种类
- 了解混合动力汽车的特点
- 了解串联式与并联式混合动力汽车的特点
- 了解智能汽车

8.1 新能源汽车

汽车的发展主要以地球上有限的石油资源为基本前提。不难想象，随着地球上人口的增长，资源消费也不断地增加，石油资源总有一天会枯竭，而且燃油发动机汽车本身也存在很多弊病，特别是排放的废气污染环境、影响人类健康。尽管在这方面内燃机汽车进行了很大的改进，并取得了突出的成效，但它依然满足不了人们对汽车在环保方面的要求。20 世纪 90 年代以来，世界各国对改善环境的呼声日益高涨，各国都投入大量资金研发环保汽车，利用一些新能源来代替燃油。如今各种各样的新能源汽车纷纷出台，主要有电动汽车、燃气汽车、太阳能汽车、醇燃料汽车等。

8.1.1 电动汽车

电动汽车（Electric Vehicle，EV）利用蓄电池存储的能量使电动机转动，并将转动力传递给车轮，驱动车辆行驶。电动汽车和内燃机汽车一样历史悠久，它诞生于 19 世纪 70 年代。1873 年，英国人罗伯特·戴维森研制成功第一辆具有实用价值的用蓄电池驱动的电动车，但电动车没有能够得到发展，无法与汽油车竞争，因为当时蓄电池能量密度低、使用寿命短、充电时间长，每一次充电后行驶路程太短，而汽油车轻便、快捷、舒适、一次加油能连续行驶 400～500km，所以人们越来越喜欢汽油汽车。尽管如此，电动车的生命力并未就此结束，人们对它的研究实验活动从没有停止过。事实上电动车在很多领域得到广泛应用，如电动叉车，机场、码头、车站、仓库用的电动车，拖车，残疾人用车，观光车等。

近年来人们所关注的电动汽车和早期的电动车有所不同，它是指从车载电源获取电力，以电动机驱动行驶，同时满足道路交通安全法规等各项要求的电动汽车。现代电动汽车与普通电动车是有区别的，它能在道路上快速而机动地行驶。

现代电动汽车是全部或部分由电能驱动电动机作为动力系统的汽车，它包括纯电动汽车、混合动力汽车和燃料电池汽车 3 种类型。

1. 纯电动汽车

（1）电动汽车的组成。电动汽车由电力驱动及控制系统、驱动力传动系统等组成。电力驱动及控制系统是汽车的核心，也是区别于内燃机汽车最大的不同点。电力驱动及控制系统由电源、驱动电动机和电动机的调速控制装置等组成。电动汽车的其他装置基本与内燃机汽车相同。

① 电源。电源是为电动汽车的驱动电动机提供电能的装置。目前，电动汽车上应用最广泛的电源是铅酸蓄电池，但随着电动汽车技术的发展，铅酸蓄电池由于其能量较低、充电速度较慢、寿命较短，逐渐被其他蓄电池所取代。正在发展的电源主要有钠硫电池、镍铬电池、锂电池、燃料电池、飞轮电池等，这些新型电源的应用，为电动汽车的发展开辟了广阔的前景。

② 驱动电动机。驱动电动机的作用是将电源的电能转化为机械能，车手转动力矩，通过传动装置驱动汽车车轮。目前电动汽车上广泛采用直流串激电动机，这种电动机具有“软”的机械特性，与汽车的行驶特性非常相符。但直流电动机存在换向火花、比功率较小、功率较低、维护保养工作量大等缺点，随着电动机技术和电动机控制的发展，它势必将逐渐被直流无刷电动机（Brushless Direct Current Motor，BDCM）、开关磁阻电动机（Switched Reluctance Motor，SRM）和交流异步电动机所取代。

③ 电动机调速控制装置。电动机调速控制装置的作用是控制电动机的电压或电流，以控制电动机转矩大小和旋转方向，是为电动汽车的变速和方向变换设置的。

④ 传动装置。电动汽车传动装置的作用是将电动机的驱动转矩传给汽车的驱动轴，当采用电动机驱动时，传动装置的多数部件常常可以忽略，如离合器、变速器、差速器等。因为电动机可以带负载起动，所以无须变速器中倒挡。当采用电动机无级调速控制时，电动汽车可以忽略传统汽车的变速器。

⑤ 行驶装置。行驶装置与一般汽车的构成相同，由车轮、轮胎和悬架等组成。行驶装置的作用是将电动机的驱动力矩通过车轮变成地面的作用力，驱动车轮行走。

⑥ 转向装置。电动汽车转向装置的作用和结构与普通汽车相同，有机械转向、液压转向和液压助力转向等类型，目前还出现了电子控制的液压助力转向。

⑦ 制动装置。制动装置的作用是使汽车迅速减速或停车，通常由制动器及其操纵装置组成。与普通汽车不同的是，在电动汽车上，一般还有电磁制动装置，它是一个利用汽车行驶的动能发电的发电机，使减速制动时的能量转换成对蓄电池充电的电流，从而得到再生利用。

（2）电动汽车的特点。

① 无污染，噪声低。电动汽车无内燃机汽车工作时产生的废气，不产生排放污染，对环境

保护和空气的洁净是十分有益的，有“零污染”的美称。电动机的噪声也较内燃机小。但是，使用电动汽车并非绝对无污染，例如，使用铅酸蓄电池作为动力源，制造、使用中要接触到铅，充电时产生酸气，会造成一定的污染。蓄电池充电所用的电力，在用煤炭作为燃料时会产生CO、SO_2、粉尘等，但它的污染较内燃机的废气要轻得多。

② 能源效率高，多样化。电动汽车的研究表明，其能源效率已超过汽油内燃机的汽车，特别是在城市运行时，汽车会走走停停，行驶速度不高，用电动汽车更加适宜。电动汽车停止时不消耗电量，在制动过程中，电动机可自动转化为发电机，实现制动减速时能量的再利用。另一方面，电动汽车的应用可有效地减少对石油资源的依赖，可将有限的石油用于更重要的方面。向蓄电池充电的电力可以由煤炭、天然气、水力、核能、太阳能、风力、潮汐等能源转化。除此之外，如果夜间向蓄电池充电，还可以避开用电高峰，有利于电网均衡负荷，减少费用。

③ 结构简单，使用维护方便。电动汽车较内燃机汽车结构简单，运转、传动部件少，维修保养工作量小，当采用交流感应电动机时，电动机无须保养维护，更重要的是电动汽车易操作。

④ 动力电源使用成本高，续驶里程短。

2. 混合动力汽车

混合动力汽车（Hybrid-Electric Vehicle，HEV）弥补了纯电动汽车的不足，它将电池和汽油内燃机共用，既克服电动汽车行驶里程短的缺点，又减少排放污染。

（1）混合动力汽车的组成。混合动力汽车由小排量燃油发动机、发电机、电池组、驱动电动机、控制器和电器设备等组成。图8-1所示为混合动力汽车的基本组成。

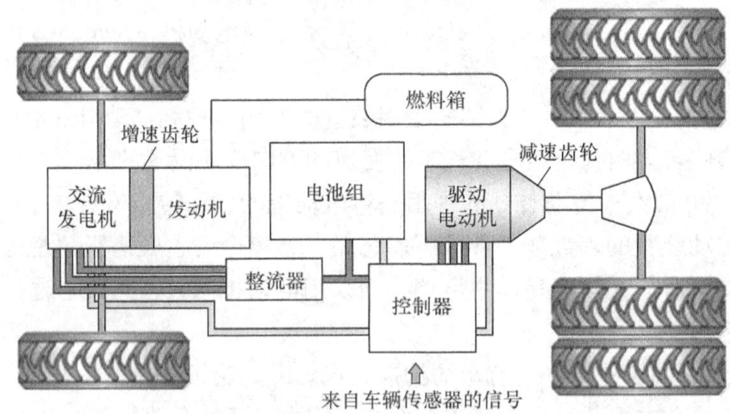

图8-1 混合动力汽车组成

（2）混合动力汽车的工作特点。在日常行驶过程中，电脑根据实际情况选择最佳油—电工作模式工作。在市区慢速行驶时，靠电动机提供动力，停车等待时甚至连电动机也停止工作，不消耗动力，而电动机起动快、扭矩大的优点正适合城市走走停停的使用。只有在蓄电池快耗尽时发电机才会工作，但此时发动机只为蓄电池充电，燃油消耗特别少。在高速公路巡航行驶时，系统会关闭电动机只选择发动机工作。此时发动机处于连续工作状态，燃油经济性最佳，加上混合动力选用的发动机是小排量，所以比一般汽油更省油。加速时电动机与发动机联合工作，加速性能相当出色。当踩下制动踏板进行减速时，系统会把多余的动能转化为电能储存到蓄电池中。

（3）混合动力汽车的优点。发动机持续工作时间长，动力性好，而电动机无污染、低噪声，二者可取长补短，汽车的热效率可提高10%以上，废气排放可减少30%以上。

（4）混合动力汽车的类型。混合动力汽车按照能量合成的形式主要分为串联式、并联式和混联式3种。

① 串联式混合动力汽车。串联式混合动力汽车主要由发动机、发电机、驱动电动机和蓄电池组等部件组成。发动机仅仅用于发电，发电机所发出的电能供给电动机，电动机驱动汽车行驶。同时，发电机发出的部分电能向电池充电，延长混合动力电动汽车的行驶里程。另外，电池还可以单独向电动机提供电能来驱动汽车，使混合动力汽车在零污染状态下行驶。

负荷小时由电池驱动电动机带动车轮转动，负荷大时则由发动机带动发电机发电驱动电动机，如图8-2所示。

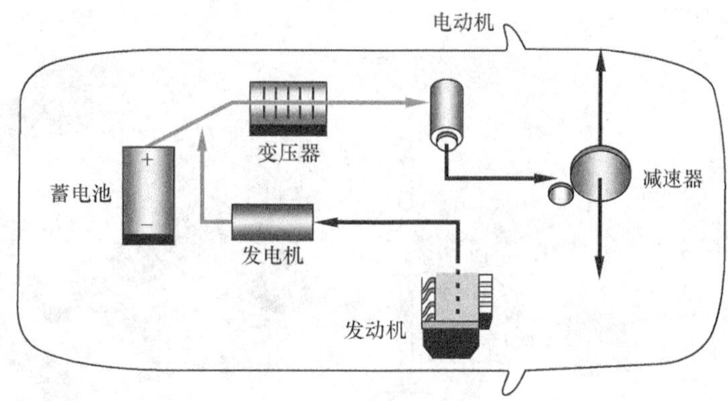

图8-2　串联式驱动系统

当串联式混合动力汽车处于起动、加速、爬坡的工况时，发动机—发电机组和电池组共同向电动机提供电能；当串联式混合动力汽车处于低速、滑行、怠速的工况时，则由电池组驱动电动机，发动机—发电机组向电池组充电。这种串联式混合动力汽车不管在什么工况下，最终都要由电动机来驱动车轮。电池充电和放电电流的大小由控制器根据电动机驱动功率的变化情况进行控制。

串联式混合动力汽车具有如下性能特点。

- 发动机工作状态不受汽车行驶工况的影响，始终在其最佳的工作区域内稳定运行，因此，发动机具有良好的经济性和较低的排放指标。
- 由于有电池进行驱动功率"调峰"，发动机的功率只需满足汽车在某一速度下稳定运行工况所需的功率，因此可选择功率较小的发动机。
- 发动机与驱动桥之间无机械连接，因此，对发动机的转速无任何要求，发动机的选择范围较大。
- 发动机与电动机之间无机械连接，整车的结构布置自由度较大。
- 发动机的输出需全部转化为电能，再变成驱动汽车的机械能，需要功率足够大的发电机和电动机。
- 既要起到良好的发电机输出功率平衡作用，又要避免电池出现过充电或过放电，就需要较大的电池容量。

● 发电机将机械能量转变为电能、电动机将电能转化为机械能、电池的充电和放电都有能量损失，因此发动机输出的能量利用率比较低。

串联式混合动力汽车发动机能保持在最佳工作区域内稳定运行这一特点的优越性主要表现在低速、加速等运行工况，而在汽车中、高速行驶时，由于其电传动效率低，抵消了发动机耗油低的优点，因此串联式混合动力汽车更适用于在市内低速运行的工况。在繁华的市区，汽车在起步和低速时还可以关闭发动机，只利用电池进行功率输出，使汽车达到零排放的要求。

② 并联式混合动力汽车。并联式混合动力汽车的组成和串联式基本相同，但它没有单独的发电机，电动机既可以作为电动机又可以作为发动机使用，又称为电动机—发电机组。它是发动机和电动机以机械能叠加的方式驱动汽车，发动机与电动机分属两套系统，可以分别独立地向汽车传动系统提供扭矩，在不同的路面上既可以共同驱动又可以单独驱动，如图 8-3 所示。

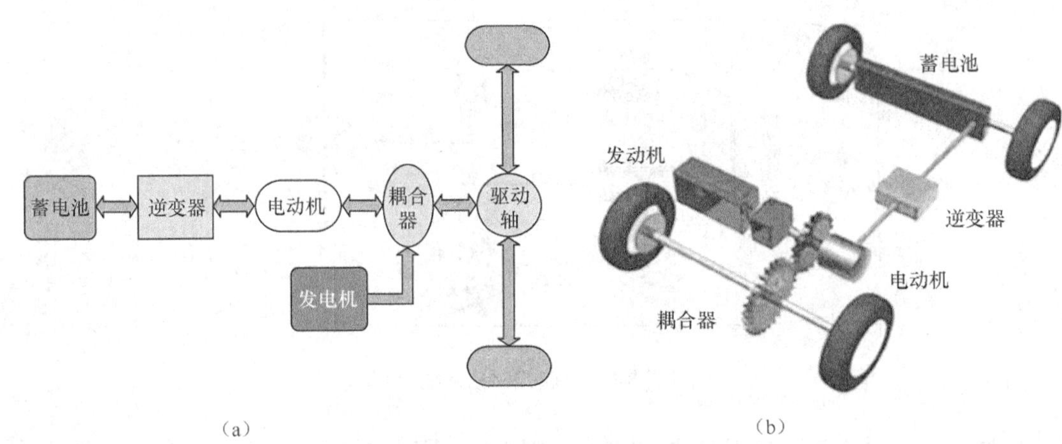

图 8-3 并联式驱动系统

由于没有单独的发动机，发动机可以直接通过传动机构驱动车轮，因此该装置更接近传统的汽车驱动系统，并得到比较广泛的应用。

并联式混合动力汽车具有如下性能特点。

● 并联式混合动力汽车的燃油经济性比串联式的要好。发动机通过机械传动机构直接驱动汽车，无机电能量转换损失，因此发动机输出能量的利用率相对较高，当汽车的行驶工况使电动机在其最佳的工作范围内运行时，并联式的燃油经济性比串联式要好。

● 有电动机进行“调峰”作用，发动机的功率也可适当减小。

● 当电动机只是作为辅助驱动系统时，功率可以比较小。

● 比较小的电池容量即可满足使用要求，因为有发电机补充能量。

● 发动机的排污比串联式的高。因为并联式驱动系统的发动机运行工况要受汽车行驶工况的影响，因此在汽车行驶工况变化较多、较大时，发动机就会比较多地在其不良工况下运行。

● 并联式驱动系统的传动结构较为复杂。由于发动机与驱动桥之间直接机械连接，需要通过变速装置来适应汽车行驶工况的变化，此外发动机与电动机并联驱动，还需要动力复合装置，因此并联式驱动系统的传动机构较为复杂。

并联式驱动系统最适合于汽车在中、高速稳定行驶的工况。而在其他的行驶工况，由于发动机不在其最佳的工作区域内运行，发动机的油耗和排污指标不如串联式。并联式混合动力汽车也可实现零排放控制，在繁华的市区低速行驶时，可通过关闭发动机和使离合器分离，使汽车以纯电动方式运行，但这样就需要功率足够大的电动机，所需的电池容量也相应要大。

③ 混联式混合动力汽车。混联式混合动力汽车驱动系统由发动机、发电机、电动机、电池组、控制器等组成，是串联式与并联式的综合，如图 8-4 所示。

发动机发出的功率一部分通过机械传动输送给驱动桥，另一部分则驱动发电机发电。发电机发出的电能由控制器控制，输送给电动机或蓄电池，电动机产生的驱动力矩通过动力复合装置传送给驱动桥。

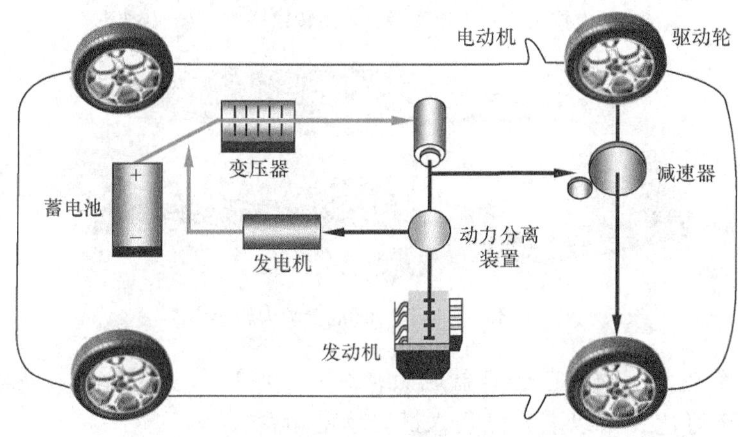

图 8-4　混联式驱动系统

混联式驱动系统的控制原则是在汽车低速行驶时，驱动系统主要以串联方式工作；当汽车高速稳定行驶时，则以并联工作方式工作为主。

混联式驱动系统的结构形式和控制方式充分发挥了串联式和并联式的优点，能够使发动机、发电机、电动机等部件进行更多的优化匹配，从而在结构上保证了更复杂的工况下使系统工作在最优状态，因此更容易实现排放和油耗的控制目标。

与并联式相比，混联式的动力复合形式更复杂，因此对动力复合装置的要求更高。目前的混联式结构一般以行星齿轮作为动力复合系统的基本架构。

图 8-5 所示为丰田公司 Prius 混合动力轿车驱动系统的结构示意图，它的驱动系统被公认为是目前最成功的系统。一方面，它将发动机输出的动力，通过动力分配机构分解为发电机的驱动力和车轮的驱动力，发电机产生的电力一边供给驱动车轮的电动机，一边通过控制器把交流电转换成直流电给电池充电。电池又通过控制器把直流电转换成交流电为驱动电动机供电，以驱动车轮，此部分为串联。另一方面，尽管车轮是通过变速箱来驱动的，但在此驱动轴上还有发动机，可通过电动机来增加驱动力，此部分为并联。图 8-6 所示为丰田 Prius 混合动力轿车。

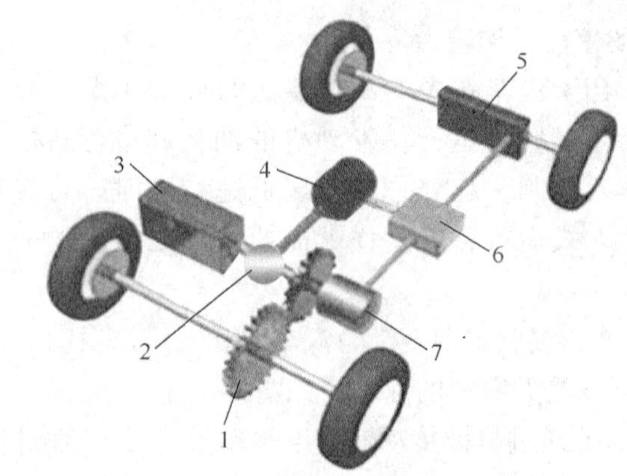

图 8-5 丰田 Prius 混合动力轿车驱动系统

1—减速齿轮 2—动力分配装置 3—发动机 4—发电机 5—电池
6—动力控制单元（逆变器、升压转换器） 7—电动机

图 8-6 丰田 Prius 混合动力轿车

混合动力汽车在发达国家已经日益成熟，有些已经进入实用阶段。我国自主开发的混合动力汽车节油率可达 30%以上，已投入试验示范运营。

对于 3 种不同形式的混合动力汽车，可根据不同的用途择优使用。如用于城市公交或出租汽车，可开发串联式混合动力汽车；若用于长途客货运输的汽车，则开发并联式的混合动力汽车较为合适；家庭用车或用途比较复杂的其他车辆，则用混联式混合动力汽车。

由于混合动力汽车仍然需要消耗燃油，且结构复杂，成本较高，混合动力型汽车只是一种过渡产品，一旦高能电池及快速充电问题得到解决，混合动力汽车最终将被纯电动汽车所取代。

3. 燃料电池汽车

（1）燃料电池汽车的发展。采用燃料电池作为电源的汽车称为燃料电池汽车（Fuel Cell Vehicle，FCV）。燃料电池的发明始于 1893 年，由英国人戈尔夫（W.R.Grove）发明，由于当时无法做到提高单位体积或单位质量的发电量（比容量）而没能得到实际应用。现在的燃料电池是 100 多年后由英国人布朗士・贝肯（Francis Bacon）总结和整理后发明的，并于 1952 年取得专利权。所以燃料电池又称贝肯电池。

燃料电池是一种将储存在燃料和氧化剂中的化学能通过电极反应直接转化为电能的高效率发电装置。燃料可以是氢气、甲醇、石油气、甲烷及其他能分解出氢的烃类化合物。目前大多数燃料电池汽车使用压缩氢气或液化氢气作为燃料。

图 8-7 所示为本田汽车公司开发的燃料电池汽车 FCX。

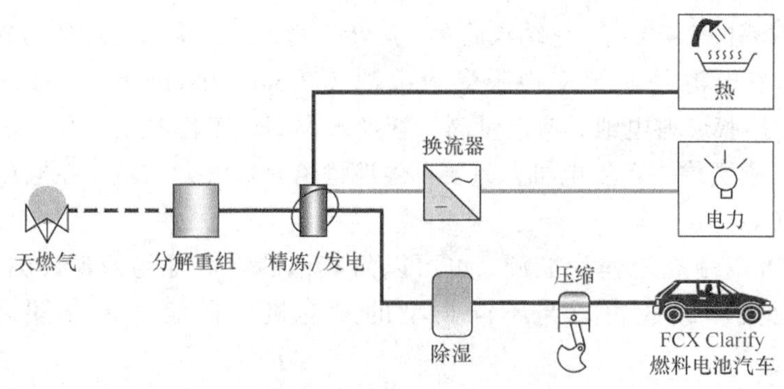

图 8-7　本田燃料电池汽车 FCX 和原理

燃料电池的原理：氢通过氢极（负极）接触电解液，从而分解为氢离子和电子。电子向氧极（正极）方向流动，产生出一个单独的电流。氢离子通过电解液、氧极而与氧和电子结合生成水。此流程不断持续，同时产生电、水和热量。

燃料电池最初在太空飞船上使用。1965 年，美国通用电气公司开发了 1kW 的固体燃料电池并搭载在太空飞船双子星五号（Germini Five）上，次年美国科技公司（UTC）开发的碱性燃料电池搭载在太空飞船阿波罗号上。燃料电池用于太空飞船的好处在于发电的同时可以获得水，而水对于太空飞船是非常珍贵的。

汽车用燃料电池的开发虽然在 1960 年前后就有，但真正大规模开发是在 1991 年，当时的美国总统布什提出国家能源战略，并根据这一战略制定了有关法律，推荐使用零排放、高效率的甲醇燃料电池，并督促政府能源机构促进开发与研究。通用公司成为客车燃料电池开发计划的主体，于 1997 年完成了实际车辆的试验。与此同时，其他国家各大公司也不甘落后，纷纷推出燃料电池汽车，如通用、福特、马自达、现代、日产、雷诺和大众等。

（2）燃料电池汽车的组成。燃料电池汽车系统由燃料箱、燃料电池、电池组、控制系统、驱动系统组成，如图 8-8 所示。

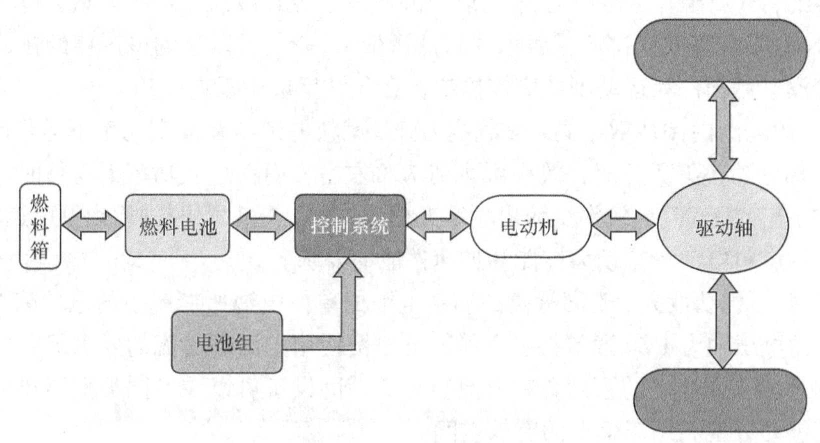

图 8-8　燃料电池汽车系统

燃料电池工作的过程不像内燃机那样涉及剧烈的燃烧，它不经历过程，不受热力循环限制，故能量转换效率高，燃料电池的化学能转换效率在理论上可达 100%，实际效率已达 60%～80%，

是普通内燃机热效率的 2～3 倍。它结构简单、运转平稳，大大优于传统的内燃机。现在应用于电动汽车中的燃料电池是质子交换膜燃料电池（Proton Exchange Membrane Fuel Cell，PEMFC）。质子交换膜燃料电池具有能量高、转换效率高、工作温度低等良好性能。燃料电池不同于传统电池，它更像一台发电机，只要不停地输给它氢气，它就会在电和热的形式中产生能量，不停地工作。

燃料电池组可以独立地作为能源，也可以与其他的蓄电池组或储能器共同组成“双电源”的燃料电池汽车，还可以与不同类型的发动机共同组成混合动力燃料电池汽车（FCHEV）。

（3）燃料电池汽车的优点。

① 热效率高。用碳氢化合物燃料经过改质器改质，并经过燃料电池将化学能转变为电能，然后再通过电动机和驱动系统驱动的车轮，其综合效率可达到 34%。而内燃机的综合效率约为 11%，仅为燃料电池的 1/3。热效率高是燃料电池突出的优点，热效率高意味着燃料电池汽车比内燃机汽车更加节能。

由于氢气运输不方便，所以有时采用以液体甲醇、汽油等形式装载在汽车上，需要时从甲醇或汽油中经过改质器提取氢气。

改质方式有水蒸气催化改质和部分氧化改质两种方式。

水蒸气催化改质方式使用得最多，它是让甲醇与水同时蒸发，加热至 250℃～400℃，在改质器内的催化剂作用下发生如下反应：

$$CH_3OH+H_2O \rightarrow 3H_2+CO_2$$

部分氢化方式是改质器内 600℃左右的甲醛或者 900℃左右的汽油和空气进行局部加热反应，得到氢气：

$$2CH_3OH+O_2 \rightarrow 4H_2+2CO_2$$

② 零污染或超低污染。采用以氢气为燃料的燃料电池，燃料经过化学反应后所产出的废物只有水，其排放废气属于“零污染”。采用以甲醇或汽油经过改质后产生氢气，也只有极少数的 CO、HC 和 NO_x 等有害气体排放，属于“超低污染”，完全可以达到最严格的排放标准要求。燃料电池本身没有运动件和运动副的摩擦损耗，在化学反应中没有噪声。

③ 在宽广的范围内保持效率高、过载能力强。燃料电池组在额定功率下运行时，效率可达到 60%左右，部分功率下运行时，效率可达到 70%左右，而在过载功率下运行时，效率可达到 50%～55%。功率范围宽广，效率受输出功率变化影响小，短时间的过载能量可达到 200%，可满足各种类型的燃料电池汽车动力性能和加速性能的要求。

④ 配置灵活、机动性大。不同种类的燃料电池的单体电池所能产生的电压略有不同，单体电池所能产生的电压约为 1V。通常将多个单体电池按使用电压和电流的要求组合成为燃料电池组，有利于组合成不同功率的系列燃料电池组。其辅助设备可以在不同类型燃料电池汽车上灵活地配置，能够充分地利用车辆上的有效空间。

⑤ 充分利用现有服务设施。与其他电池所不同的地方是燃料电池汽车的续驶里程可以与内燃机汽车一样，只取决于燃料电池汽车燃料箱所装载的燃料（氢气或甲醇、汽油等）的多少。特别是以甲醇或汽油作为燃料时，燃料的装载方法与内燃机汽车也相似，在几分钟内即可加满所需的燃料，可以充分利用现有内燃机汽车的加油站的现成设备和服务体系。

（4）燃料电池汽车的缺点。

① 辅助设备复杂。以甲醇或汽油为燃料的燃料电池汽车，甲醇或汽油等燃料通过改质器进行改质后，除产生氢气外还有少量的 CO、CO_2、HC 和 NO_x 等气体混杂在氢气中，其中 CO 会使催化剂“中毒”而失效，在 H_2 进入燃料电池组之前，必须采用净化装置对 CO、CO_2 和 NO_x 进行分离处理，因而增加了结构和工艺的复杂性。由于甲醇或汽油在改质过程中会产生热量，因此还需要对改制系统进行热的控制和管理。

② 辅助设备重、占用体积大。目前燃料电池汽车大多数是采用氢气作为燃料，但氢气的制取、储存、运输和灌装还没有实现规模化，安全保护要求高，采用氢气作为燃料需要特种储存罐（高压、低温和防护），罐体体积大，占用空间大。目前使用成本也很高，给燃料电池汽车的使用带来不便。

在采用甲醇、汽油等燃料的燃料电池系统中，需要通过改质器对甲醇、汽油等燃料进行改质后才能制取氢气。目前带改质器、净化器和辅助装置的燃料电池汽车，在质量和体积上都较大，还必须进一步解决甲醇燃料电池的改质器、净化器和辅助装置的小型化和轻量化的问题。

③ 起动时间长，系统耐震动能力需进一步提高。采用甲醇或汽油等作为燃料时，需要通过改质器进行改质，一般需要 10min 以上才能产生足够的氢气，比内燃机起动的时间长得多，影响车辆的机动性。燃料电池发动机系统包括燃料电池本身和各种辅助设备，在车辆受到震动或冲击时，各种管道的连接处会发生氢气泄漏，降低了氢的利用率和影响燃料电池的效率，严重时还会引起氢气燃烧事故。由于要求严格的密封，燃料电池的制造工艺复杂，并给使用和维护带来困难。

燃料电池系统在公共交通领域使用比较可行，因为全球许多国家均支持燃料大客车项目。除城镇地区便于建设集中燃料供应基础设施外，大客车中有较多的空间利于安装燃料电池，同时其质量限制要求较低也是一个有利因素。

随着燃料电池制造成本的下降，加氢站建设步伐的加快，制氢和储氢技术的不断进步，氢能的广泛利用和燃料电池车的商业化必将很快来到。

8.1.2 太阳能汽车

太阳能汽车由于其零污染、能源用之不竭，因此被人们称为“未来汽车”。

人类最早直接利用太阳能是在距今两千多年前的周代，利用凸面镜聚集太阳光取火。随着现代生物学的发展，人们利用太阳能烧水、煮饭、采暖、制冷、发电等。世界上第一个太阳能电池是 1954 年制造的。太阳能电池有硅电池、硫化镉电池等，其中硅电池较为常用。硅电池有圆形、半圆形和长方形的，关键部分是一个小小的硅片，如纸一样薄。它一面均匀地掺进一些硼；另一方面均匀地掺进一些磷。然后在薄片两面装上电极，这就是硅太阳能电池。

如果只装太阳能电池板的汽车，当太阳射到车身上的太阳能电池板时，光电转换，立即产生直流电，供给直流电动机运转，驱动汽车行驶。由于没有蓄电池，这种汽车在无光照射时，就不能行驶。如果要使汽车在阴天或夜间也能行驶，还必须将太阳能电池板和蓄电池配合使用。在阳光照射时，太阳能电池板产生的电能，一部分提供给电动机，使是汽车行驶；另一部分给蓄电池充电，这样，当没有阳光时蓄电池就放电供给电动机，使汽车行驶。

和传统的汽车不同，太阳能汽车已经没有发动机、地盘、驱动、变速箱等构件，而是由电池板、蓄电池和电动机组成，只要控制流入电动机的电流就可以解决汽车的行驶问题。全车主

要有 3 个技术环节：一是将太阳能转化为电能；二是将电能储存起来；三是将电能最大限度地发挥到动力上。

有人说太阳能汽车形似“UFO”，这是由于太阳能汽车首先要解决的是把太阳能转为电能，这就需要电池板和太阳光有一个大的接触面，而且太阳光越是直射，其转化率越高，所以一般将太阳能汽车做成扁平状（见图 8-9）。有的将太阳能电池板做成活动式的，可以变换倾斜角度，跟踪太阳，以便采集更多的阳光；有的将车身做成流线型，电池板固定在车身上，使空气助力减到最小，同时也使采集阳光的面积最大。它们各有所长，都是为了使太阳能汽车开得更快、行驶里程更长。

图 8-9　太阳能汽车

另外一个原因是现有的技术有限，车体要减轻质量，这样太阳能汽车才能跑得更好。还有一个原因是世界各地每年都要举行规模很大的太阳能汽车赛，而每一项赛事对车都有不同的要求，包括它的长度、宽度，每个参赛人都要按照有关标准进行车身设计，所以多数太阳能汽车力图做得车体轻、风阻小而又有个性，这就形成了各种古怪的样子。

按用途分，太阳能汽车可分为赛车和实用车两类。但由于蓄电池的能量有限，在无太阳的情况下，连续行驶里程有一定的限制，且太阳能电池成本目前还太高，造价昂贵、承载能力差，所以太阳能汽车在现阶段还无法普及。

图 8-10 所示为菲亚特 2008 年发布的一款小车 Fiat Phylla，它的 4 个车轮内都有电动机，由可充电锂电池供电，而车顶、车窗和车门上都有太阳能电池板，时刻为电池充电。

菲亚特 Phylla 车长 2 995mm，车身大量使用铝质材料，车身质量为 750kg 左右，蓄电池能够提供长达 220km 的最大行程，最高车速能够达到 130km/h，但它的加速性能稍差。

图 8-10　菲亚特 Phylla

太阳能汽车还专门设置了比赛，即澳大利亚太阳能汽车挑战赛，它是目前世界上规模最大、距离最长的太阳能汽车大赛。大赛的目的是向世界发出强烈的环保信号，推动绿色科技发展，尤其是宣传将太阳能作为替代能源。赛车从澳大利亚最北部的达尔文市出发，沿斯图尔特高速公路行驶 3 000 多公里，抵达目的地——南部的阿德莱德市。

该项挑战赛自 1987 年开始举办，倡导者是丹麦人汉斯·索斯特洛普，他在 1982 年设计并建造了世界第一台太阳能汽车，并将之命名为“安静的到达者”号。首届赛事共有 23 支队伍参加，获胜者由通用汽车公司赞助一台太阳能汽车，它的平均时速达到了 67km/h。

索斯特洛普在 1996 年将这一赛事的主办权出售给了南澳大利亚政府，南澳大利亚政府在 1999 年将这项三年一度的赛事改成了两年一度。到 2005 年时，参赛的太阳能汽车平均时速已达 103km/h，冠军赛车的最高时速达到 147km/h；同时大赛也扩充为两个不同级别的赛车：一是“挑战历险级”，为专门的太阳能汽车，二是“绿舰技术级”，为其他类型的新能源低耗赛车。途中，赛车要途经地球上最壮观也最荒凉的地带——澳洲大陆内部，气温可高达50℃。

五彩缤纷的创意让太阳能汽车看上去不像汽车了——大多数参赛汽车都携有巨大的太阳能电池板，使它们看起来更像是车轮上的巨型硅片。

举办者在2007年第10届大赛上重新调整赛事难度，让赛程变得更具挑战性：允许不同级别的汽车参赛，缩小太阳能电板的规模；驾驶者必须只坐在正常的驾驶位置上，进出车时必须独立完成，不得借助他人之力。这些规定就是让参赛者们思考怎样能进一步改进技术，使其更具有实用性。

正常情况下，一台石油发动机的能源利用率约为25%，利用率最高的也只有50%～60%，而太阳能汽车的能源利用率却能达到95%。

8.1.3 醇燃料汽车

醇类燃料汽车是指以甲醇或者乙醇作为燃料的汽车。醇类燃料汽车发展较早，到目前为止，在技术方面和成本方面已达到实用阶段。

醇类燃料目前主要有甲醇和乙醇。醇类燃料在汽车上的应用主要有3种类型：掺烧、纯烧和改质。

掺烧是指将醇类以不同的比例掺入汽油中，作为发动机的燃料燃烧。研究结果表明，如果掺烧的醇类比例少于20%，则发动机不必进行改造，只要进行适当调整，即可达到汽车性能与燃烧汽油时相当；掺烧比例加大，则要通过适当增加压缩比和发动机预热装置，以保证汽车的使用性能，同时在混合燃料中添加助溶剂，防止醇燃料与汽油分层。

纯烧是指单纯燃烧醇类燃料。这种方法的优点是发动机可以根据燃料的特点进行改造，如按照醇类燃料的理论空燃比设计和调整供油系统，加装发动机预热装置，加大油泵的供油量，改善零部件的抗腐蚀性等。改造后的发动机，其车辆的动力性和经济性会比烧汽油时有较大的提高。

改质是指利用发动机的余热将甲醇改质成为氢气和一氧化碳。然后，输送到发动机内燃烧，采用甲醇改质需要对发动机进行较大的改造，最好是重新设计发动机。

车辆使用甲醇燃料，其尾气中污染物 CO、烃、NO_x 的排放量都比汽油低，对于改善环境很有利。但是，使用乙醇燃料，由于提高了压缩比，氮氧化合物的排放量将增加。

1. 甲醇燃料汽车

在新能源汽车多元化的发展战略框架下，煤制甲醇成为最可行、最优先的发展方向，而且由于我国较早涉足此领域，目前的生产以及研发状况都处于世界先进行列。

我国甲醇燃料汽车的研发取得了可喜的成绩，一汽、奇瑞、华普、吉利等汽车生产企业在甲醇代用燃料发动机及整车开发方面各有建树，产品已经发展到了成熟的阶段。

山西省在甲醇燃料和甲醇汽车研发、推广方面始终处于国内领先地位，是全国最先开发使用甲醇汽车的省份。

奇瑞从2005年着手开发甲醇灵活燃料发动机及轿车。几年来，它对发动机用9种不同压缩比进行试验，对甲醇进行标定，对整车匹配和发动机进行强化试验；对整车燃油系统、耐腐蚀

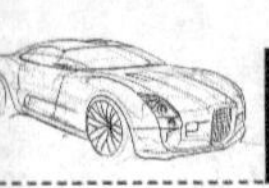

材料、冷起动系统、专用润滑油、功率、燃料消耗进行了系统开发和测定。2007 年 4 月，第一批 10 辆灵活燃料轿车送到太原，进行了两个月 M100 甲醇燃料试运行。第二批 12 辆灵活燃料车于 2007 年 10 月送往太原，并在第一批车的基础上进行优化，在高速行驶时的平稳性噪声和排放等方面都有明显提高，目前已具备批量生产条件。

旗云甲醇燃料汽车是由奇瑞公司潜心研发出的一种新型甲醇燃料汽车，可使用甲醇和汽油双燃料，该车型兼具经济、环保、可靠、安全四大优势，如图 8-11 所示。由于采用甲醇作为主要燃料，该车型用于出租车运营时，实现了更低的运营成本和更优的排放指标，据计算，与同排量燃油车车型相比，甲醇汽车燃料费用按照目前的价格，比燃油车可节省三分之一左右的费用。

图 8-11　旗云甲醇燃料汽车

上海华普在上海内燃机研究所等单位配合下，与上海焦化厂合作，经过数年研发，目前，M100 甲醇燃料轿车已将开发成功。华普遇到的一些技术难点与奇瑞基本相同，也都一一有了技术改进措施。他们开发的车型不仅进行常规试验，还将试验轿车开到黑龙江漠河进行冬季寒带试验，到新疆吐鲁番地区进行高温试验，到青海进行高原试验，甲醇燃料轿车的表现均很优秀。

一汽解放发动机分公司在 2004 年与山西省长治市第一汽车运输有限公司合作，将研制的 CA6GH-M 甲醇发动机匹配在公交车上，进行运行试验。2008 年，在解放原“拉煤王”中型柴油自卸车的底盘上匹配 CA6SH-ME3 型甲醇机，开发、试制了解放牌 CA3160ME 型长头自卸车。该车用 120kW（163 马力）的 CA6SH-ME3 型甲醇机，取代原来的 125kW（170 马力）的增压柴油机，由于发动机扭矩为 420N · m（柴油机为 560N · m），通过匹配带有副箱的六挡变速器，因此提高了传动比，改善了汽车在低速大负荷下的性能要求。两辆样车经过 3 个多月，行程 1 万多公里的试验后，得到的结论是该车主要适用在煤矿区进行短途运输，煤矿区道路条件非常恶劣，路面坑洼不平，路窄、颇大、弯多且急，对车辆的可靠性要求很高，且经过改善传动系统，该车在超载、爬大坡时与柴油机的动力性相当。

甲醇作为汽车能源，具有腐蚀性、溶胀性、冷起动困难等问题，经过奇瑞、华普、一汽等企业的研究、开发、试验，这些问题都已有了可靠的解决措施。

甲醇原料来源广泛，生产工艺成熟，主要来自煤化工和天然气合成，可以利用煤炭、天然气、煤气层、生物质、城市垃圾等制成。由于我国的能源结构是“缺油、少气、富煤”的特点，所以，近年来国内许多能源企业、甲醇企业、投资机构竞相投资甲醇项目，尤以煤炭产区为甚，国内甲醇产能、产量大幅增长。2008 年我国甲醇产量达到 1 126.3 万吨，其产能为 2 800 万吨。因为山西省有丰富的煤炭资源，生产煤制甲醇具有得天独厚的有利条件，所以在甲醇燃料发动机的研制方面，开展得比较早，也取得了较好的成绩。

2. 乙醇燃料汽车

世界上已经有超过 500 万辆汽车使用乙醇作为燃料，这些乙醇燃料汽车不仅比使用汽油作为燃料的汽车更经济，而且几乎不会排放有害的温室气体。经济学家预测，未来只有乙醇才会真正替代汽油成为人类赖以生存的绿色燃料。

燃料乙醇的出现不仅减少了对石油资源的依赖，还可以很大程度地改善汽车尾气污染和提升发动机燃烧效率。由于乙醇是燃油氧化处理的增氧剂，可以使汽油增加内氧，从而燃烧得更充分，达到节能和环保目的。与用石油制得的汽油相比，生物乙醇在燃烧时释放到大气中的二氧化碳要少得多,最高可比汽油燃烧时的二氧化碳排放量减少 90%。另外，乙醇具有极好的抗爆性能，辛烷值一般都在 120 左右，它可有效提高汽油的抗爆性（辛烷值）。

通过纤维素生产的乙醇使用秸秆、草皮和树皮，这些纤维素不能食用，不会威胁人类的食物供应。通过使用特定的酶将纤维素进行分解获得简单的糖类物质，再把这些糖类物质转化成能量使用。纤维素在自然界中大量存在，通过纤维素所获得的乙醇是非常洁净的，可以和汽油一样有效驱动汽车行驶。更重要的一个原因是，不需要重新改装汽车，不会造成巨大的浪费。随着世界新兴市场的崛起，能源危机将会越来越严重，乙醇燃料正在表现出替代石油制品的独特魅力。

在 2008 年北美车展上，通用汽车公司推出了多款 E85 乙醇燃料车。所谓 E85 就是由 85%的乙醇和 15%的汽油混合而成的乙醇燃料。在世界能源需求持续快速增长的背景下，乙醇成为不可再生的矿物燃料的可行替代品。通用汽车公司预测，从 2007—2020 年，运输行业使用 E85 所减少的二氧化碳总排放量将超过 10 亿吨，从 2020 年起每年将减少 2 亿吨。

制造乙醇的原料主要是玉米、小麦等粮食作物，此外，传统的乙醇制造过程需要消耗大量能源，因此全程看来，乙醇燃料并不环保；而且，美国有研究机构还指出，使用乙醇燃料也并不省钱，该机构指出，如果完全使用乙醇燃料，一辆车整个生命周期内会增加大约 1 600 美元的使用成本，而使用柴油则会减少 2 300 美元（均相对汽油而言）的使用成本。

但美国 Coskata 能源公司称，可以用包括木材、草，甚至城市和工业垃圾（如塑料和废轮胎）等作为原料生产乙醇；此外，与传统乙醇生产工艺相比，其独特的生产工艺成本低、能耗小，生产 1gal（1gal=3.785L）乙醇的成本不到 1 美元，仅相当于美国汽油生产成本的一半；而生产过程中每消耗 1kW 的能量就可以生产出 7.7kW 的当量乙醇。

不过在现有汽油发动机上，使用燃料乙醇也会在燃烧值、动力性和耐腐蚀性上产生一定的性能下降，并不能很好地体现燃料乙醇的优势。因此燃料乙醇专用发动机便应运而生。使用 E100 纯生物燃料乙醇的萨博 BioPower100 概念车（见图 8-12），针对燃料乙醇特殊改进的概念车向世人证明了燃料乙醇的真正实力。

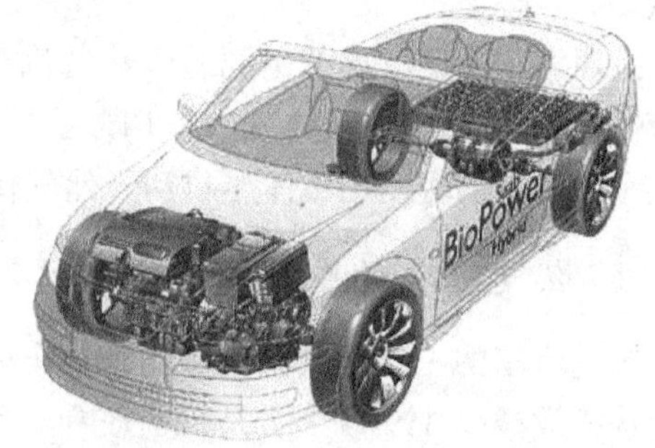

图 8-12 BioPower100 概念车

萨博通过这台 BioPower100 概念车展示了生物燃料乙醇的真正实力：它采用 2.0L 直列四缸排列，配合涡轮增压技术，并且这台特殊的纯燃料乙醇（E100）发动机已达到了量产水准。其最大功率高达 220kW,最大扭矩可达 400N·m。萨博 BioPower100 概念车从静止加速到 100km/h 仅需 6.6s。高达 110kW 的功率充分证明了生物燃料技术的潜力。体积小巧、动力强劲的发动机同样可以使用再生能源，并且实现清洁排放，这足以让人们对燃料乙醇动力性弱、实用性低的传统认识发生改观。

中国已有10多个省市地区使用乙醇汽油，如东北三省、河南、安徽、河北、湖北部分城市、江苏北部、山东西南部等。

8.1.4 燃气汽车

天然气是一种无色、无味的气体，主要成分是甲烷，另外还含有少量的其他烃类，如丁烷、乙烷和丙烷。天然气主要产于地下，是有机物发酵的产品，通常与其他石油产品一同而生。天然气也可以是有机物质腐烂产生的副产品，可以在垃圾站和沼泽等地方生成。天然气中加入了加臭剂，这使得商业天然气有一种独特的气味。作为汽车燃料，天然气与汽油、柴油相比具有很多优点：天然气资源丰富，价格便宜，产生的一氧化碳、臭氧和能生成烟雾的可反应烃等有害物质少，所以天然气比汽油更安全，而且天然气是无毒、无致癌性、无腐蚀性的气体。

然而，燃气汽车的排放优势仅相对于化油器式发动机汽车而言，要使燃气汽车达到欧Ⅲ、欧Ⅳ等更严格的排放标准，还必须大规模应用电控、缸内直喷、多点喷射、稀薄燃烧、增压、催化转化等技术。因此，让燃气汽车成为真正的清洁汽车还有许多技术问题需要解决。

1. 燃气汽车的类型

按照使用天然气燃料状态的不同，天然气汽车可以分为液化石油气汽车、压缩天然气汽车和液化天然气汽车。

液化石油气汽车是以液化石油气为燃料。压缩天然气汽车是以压缩天然气为燃料，将天然气压缩到 20.7～24.8MPa，储存在车载高压气瓶中。液化天然气是指常压下、温度为−162℃的液体天然气，储存于车载绝热气瓶中。目前世界上使用较多的是压缩天然气汽车。

按照燃料使用状况的不同，天然气汽车可分为专用燃料天然气汽车（发动机只使用天然气作为燃料）、两用燃料天然气汽车（既可以使用天然气也可以使用汽油作为燃料）和双燃料天然气汽车（可以同时使用液体燃料和天然气作为燃料）。

2. 燃气汽车的结构

燃气汽车的一氧化碳排放量比汽油车减少90%以上，碳氢化合物排放减少70%以上，氮氧化合物排放减少35%以上，是目前较为实用的低排放汽车。压缩天然气（CNG）汽车燃料系统通常包括天然气气瓶、减压调压器、各类阀门和管件、混合器（或者天然气喷射装置）、各类电控装置等。

燃气汽车与燃油汽车的差异主要在于燃气系统的专用元件安装位置不同。一般燃气供给系元件（减压调节器、混合器等）都安装在发动机舱内。不同车型的总体布置方案主要差异在于储气瓶数量和安装位置的不同，或加气口、主控阀、手动截止阀等元件安装位置有所不同。

中国自 1999 年 4 月正式启动“清洁汽车行动”，由政府主导开始推动燃气汽车的发展，到 2009 年 5 月已进行 10 年，“发展天然气汽车”作为我国交通领域节能减排的一项重要措施得到了各级政府的高度重视。目前已有 30 个省、自治区、直辖市推广使用天然气汽车近 40 万辆，取得的经济效益和节能减排效果十分显著。尤为重要的是，中国已初步建立起天然气汽车产品管理、技术开发、生产和推广应用体系，出台了一批政策法规和标准，基本能够适应当前天然气汽车产业发展的需要，为今后天然气汽车进一步发展奠定了坚实的基础。尽管天然气是一种化石燃料，但它也可从垃圾中获得，或者通过化学合成获得。

国产燃气汽车的一个成功案例是奇瑞 A5（见图 8-13）。奇瑞 A5 CNG 技术先进，整车配备意大利进口燃气供给系统，采用多点顺序电控喷射技术，整车燃油经济性提高 40%以上。它可以实现乙醇与汽油在任意比例掺混下的燃料供给方式，也可以燃用 CNG 气体燃料，并能够进行不同比例乙醇汽油燃料的识别，以及乙醇、汽油及天然气各种燃料之间的任意切换。

图 8-13　奇瑞 A5

奇瑞 A5 CNG 1.6L 城市油耗 8.5L/100km，气耗 $8m^3$/100km。以郑州为例，当 93#油价为 6.2 元/L 时，气价为 3.32 元/m^3，双燃料百公里节省费用 26.14 元，按每天行驶 300km，一年就可节省费用 28 623.3 元，两年就节省 57 246.6 元，相当于目前 A5 的最低售价。

8.2　智能汽车

随着电子计算机的发明和使用，汽车能够自动运输货物、自动行走，这种汽车就是智能汽车。日本将智能车辆公路系统中最重要的部分称为先进的交通控制系统。他们认为采用先进的旅行信息系统和先进的交通控制系统有助于提高运输效率。美国也正在开发智能车辆公路系统，日本的自动识别系统也在大量使用，如障碍识别、道路形状探测、撞车警示、自动制动、自动转向、十字路口行人识别等。超级智能系统由日本经济产业部协调，包括日产汽车公司和丰田汽车公司在内的 20 个左右的主要机构参与。

超级智能系统包括 4 个部分，每一部分都含有全新的驾驶理念。第一部分是合作驾驶系统。该系统使用雷达和通信方式来协调汽车之间的运动，或将每部自动车辆所有相邻车辆的动作倾向告知驾驶员，尤其是换道和并道的信息。第二部分称为超小型车辆的形状控制车辆系统，其主要做法是将形状互补的各种小型汽车集中起来，使道路的利用率最高，每部小车仅有 1～2 个座位，其体积是现代轿车的一半，质量仅为现行轿车的 1/3。这类轿车可用电子或机械方式，每 2 辆、3 辆至多 16 辆锁定在一起，1 × 2 至多 4 × 4 成排地在高速公路上行驶。第三部分主要是驾驶员主动帮助系统，其方式包括全方位地保证老年或残疾驾驶员驾驶一段车程。第四部分是智能交叉系统。当驾驶员通过十字路口时，该系统能提供更多的信息，其中包括十字路口的交通状况。该系统还具有“导向灯光”功能，十字路口路面上的灯光可指示每辆车通过路口后的行驶方向。

日本工业技术学院机械技术研究所曾研究过一辆智能汽车，当该车在实验路线上行驶时，能够自动加速和减速，自动躲避障碍。若遇道路堵塞不能通行，便自动制动停在障碍物之前，旁观者完全想不到该车是无人驾驶的。唯一用人的地方是车起动时需按一下行驶开关。

智能汽车是现在全世界研究的高技术车种，其关键就是计算机代替了人的一切操作，因而它附带有道路识别系统、信号接收系统、自动导航系统、自动制动系统和自动变速系统。这些系统由多个计算机控制并相互联机协调，当人们给予了汽车目的地的信号后，汽车将起动向目的地行驶，在行驶过程中，它不仅能平稳地行驶在正确的路线上，而且能在紧急情况下自动制动停车，或转向走向另一条畅通无阻的路线。日本五十铃汽车及美国的自动货运车、超级电子车等都属于此类智能汽车。

复习思考题

1. 简述新能源汽车的种类及特点。
2. 电动汽车有哪几种？
3. 混合动力汽车有何优点？
4. 简述智能汽车的特点。

故事赏析

无人驾驶汽车从意大利开往中国

意大利帕尔马大学 VisLab 实验室开始测试他们研制的超级无人驾驶车辆，两辆橘红色的无人驾驶小面包，从意大利出发，经过莫斯科、西伯利亚、最终在2012年十月底到达了上海，全程8000mile（1 mile=1.609km）。

该车车头装有激光扫描仪以及照相机，他们将数据传输到车内计算机，从而判断路线绕过障碍等。

当然，全程有 VisLab 团队的陪同，负责监测、充电、更换轮胎等。同时为了紧急处理某些事情（例如防止它撞上人），工作人员在关键时刻，也可以远程切换成遥控模式。

该项目的负责人 Alberto Broggi 说：“我们想在真实环境下测试我们无人系统的承受能力。真实的天气、道路环境、以及横穿马路的路人，才是测试这玩意最好的地方。”

该无人驾驶汽车，每小时将行驶30 ~ 37mile，充电8h可以行驶2 ~ 3h。

该项目由欧盟以及 Piaggio（比亚乔）汽车公司赞助，目前已资助 230 万美元

资料来源：http://jandan.net/2010/07/21/with-no-driver.html

视频观看网址：http://v.ku6.com/show/e2dQ7Tmg6_5cYKNF.html?lb=1

第 9 章

汽车新技术

学习目标

- 了解环保新技术
- 了解安全新技术
- 了解电子与电器新技术
- 了解汽车新材料的应用

9.1 环保新技术

在绿色营销理念下，不管是生产商还是消费者都更加关注环保对人类的重要性，因此越来越多的环保技术应运而生。

9.1.1 节能减排

最近十几年来，国际公认汽车的节能减排以下三大技术措施。

1. 提高动力效率

发动机节能是汽车节能技术的关键，而发动机节能技术的核心是提高发动机的燃烧效率，提高热效率。要提高发动机的热效率，关键是组织好进气和排气过程、喷油过程、燃烧过程，以减少各种损失。在这一方面的技术主要体现在改进汽车动力系统上，其通过对传统内燃机技术的改进来达到节能减排的目的。主要措施有：提高压缩比、改善混合气在气缸中的流动方式、改进点火配置提高点火能量、增压中冷技术、电控燃油喷射技术、高压共轨技术、直喷技术、稀燃技术、优化燃烧过程、可变进气技术、改善进排气过程、绝热发动机技术等。最近十几年，内燃机的热效力提高了 10%左右。

2. 汽车轻量化

汽车的轻量化，不仅包括减轻车身的重量，还涉及对车身结构的整合，重新设计，从而达到最佳的轻量效果。在保证汽车的强度和安全性能的前提下，尽可能地降低汽车的整备质量，从而提高汽车的动力性，减少燃料消耗，降低排气污染。实验证明，若汽车整车重量降低 10%，燃油效率可提高 6% ~ 8%；汽车整备质量每减少 100kg，百公里油耗可降低 0.3 ~ 0.6L；汽车重量降低 1%，油耗可降低 0.7%。

3. 能量回收

车辆在制动或减速过程中耗费多余的能量，将这些能量回收利用能够降低车辆的能量消耗，使燃油经济性进一步提高。再生制动能量回收技术的目标就是为实现最大限度地回收利用原本可能浪费掉的多余能量。当驾驶员抬起油门踏板或施加制动，车辆减速，产生了多余的能量，再生制动能量回收系统将多余的能量回收，在发电机控制单元的调节和控制下，将发电机的电压升高，给电池系统进行充电，将多余的能量以电能的形式回收储存。该系统还控制在车辆加速或匀速行驶时降低发电机的电压，甚至完全关闭发电机，以降低发动机负载，从而提高燃油经济性。为实现再生制动能量回收，能量管理系统和发动机控制系统的软件要专门进行开发和改进。

4. 其他的节能环保技术

（1）排气再循环（EGR）技术。排气再循环（Exhaust Gas Recirculation， EGR）技术是将发动机排出的一小部分废气（10% ~ 20%）通过进气管与新鲜空气混合后再度进入气缸参与燃烧，实现废气再循环，破坏有害气体（NO_x）高温富氧的生成条件，减少 NO_x 的生成。同时，对其使用冷却技术，将回流废气冷却后送入气缸可进一步降低废气温度，降低燃烧峰值温度，使 NO_x 排放更小。EGR 技术可分为内部 EGR 和外部 EGR。内部 EGR 通过改变配气相位实现该系统不需外加其他设备，结构简单，应用方便，但由于是在进气行程内直接开启排气阀使废气回流，因此难以精确控制 EGR 率；外部 EGR 技术对原机改动小、设计自由度较大，可以通过电控单元 ECU 控制 EGR 率，实现智能控制，所以较为常用。现在，EGR 技术在国外汽车上使用较多，汽油机 EGR 技术已经比较成熟；EGR 在柴油机上的应用也正在推广。有一些汽车上已经把 EGR 与其他技术相结合，如结合发动机电控多点喷射加三元催化技术、排气后处理技术（如微粒过滤器及再生技术、氧化催化反应等）、高压共轨燃油喷射技术、可变几何截面的增压技术等来改善发动机整体性能，使柴油机整体排放性能达到最佳。

（2）增压中冷技术。发动机增压就是向发动机提供压力高、密度大的新鲜空气或混合气，从而可以明显地提高发动机的动力性能，降低油耗及排放。中冷则是降低压缩后气体的温度。因此，发动机采用增压中冷技术后，循环温度降低，滞燃期缩短，燃烧更完全，从而减少排气中有害成分 HC 和 NO_x 的生成，降低微粒的排放。

目前，增压方法主要有废气涡轮增压、机械增压和气波增压 3 种方式。其中废气涡轮增压器主要是由涡轮和压气机组成，它与柴油机没有机械传动联系，柴油机排出的废气经排气管进入涡轮，对涡轮做功，涡轮叶轮与压气机叶轮同轴，从而带动压气机吸入外界空气并压缩后送至柴油机进气管。增压中冷柴油机在压气机出口和柴油机进气管入口之间增设中间冷却器（简称中冷器），使压缩后的空气的温度下降，密度增大。增压中冷可以不增加甚至降低柴油机的热负荷，以及在机械负荷增加不多的前提下，大幅度地提高柴油机的功率，降低有害物的排放。

（3）微粒过滤器。柴油机微粒过滤器，可捕捉排气中的微粒并不使其排出机外，再利用催化剂、氧化器、燃烧器等进行分解、燃烧。这个装置可将柴油机排气中有害物微粒减少70%～90%。用来捕集微粒的过滤器的材料有许多种，常用的有金属丝、堇青石、陶瓷泡沫、陶瓷纤维及编织陶瓷纤维等。这些材料的过滤机理包括碰撞及吸附机理、惯性截流机理和扩散拦截机理，使得排气通过过滤器时，将微粒收集在滤芯中，较清洁的排气排入大气中。随着运行时间的增加，过滤器中的微粒聚集过多，排气背压要上升，影响发动机的功率及油耗。因此，必须定期清除沉积在过滤材料上的微粒，这个过程称为过滤器的再生。

（4）催化净化装置。催化净化装置是一种内部装有催化剂的装置，装在发动机的排气管中。催化剂能使发动机排气中的有害成分加速转变成无害成分。催化净化方法有两种：一种是催化氧化法，它以铂、钯、黄金、钴、镍等金属及其氧化物作为催化剂，使有害成分COHC氧化成无害成分CO_2和H_2O；另一种是催化还原法，它以碱金属、钴铬合金作为催化剂，使有害成分NO_x还原为N_2和O_2。

（5）采用代用燃料。当前，世界石油制品的消耗量逐年上升，石油资源日益枯竭，积极寻找并研究代用燃料已成为降低有害物排放、保护环境的另一个方向。

（6）绿色节能轮胎。绿色轮胎是指应用新材质和设计使滚动阻力减小，从而耗油低、废气排放少的子午线轮胎。在汽车行驶中，能量会被各种阻力所消耗，其中约20%的汽油被轮胎滚动阻力所消耗。使用绿色轮胎就可以减少这方面的能量消耗，从而达到省油的目的。

绿色轮胎这项创新技术极大地降低了车辆行驶所需的能耗，每百公里油耗可减少0.15L。按照统计，每1s在全球各个角落滚动的绿色轮胎可节省燃油消耗达43.91L，帮助减少CO_2排放超过109.14kg。上海大众的朗逸配备了米其林的绿色轮胎。该款轮胎采用了米其林的GreenX技术，提高了燃油经济性，更加环保。配合胎压监测系统，同时也提高了行车安全性。

（7）发动机自动起停。发动机自动起停就是在车辆行驶过程中临时停车（例如等红灯）的时候，自动熄火。当需要继续前进的时候，系统自动重起发动机的一套系统。发动机自动起停系统是这几年来发展最迅猛的汽车环保技术，特别适用于走走停停的城市路况。据介绍，这套系统能在城市工况下达到15%的节油能力。奔驰为Smart搭载的MHD即类似这种功能。Smart MHD技术采用了一种既简单又行之有效的方法——自动起动与刹车原则。比如，当车接近红灯的时候，一旦车速低于8km/h，一个微型的混合驱动器就会对发动机进行“熄火”处理，以达到节约燃油的目的。而只要驾驶员松开刹车，发动机就会在零点几秒之内迅速起动，正常行驶。因此，车速一旦以低于8km/h的速度停下来的时候，预测式发动机制动功能就可让燃油得到最大程度地节约，并减少CO_2排放。不过这套系统在使用中并非十全十美，对于城市拥堵的环路来说，过于频繁的走走停停对于这套系统就显得不那么适用了。譬如：普利司通推出ECOPIA系列环保轮胎，是通过采用特殊改性聚合物与碳化合而成的“ECOPIA化合物”，有效减少了碳分子之间摩擦产生的发热，降低了能量的流失。米其林的“静音筋”技术，通过对胎面沟槽的形状和布局做特殊的设计，有效降低轮胎接触地面时橡胶块的振动。

随着环保理念逐渐的深入人心，已经有越来越多的厂商投入到使汽车更节能、更环保的新能源、新技术的研发领域。随着这些技术的普及，不但降低了汽车所带来的污染和能源消耗，而且也为改善我们的生活环境做出了不小的贡献。

9.1.2 噪声控制

汽车噪声是指汽车驶过的噪声，即在汽车驶过时在其旁边测得的噪声，这个噪声是汽车制造鉴定中一个重要的指标，它是交通噪声中最主要的一部分。现代汽车的噪声特性是衡量汽车质量的重要标志之一。汽车噪声不仅对周围环境造成污染，影响人们的生活和工作，而且车内的噪声与振动、温度、湿度等环境因素相比是降低车辆舒适性的主要因素之一。为了提高车辆的舒适性，世界各大汽车公司都将车内噪声的控制作为重要的研究方向。特别是轿车，车内噪声状况更是衡量轿车档次的标准之一。

目前降低汽车噪声主要有 4 种方法：常用降噪技术；有源噪声控制；利用智能材料与结构进行车内噪声控制；开发多孔性路面。

1. 降低声源噪声

降低声源噪声是治本，是噪声控制的最根本、最直接和最有效的途径。为了降低声源噪声，首先必须识别出噪声源，弄清声源产生噪声的机理和规律，然后改进机器设计方案和结构，降低产生噪声的激振力，降低发声部件对激振力的响应，从而达到根治噪声的目的。常见的降低激振力的措施有：提高旋转件的动平衡精度；改善运动副的润滑；提高装配精度，选取适当配合间隙；降低气流噪声源的流速；改进气流通道，避免过多的湍流；对振动件进行隔离等。

2. 吸声降噪

在任何有限的空间内，噪声源辐射噪声形成的声场都包含直达声和混响声两部分。如果在噪声源周围的有限空间内布置一些可吸声的材料，就会降低声能的反射量，使混响声部分大大降低，从而达到降噪的目的。这种降噪方法叫吸声法。采用吸声材料进行声学处理是最常用的吸声降噪措施。工程上具有吸声作用并有工程应用价值的材料多为多孔性吸声材料，而穿孔板等具有吸声作用的材料，通常被归为吸声结构。多孔吸声材料种类很多，按成型形状可分为制品类和砂浆类；按照材料可以分为玻璃棉、岩棉、矿棉等；按多孔性形成机理及结构状况又可分为纤维状、颗粒状和泡沫塑料等。

多孔材料主要吸收中高频噪声，大量的研究和实验表明：多孔性吸声材料，如矿棉、超细玻璃棉等，只要适当增加厚度和容重，并结合吸声结构设计，其低频吸声性能也可以得到明显改善。车室内的全部内饰都装有吸声材料。一般有毛毡、车顶内饰、密封材料等吸声材料。

3. 阻尼降噪

汽车、船舶和飞机的壳体、机器的护壁、外罩、通风管道等，都是金属薄板制成的，当汽车行驶或机器运转时，这些金属薄板受激励而振动时，往往辐射噪声并成为机器上的主要噪声辐射部位，是很严重的噪声源。对于这类金属薄板振动辐射的噪声，常采用阻尼降噪技术。

阻尼是指系统损耗能量的能力。从减振的角度看，就是将机械振动的能量转变成热能或其他可以损耗的能量，从而达到减振的目的。阻尼技术就是充分运用阻尼耗能的一般规律，从材

料、工艺、设计等各项技术发挥阻尼在减振方面的潜力，以提高机械结构的抗振性、降低机械产品的振动、增强机械与机械系统的动态稳定性，减少因机械振动所产生的声辐射，降低机械噪声。此外，阻尼还可以使脉冲噪声的脉冲持续时间延长，降低峰值噪声强度。

国内各类车型的噪声控制还有一定的空间，只要控制噪声方法得当，正确地识别出声源，采用基于试验分析技术和基于解析分析技术的汽车噪声控制方法，就可以降低汽车噪声。但随着噪声标准的提高，要降低汽车噪声达到新的国标难度很大，必须在现有技术的基础上提高研究和检测手段。

9.2 安全新技术

汽车安全性包括被动安全和主动安全，被动安全主要指汽车发生事故时（包括自己撞、对撞与被撞，还包括撞人）的安全性，主要是如何保护好人，减低伤亡程度；主动安全则是如何让汽车减少发生事故的机会，包括防止失控、防止追尾、防止驾驶员疲劳、改善视野和人体工程等。被动安全是基础，主动安全是上层建筑（但未来可能会扭转）。

9.2.1 主动安全

1. 防抱死制动系统（ABS）

防抱死制动系统（Anti-Lock Braking System，ABS）通过电子装置和独立的 4 通道液压回路来精确控制车轮的滑移率，保证轮胎具有最大附着力，以确保每个车轮在任何路面状况下（尤其是湿滑路面）不会抱死。

2. 电子制动力分配（EBD）系统

ABS 必须在踩下刹车至车轮抱死时才发挥作用，而电子制动力分配（Electronic Brake Force Distribution，EBD）系统可以在踩下制动踏板后、在 ABS 起作用之前，通过调节后轮制动力达到良好的制动效果，以减少不必要的 ABS 动作。或在 ABS 因特殊的故障状态而失效时防止车轮抱死，增大了保护范围。

3. 车辆稳定性控制（VSA）系统

车辆稳定性控制（Vehicle Stability Assist，VSA）系统，是具有世界先进水平的提高车辆稳定性和行驶安全性的控制系统。

VSA 系统除具备了传统的 ABS 功能和牵引力控制系统（Traction Control System，TCS）功能外，还增加了防侧滑控制（Skid Control）功能。该系统能感应转向过度或转向不足，辅助驾驶者保持预想路线，其组合传感器根据转向过程中所发生的状况，通过减小发动机输出力矩或对特定车轮施加制动，从而使车轮恢复抓地力，最大程度地保证车辆的行驶稳定性。

4. TCS

与驱动轮防滑系统（Acceleration Slip Regulation，ASR）有着相同的功用，如果车辆在摩擦系统小的湿滑、积雪、结冰等路面起动或加速时，驱动轮容易打滑导致汽车失控。TCS 一旦发现某车轮有这种趋势，就迅速调节该车轮的输出扭矩，同时起动 ABS 对打滑的驱动轮进行适当制动，以平衡每个车轮的抓地力使其不致出现打滑或空转，保证车辆能迅速稳定地起动或加速，保持良好的操控性和方向稳定性。

5. 车身电子稳定（ESP）系统

车身电子稳定（Electronic Stability Program，ESP）系统实际是一种牵引力控制系统，与其他牵引力控制系统比较，ESP 不但控制驱动轮，而且可以控制从动轮。如后轮驱动汽车常出现的转向过度的情况，此时后轮失控而甩尾，ESP 便会刹慢外侧的前轮来稳定车子。在转向过少时，为了校正循迹方向，ESP 则会刹慢内后轮，从而校正行驶方向。

9.2.2 被动安全

1. 预紧式安全带

安全带是一项看似简单，但却效果最好的安全性配置，如果没有安全带，那么很可能即使有气囊也救不了命，所以记住上车后的第一件事就是把安全带系好。虽然现在很多车都已经有了前排座椅的安全带未系提醒，但是在后排，可以说 90%以上的人都不使用安全带，这是一个很不好的习惯。

但安全带也有好坏之分，最主要的差距来源于预收紧功能，大部分车型都有紧急锁止功能，也就是猛然一拉的话，安全带会卡住不动，依靠这种基本的物理原理来起到固定乘员位置的作用。更先进一些的，拥有预紧功能的安全带可以在碰撞发生的瞬间先把安全带收紧，让乘客与座椅尽可能贴合，实现预紧功能大部分采用爆燃的方式，原理和安全气囊类似，也有部分车型使用电动预紧，但不管哪种方式，都比紧急锁止的成本高很多。

2. 安全气囊

气囊作为车身被动安全性的辅助配置，日渐受到人们的重视。当汽车碰撞后，乘员与车内构件尚未发生“二次碰撞前”迅速在两者之间打开一个充满气体的气垫，使乘员因惯性而移动时“扑在气垫上”从而缓和乘员受到的冲击并吸收碰撞能量，减轻乘员的伤害程度。

安全气囊分布在车内前方（正副驾驶位）、侧方（车内前排和后排）和车外 3 个方向。在装有安全气囊系统的容器外部都印有其英文缩写 SRS（Supplemental Inflatable Restraint System）。在正驾驶位的气囊装在方向盘的中间位置，副驾驶位的安全气囊安装在正前方的平台内部，在意外发生的瞬间可以有效地保护驾驶员和副驾驶位乘员的头部和胸部。因为正面发生的猛烈碰撞会导致车辆前方大幅度的变形，而车内乘员会随着这股猛烈的惯性向前俯冲，并与车内构件相互撞击。另外，车内正驾驶位置的安全气囊可以有效防止在发生碰撞时方向盘顶到驾驶者的

胸部，避免致命的伤害。

3. 车体结构

车体结构是一项最容易被大家忽略，但却最重要的被动安全配置。一辆车体结构足够好的车在碰撞中起的保护作用可能比气囊和安全带还要大。那么什么是好的车体结构呢？一般来讲，坚固的笼状结构能够把人员所在的乘员舱保护得更好。

当然，不同的厂家对于这种车体结构可能会有不同的称谓，比如有的厂家称之为“3H 型”，有的厂家称之为 GOA，有的厂家称之为 G-CON，但原理都是相同的，即用高强度钢构成一个框架，把乘员舱保护起来，所不同的是设计结构、高强度钢所占的比例等。

经常有人争论，到底是钢板厚的车安全性好还是车体结构好的车安全性好？车体的钢板被称之为“车身覆盖件”，其实在剧烈的碰撞中，它就像纸一样，很容易发生变形和褶皱，所以不管车身覆盖件钢板厚度是 0.8mm 还是 1mm，在剧烈的碰撞中对安全性几乎没有任何帮助，更重要的是车体结构是不是足够安全。

4. 座椅

在碰撞中，座椅起到非常重要的缓冲作用，所以各个厂家在设计座椅的时候，除了要保证足够的舒适性和包裹性之外，如何能为乘员起到更好的缓冲作用也至关重要，特别是一款优秀的头枕设计，在保护头部和颈部方面功不可没。

5. 可溃缩的转向柱和踏板

这项功能看似简单，但在我们接触最多的家用车中，有此设计的并不是很多。在发生剧烈的碰撞时，安全带可以把乘员拉紧，气囊可以保证乘员的头部不受硬性的撞击，但是不能保证的是，刚才还在驾驶员手中的方向盘会毫无防备地压向驾驶员的胸部，驾驶员的脚踝则可能因为踏板的变形而受伤。当然，如果车在设计之初就考虑到了转向柱和踏板的问题，并为设计了溃缩的功能，那么在碰撞发生时，就不会成为伤害驾驶员的凶手。

6. 安全的内饰

除了中控台是软性塑料之外，车内其他部分也应该尽量减少硬质材料的使用，更不能有突出的部分，这将成为安全隐患。此外，除了材料之外，设计也是很重要的因素，环抱式的设计不仅能给乘员带来安全感，在碰撞中也能有效地把乘员限制在车辆内部。

7. 救援服务

事故发生之后，如何能够尽快取得救援当然是十分重要的，因为这可能关系到你和他人的生命，而在这个时候，或许你的手机恰好没电，或者已经不知道被撞飞到那里，而你又身处荒山野岭，可能连自己所处地方的名字都不知道，那么专业的救援服务就十分重要了。G-BOOK 系统就能很好地解决这个问题，只要连通之后，接线员就已经准确知道了你的位置，他们会主动帮你联系最近的医疗机构，所以这项功能在关键时候还是很有用的。但是现在有此配置的车型还很少。

9.2.3 防盗安全

1. VIN 条形码系统

VIN 是由 17 个数字组成的车辆识别代码，它能够全面、准确、规范地反映车辆信息，保证 30 年内在全世界范围内不重号。VIN 条形码的使用使车辆在管理时能够快速、方便地采集数据，搜索到车辆信息，有效地协助追踪案件和打击车辆盗窃、拼装等违法活动。

2. 人体识别科技钥匙

（1）指纹钥匙。德国科学家利用指纹图形特征制成了一种汽车电子锁。制作时先在锁内安装车主的指纹图形，当车主开启汽车门时，只要将手指往门锁上一按，指纹图形相符，就可以打开车门。

（2）手指钥匙。美国科学家发现人的手指长度各异，所以可以用手指作为汽车钥匙的电子锁。该锁由编码器和解码器两部分组成。编码器是将人的手指长度信息录制在一张磁卡上；解码器是用来验证车主的手指长度与磁卡上的记录信息是否吻合，如果数据吻合可以瞬间将车门打开。

（3）眼睛钥匙。瑞士科学家利用视网膜图形制成了一种汽车门锁。这种锁内设有视网膜识别和记忆系统，车主开门时只需凑近门锁看一眼，如果视网膜图形与记录吻合，车门自动打开。

3. 汽车玻璃防盗识别系统

汽车玻璃防盗识别系统是利用研发的高科技纸膜在每一片汽车玻璃上配以特殊的药水，将车主独一无二的车牌号、车架号永久性地刻在玻璃上，因为刻在玻璃上的防盗号无法除去，所以有经验的偷车贼会将目标转向没有做汽车玻璃防盗标志的车辆。

4. 轮胎压力监视系统（TPMS）

在胎压不足的情况下上路，会很危险。为了更好地掌握车胎压力情况，科学家们研制出了在每条轮胎上安装配有传感器的不锈钢气嘴，并使用原气嘴固定系统。传感器将信息发送到最近的接收导线，接收导线再将信息传递给接收机。当出现轮胎压力高于基准胎压 1.2 倍、胎压低于基准胎压 25%、轮胎温度高于 75℃时，轮胎安全监控器会采取声、光形式自动报警，并明确提示驾驶员异常情况出现在哪个轮胎上，并要求驾驶员马上停车检查。

还有一种轮胎压力监测系统（Tire Pressure Monitoring System，TPMS），目前在中国已投入使用。TPMS 可以自动监测轮胎内的温度和气压，主动提醒驾驶员及时充气，防止爆胎事故的发生。它采用的是无线电传输频率，将轮胎内的传感器信号传送至中控仪表接收器上，可自动发现危险并发出警报。

5. 其他安全装置

（1）全力自动刹车功能。带有全力自动刹车功能的行人安全系统是沃尔沃最新推出的新一代碰撞避免技术，它高度体现了以人为本的安全理念，把行人的安全放在与驾驶者同等重要的位置。这套系统同样被装备在了沃尔沃 V60 车型上。该系统在车速超过 4 km/h 时启动，如果与

前车的车距过近或所在车道上有行人，该系统即会发出警告。如果驾驶者未对此作出反应，且碰撞即将发生时，系统会启动全力自动制动。在150m的范围内，装备在沃尔沃V60前格栅后面的雷达传感器和风挡玻璃后面的数字摄像机持续监测与前车的距离。白天行驶速度在35 km/h 时，它也能检测到站立或行走的行人。如果有行人突然冲到车前或前车突然制动，并且碰撞警告系统感应到碰撞有可能发生，它将通过闪烁风挡玻璃上的红色警告灯以及声音报警器来警告驾驶者。另外，此技术还通过预先向制动器施加压力，以准备施加紧急制动和帮助缩短制动时间，来为驾驶者施加制动提供支持。在发生碰撞事故的情况下，沃尔沃的高刚性车身和多安全气囊气帘，以及头颈保护系统，都会对车内人员起到最大保护作用。

（2）自适应巡航系统。大众CC的自适应巡航系统简单来说就是在普通定速巡航的基础上增加一个雷达探测器，可以在一定速度范围内保持与前车的距离，当前车小于设定车速值的时候，车辆不会保持设定车速，而会保持设定的距离行驶，也就是说如果前车减速的话，大众CC也会自动跟着减速。不过这个自动制动只能提供最大25%的制动力，如果前车减速过快，车辆会发出危险警报，此时就需要驾驶者及时踩下制动踏板才能避免追尾事故。

（3）车道保持系统。车道保持系统对国内消费者而言比较新颖。开启该功能后，当车速超过65km/h以上，系统依靠反光镜下的探头对地面的车道线进行扫描，并适时对车辆进行反复的纠正，若司机不打转向灯，转向系统将施加一定的反向力矩。不过对于国内复杂车多的路况下需要谨慎使用该功能。

（4）行人安全气囊。车道保持系统行人安全气囊，气囊藏在汽车车头，遇撞击后会自动弹出，减低行人所受的伤害。安全气囊的运作主要依赖车头防撞杆底下安装的一系列精密感应仪器。当行人撞到车头防撞杆的任何一处，安全气囊会从挡风玻璃下缘弹出，并撑起引擎盖的后缘，使引擎内有更多空间。安全气囊主要用来保护行人，避免行人头部撞到引擎盖、挡风玻璃下缘和A柱下缘。外置安全气囊能侦测车头防撞杆撞到的物体究竟有多硬，万一汽车前方撞到人，外置于车头盖内的气袋便会在瞬间自动弹出充气，呈“U”字形覆盖在挡风玻璃四周，形成一个保护垫，避免行人的头部和颈部受重伤。倘若路人被撞飞，落在车头上，也能有多一重保护。

（5）车道偏离预警系统。车道偏离预警系统（Lane Departure Warning System， LDWS）是一种通过报警的方式辅助驾驶员减少汽车因车道偏离而发生交通事故的系统。该系统提供智能的车道偏离预警，在无意识（驾驶员未打转向灯）偏离原车道时，能在偏离车道0.5s之前发出警报，为驾驶员提供更多的反应时间，大大减少了因车道偏离引发的碰撞事故。此外，使用LDWS还能纠正驾驶员不打转向灯的习惯，该系统的主要功能是提醒过度疲劳或解决长时间单调驾驶引发的注意力不集中等情况。汽车安全专家指出：约有50%的汽车交通事故是因为汽车偏离正常的行驶车道引起的，究其主要原因主要是驾驶员心神烦乱、注意力不集中或驾驶疲劳。

（6）城市安全系统（City Safety）。城市安全系统是由沃尔沃汽车公司推出的防撞技术，城市安全系统作为一项最新的主动安全技术，它能够帮助驾驶员避免城市交通常见的低速行驶时的追尾事故。沃尔沃汽车公司估计这项技术能够避免一半的追尾碰撞事故，也可以最大程度避免损失。当车辆的速度达到30km/h时，这套系统就会自动启动，通过前风挡上的光学雷达系统监视交通状况，尤其是车头前6m内的情况。当前车刹车、停止或者有其他障碍物的时候，这套系统首先会自动在刹车系统上加力，以帮助驾驶员在做出动作前缩短刹车距离；或者还可以通过调整方向盘，来改变车辆行驶路径，以避开障碍物。当然，如果距离障碍物已经很近，这套系统会自动紧急刹车而无需驾驶员的操作。

9.3 电子与电器新技术

1. 音响设备

音响设备是最早应用在汽车上的电子产品，虽说只是一种辅助性设备，对汽车的运行性能没有影响，但随着人们对享受指标要求的越来越高，汽车制造商对汽车音响设备的应用也日益重视。经过80多年的发展，它已经由最初的汽车收音机演变成集视听娱乐、通信导航、辅助驾驶等多种功能于一体的综合性多媒体车载电子系统，成为汽车上一个不可缺少的组成部分和作为评价汽车舒适性的依据之一。

随着多媒体存储介质的广泛应用，NAND Flash 式的虚拟多碟 CD Radio 开始推广，USB、SD 卡等即插即用式的汽车音响在市场中出现，有望取代机械机芯结构的 CD Radio。为了改善汽车收音机的接收效果，数字广播（DAB、Word Space、XM Radio、Sirius Radio 等）的推广，使汽车收音机进行了划时代的革命。

国内外汽车音响厂家为了占领市场销售份额，不断推出各种具有先进性能和独特功能的产品吸引用户，比如：独特的防盗系统、光导纤维传送、全息激光头、CD 换片机电子防震、缘边旋转入碟防刮机芯、超低中频数字调谐器、高质量的卫星调谐器、滑动开启前操作面板、MASK 新式秘密隐藏机构、智能操控转盘、动态超重低音、动态道路噪声控制、三维影音系统、语音识别系统、驾驶座声场模拟系统、声感录音等。

2. 汽车巡航控制系统（CCS）

巡航控制系统（Cruise Control System，CCS），自1961年在美国首次应用以来，已经广泛普及。它是使发动机工作在特定转速范围内，减轻驾驶员的操纵劳动强度，提高行驶舒适性的装置。此功能特别适用于在高速公路上行驶的车辆。它的优点主要有：

（1）保持车速稳定。无论由于风力和道路坡度引起的行驶阻力怎样变化，只要在发动机功率允许的范围内，汽车的行驶速度便可保持不变。

（2）提高汽车行驶时的舒适性。有了巡航控制系统，驾驶员不需频繁地踩加速踏板，故疲劳强度大大减轻。

（3）提高了经济性和环保性。巡航控制系统应用后，可使发动机燃料的供给与功率间处于最佳的配合，降低了燃油消耗率，减少了排气中的有害气体成分。

3. 汽车导航系统（GPS）

全球定位系统（Global Positioning System，GPS），开始只用于军事，随着电子技术的发展，逐渐应用于汽车导航。装有 GPS 的汽车，在驾驶室内有一显示屏。上面显示着某个城市的交通图，如果驾驶员输入目的地的地名和现在的位置，那么图上就会提供给驾驶员从所处位置到达目的地的最佳行驶路线，起到导航作用。此外，GPS 还能够随时告诉驾驶员当时的交通状况，避免出现交通堵塞。

4. 智能显示系统

本田 i-MID（智能显示系统）是人车对话的新体验智能化多功能显示系统，为每个驾乘者带来人车对话的全新享受。通过便捷的方向盘集成控制按钮，即可实现多项先进功能，带来非同凡响的驾乘体验。集成空调、音乐控制等驾乘享受功能，将广播、CD、AUX 接入等音乐享受，集成为一个任意转向的控制旋钮，为驾乘带来享受的同时，更可获得科技的便捷与高效。

5. 智能交通系统

智能交通系统（Intelligent Transport System，ITS），将先进的信息技术、数据通信传输技术、电子传感技术、电子控制技术以及计算机处理技术等有效地集成，运用于整个交通运输管理体系，从而建立起的一种在大范围内、全方位发挥作用的实时、准确、高效的综合运输和管理系统。

在未来的智能公路系统上，驾驶员在网络汽车内不仅可以收看数字电视节目，还可以通过车载计算机和无线通信获得各种交通信息（道路条件、交通状况、服务设施位置以及导游信息，收发电子邮件等），从而合理选择出行方式、时间和路线。驾驶员还可利用车载 GPS，在电子地图上给出出发地点和目的地，计算机便可根据实时交通信息自动选择出最佳行驶路线，避开交通拥挤和阻塞。可以说，从 Telematics 系统到 ITS，标志着移动目标监控与服务系统在汽车应用市场具有巨大的发展前景。随着技术的成熟以及用户市场需求的增加，Telematics 及 ITS 将成为未来移动目标监控与服务的重要发展方向之一。

6. 全景影像停车辅助系统

全景影像停车辅助系统又称汽车环视系统，是在停车过程时，通过车辆显示屏幕观看四周摄像头图像，帮助驾驶员了解车辆周边视线盲区，使更直观方便。其主要原理是将安装在车辆前后以及两侧的4个180°广角摄像机所提供的图像，合成为车辆的俯视图并显示在车内的显示器上。该系统为汽车驾驶提供更为直观的辅助驾驶图像信息，在汽车辅助驾驶和汽车安全上有着非常好的应用前景。该系统对于大体积的汽车来说可以明显减少停车入位时造成的剐蹭事故。此外，对于拥挤的都市驾驶也能起到辅助的作用。

7. LED 大灯

现在大多数车型仍然在使用普通的卤素大灯，好一点的车型会使用氙气大灯。最多是在灯组的构造上做一些创新，利用透镜、反射灯光学原理来提高灯光的效率，但是灯组本身技术创新不足。2008年，奥迪首先在 A4上使用了 LED 示宽灯，首先开启了 LED 大灯时代。之后很多厂商都开始跟进，都开始采用 LED 示宽灯，现在欧洲甚至开始立法规定，为了行驶安全，所有在售车型都必须装配 LED 示宽灯。但是，所有厂家只停留在了 LED 示宽灯这一步，并没有进一步创新。全 LED 大灯几乎所有的特性都超越了现有的氙气大灯，但 LED 灯的成本和发热量远高于氙气灯，这也是其难以普及的主要原因。但随着技术的进步，相信 LED 灯的前景还是非常好的。

9.4 新材料在汽车上的应用技术

目前，国内外车身轻量化的研究方向是开发具有较高强度的轻质高性能新材料及设计新的轻量化结构。通过多年的探索，已取得了新的进展。德国大众 20 世纪 90 年代末开发的路波 TDI 车型就是采用新设计、新材料、新工艺的综合成果。

1. 塑料材料

塑料在汽车中的应用发展很快，从机械、热应力较小的内饰件和小机件，发展到大型结构件，如车身、车架悬挂弹簧等，从 20 世纪 80 年代以来已逐步发到进入发动机内部，用于制造连杆、活塞销、进气门等配件。用塑料取代金属制造汽车配件，可以直接取得汽车轻量化的效果，还可以改善汽车的某些性能，如防腐、防锈蚀、减震、抑制噪声、耐磨等。

（1）汽车内饰用塑料。用于汽车内饰件的材料要求具备吸振性能好、手感好、耐磨性好的特点，以满足安全、舒适、美观的目的。在 20 世纪 80 年代塑料已是汽车的主要内饰材料。内饰用主要材料品种为聚氨酯（PU）、聚氯乙烯（PVC）、聚丙烯（PP）和 ABS 等。内饰塑料制品，主要有：座垫、仪表板、扶手、头枕、门内衬板、顶棚衬里、地毯、控制箱、转向盘等。

① 聚氨酯泡沫塑料。聚氨酯泡沫塑料具有质轻、强度高、导热系数低、耐油、耐寒、防震和隔音等特点，成为汽车的一种主要内饰材料。聚氨酯泡沫塑料在汽车上一般用于制造汽车坐垫、汽车仪表板、扶手、枕头等。其缓冲材料大部分都使用半硬质聚氨酯泡沫塑料制品。

② 聚氨酯塑料。聚氨酯除了用作泡沫塑料外，还可以采用不同配方制成热塑料型聚氨酯塑料，主要用于制造汽车保险杠、仪表板、挡泥板、前端部、发动机等。

③ 聚氯乙烯。其在汽车上的用量占汽车用塑料总量的 20%～30%，主要用于制造各种表皮材料和电线包皮。如：聚氯乙烯人造革用于汽车坐垫、车门内板及其他装饰覆盖件上。聚氯乙烯地毯用于货车驾驶室等。

（2）汽车用工程塑料。工程塑料在汽车上主要用作结构件，要求塑料具有足够的温度 – 强度特征和温度 – 蠕变特征以及尺寸稳定性。工程塑料是能够满足这些技术要求的。汽车上常用的工程塑料有聚丙烯、聚乙烯、聚苯乙烯、ABS、聚酰胺、聚甲醛、聚碳酸酯、酚醛树脂等。

① 聚丙烯。一辆汽车的聚丙烯零件可达 70 多种，主要用于通风采暖系统、发动机的某些配件以及外装件，如汽车转向盘、仪表板、前/后保险杠、加速踏板、蓄电池壳、空气滤清器、冷却风扇、风扇护罩、散热器格栅、转向机套管、分电器盖、灯壳、电线覆皮等。

② 聚乙烯。在汽车上，聚乙烯可用于制造汽油箱、挡泥板、转向盘、各种液体储蓄罐以及衬板。聚乙烯在汽车上最重要的用途是制造汽油箱，它较金属油箱具有以下优点：聚乙烯油箱长期稳定性良好；冲撞时不发生火花，因此不会发生燃烧爆炸；设计自由度大，可充分利用空间；质量轻，较金属油箱可减轻质量 1/3~1/2；耐腐蚀性好；成型工艺简单，价格低廉。

③ 聚苯乙烯。聚苯乙烯在汽车上主要用作各种仪表外壳、灯罩及电器零件。

④ ABS。根据使用性能的要求，通过改变 ABS 中 3 个单体成分的变化，可获得许多新品种，如一般用品种、电镀用品种、耐热品种、透明品种等。可以说，在热塑性塑料中 ABS 的品种牌号最多。ABS 具有良好的机械性能，刚性好，耐寒性强，加工性能好，表面光洁，制品表面可以电镀。

⑤ 聚酰胺（尼龙）。尼龙可用于制造燃油滤清器、空气滤清器、机油滤清器、正时齿轮、水泵壳、水泵叶轮、风扇、制动液灌、动力转向液灌、雨刷器齿轮、前大灯壳、百叶窗、轴承保险架、保险丝盒、速度表齿轮等。此外，还有玻璃纤维强尼龙制造的发动机摇臂罩、发动机机油盘、散热器水箱、蓄电池拖架等。尼龙 11 和尼龙 12 可制造曲轴箱通风软管、制动软管、冷却液软管、离合器液压软管、燃油软管等。

⑥ 聚甲醛（POM）。用 POM 制造的汽车零件很多，主要有各种阀门，如排水阀门、空调器阀门；各种叶轮，如水泵叶轮、暖风器叶轮、油泵叶轮；轴套及衬套如行星齿轮和半轴垫片、钢板弹簧吊销等。在 20 世纪 60 年代发展起来的聚甲醛钢背复合材料（DX）可作为预润滑材料，在汽车上用作滑动轴承材料。

⑦ 饱和聚酯。汽车上常用的饱和聚酯有 PBT（对苯二甲酸丁二醇酯）和 PET（聚对苯二甲酸乙二醇酯）。PBT 与 PET 耐热性较好，吸水率很小、耐老化性优良。用玻璃纤维增强的 PBT 与 PET 可与尼龙、POM、酚醛塑料相竞争。用 PET 制造的汽车零件主要有：后窗通风格栅、车尾板通风格栅、前挡泥板延伸部分、灯座、车牌支架等车身部分，分电器盖、点火线圈架、开关、插座等电器零件，冷却风扇、雨刷器杆、油泵叶轮和壳体、镜架、各种手柄等机能结构件。

2. 玻璃纤维和碳纤维材料

纤维增强塑料复合材料统称为 FRP，是一种纤维和塑料复合而成的材料。增强用的纤维为玻璃纤维、碳纤维和高强度合成纤维。母体树脂根据使用要求，可用环氧树脂、酚醛树脂、不饱和聚酯等。汽车上常用的是玻璃纤维和热固性树脂的复合材料。

FRP 作为汽车用材料具有材质轻、设计灵活、便于一体成型、耐腐蚀、耐化学药品、耐冲击、着色方便等优点，但在这种材料用于大批量汽车生产时，与金属材料相比还存在着生产效率低、可靠性差、表面加工差、材料回收困难等方面的问题。

FRP 材料可用于制造汽车顶棚、空气导流板、前端部、前灯壳、发动机罩、挡泥板、后端板、三角窗框、外板等外装件。用碳纤维增强塑料复合材料制成的汽车零件，还包括传动轴、悬挂弹簧、保险杠、车轮、转向节、车门、座椅骨架、发动机罩、格栅、车架等。

3. 陶瓷材料

陶瓷材料具有耐高温、耐腐蚀以及在导电与介电方面的特殊性能。利用陶瓷材料制作某些汽车部件，可改善汽车部件的运行特征达到汽车轻量化的效果，因而得到了一定程度的应用。这里主要介绍陶瓷材料在汽车发动机零部件上应用的情况。

日本汽车公司在重型载货汽车用柴油机（排量 1.5L）的基础上开发了陶瓷复合发动机系统，使功率提高 10%，燃料消耗率降低 30%。日本五十铃发动机厂研制的陶瓷发动机，采用 Si_3N_4 制造气阀头、活塞顶、汽缸套、歧管、蜗轮增压器叶片、转子、轴承等，能承受 1 200℃高温，从而取消了散热器和冷却装置，使热效率提高了48%。

美国通用汽车公司在其所制成的2.3L柴油机上，采用陶瓷钢套、气门头、燃烧室、排气门通道、气缸盖、活塞顶以及用陶瓷涂镀的气门摇臂、气门挺杆、气门导管和滑动轴承，并已经在轿车上进行了20 290km路试；用Si_3N_4陶瓷制造的蜗轮叶轮，其热膨胀系数是金属的1/3，利用这一特点，采用热压和钎焊相结合的方法把陶瓷叶轮和金属轴连接起来，使陶瓷叶轮的惯性力矩比金属叶轮减少了1/3，使涡轮增压器的动态响应性提高36%。

此外，为了有效地利用陶瓷的耐磨性，开发了陶瓷凸轮轴和陶瓷摇臂镶块。陶瓷凸轮轴的滑动部位采用ZrO_2或SiC，其他部位用金属管制成。陶瓷部位与金属部位的结合采用硬钎焊和扩散法。凸轮接触面部位融接陶瓷片的铝摇臂，大大提高了摇臂寿命。陶瓷片是用微米级的Si_3N_4粉末在1 500℃的高温下烧结而成的。长20mm、宽20mm、厚5mm的带筋陶瓷片，其筋条插进摇臂中。其浇注工艺是把陶瓷片放在摇臂铸型中，然后浇入600℃铝溶液，利用铝固紧镶片。

另外，利用陶瓷的绝缘性、介电性、压电性等特性制作的汽车陶瓷传感器，已成为汽车电子化的重要方面。

4. 橡胶材料

橡胶具有很好的弹性，是汽车的一种重要材料。一辆轿车的橡胶件占轿车整备质量的4%~5%。轮胎是汽车的主要橡胶件，此外还有各种橡胶软管、密封件、减震垫等约300件。

轮胎的主要材料有生胶（包括天然橡胶、合成橡胶即再生胶）、骨架材料即纤维材料（包括棉纤维、人造丝、尼龙、聚酯、玻璃纤维、钢丝等）以及炭黑等。

生胶是轮胎最重要的原材料，轮胎用的生胶约占全部原材料质量的50%。目前，轿车轮胎以合成橡胶为主，而载重轮胎以天然橡胶为主。

天然橡胶在许多性能方面优于通用型合成橡胶，其主要特点是强度高、弹性高、生热和滞后损失小、耐撕裂以及有良好的工艺性、内聚性和黏着性。用它制成的轮胎耐刺扎，特别对使用条件苛刻的轮胎，其胎面上层胶大多完全采用天然橡胶。

丁苯橡胶主要用于轿车轮胎，以提高轮胎的抗湿滑性，保证行车安全。

顺丁橡胶一般都与天然橡胶或丁苯橡胶并用。随着顺丁橡胶掺用量的增加，耐磨性提高，生热降低，但抗撕裂和抗湿滑性却随之降低，为保证行车安全，它的掺用量不宜太高。

丁基橡胶是一种特殊合成橡胶，具有优良的气密性和耐老化性。用它制造的内胎，气密性比天然橡胶内胎好。由于它气密性好，使用中不必经常充气，使轮胎使用寿命相应提高。它又是无内轮胎密封层的最好材料。

研究汽车新材料的最终处置问题至关重要，从某种程度上讲，关系到它的生存与发展。目前，汽车上约占自重25%的材料无法回收再用，其中1/3为各种塑料，1/3为橡胶，还有1/3为玻璃、纤维。鉴于这种情况，世界各国都花费大量的人力、物力进行材料的回收再生问题的研究。现在可以通过3种途径进行回收：颗粒回收，重新碾磨；化学回收，高温分解；能源回收，将废弃物作为燃料。

未来汽车在工程塑料类型的选择上将会发生巨大的变化。目前汽车使用的塑料由几十种高分子材料组成，当前世界各大汽车公司致力于减少车用塑料种类，并尽量使其通用化。这将有利于材料的回收再生和生态环境的保护。

复习思考题

1. 简述环保新技术应用。
2. 简述安全新技术应用。
3. 简述电子与电器新技术应用。
4. 了解汽车新材料的应用。

故事赏析

开创汽车安全的鼻祖

汽车安全在今天已经成为各大汽车厂商必修的功课，从只说安全的 VOLVO 到“为了所有人安全”的本田汽车，汽车安全成为汽车厂商宣传的核心主题之一，那么到底谁才是真正开创汽车安全的鼻祖呢？

1. 安全车身

1939年8月1日，巴恩伊第一次来到位于斯图加特市郊辛德芬根的戴姆勒-奔驰公司上班。这位年轻人由此开始了改写了汽车发展史的伟大历程，因为后来出现的许多安全设计理念和技术都与他的发明息息相关。而在此前，这位脾气急躁的天才设计师却总窝在一间木板房里进行着各种新技术的研发。早在20世纪40年代，他就开始注意到汽车的车身设计是决定汽车被动安全的关键，他创造性地提出特别设计转向系统、转向柱、方向盘、底盘以及车身，以确保车内驾乘人员的安全性。他说：“未来汽车上的转向系、转向柱、方向盘、底盘和车身一定会与目前的有所不同。”

2. 安全带

安全带的发明和使用始于当今汽车安全的专家——VOLVO。早在20世纪40年代，VOLVO汽车的安全设计就开始启程，VOLVO 在 PV444型车上配置了诸如胶合挡风玻璃和安全车厢的框架机构等创新配置，这种设计和奔驰的巴恩伊在轿厢安全设计理念如出一辙。1959年，VOLVO推出了由尼尔斯·波哈林发明的三点式安全带，从此改变了整个汽车世界。VOLVO 于1962年荣获第一个安全奖，以后类似奖项就接踵而来。1970年，VOLVO 开始在轿车上装备儿童安全座椅，1987年 VOLVO 又首先在轿车上装备了安全气囊。

3. 安全气囊

随着汽车工业的发展，近年来安全气囊成了各个汽车厂商轿车的标准配备。保护汽车乘员的想法最先产生于美国。1952 年美国汽车生产者联合会在理论上阐述了这样一种汽车安全系统的必要性。几乎同时，这种系统的原理图也绘制了出来。1953 年 8 月，美国人约翰·赫特里特首次提出了“汽车用安全气囊防护装置”，并在美国获得了“汽车缓冲安全装置”专利，但由于当时技术水平的限制，还不能把这种想法或专利付诸实现。真正实现安全气囊商用的仍然是汽车安全的始祖戴姆勒-奔驰公司。1980年，戴姆勒-奔驰公司开始实现这种设想，它在自己生产的部分汽车上安装了安全气囊。而从1985年起，在全部供应美国市场的汽车上都有安装了这种安全系统。随后，又出现了首创了保护驾驶员旁前排座乘员头部的气囊。

4. ABS和VSA

ABS技术由英国人霍纳摩尔1920年研制发明并申请专利。早在20世纪30年代，ABS就已经在铁路机车的制动系统中应用，目的是防止车在制动过程中抱死，导致车轮与钢轨局部急剧摩擦而过早损坏。1936年德国博世公司取得了ABS专利权。它是由装在车轮上的电磁式转速传感器和控制液压的电磁阀组成，使用开关方法对制动压力进行控制。20世纪40年代末期，为了缩短飞机着陆时的滑行距离、防止车轮在制动时跑偏、甩尾和轮胎剧烈磨耗，飞机制动系统开始采用ABS，并很快成为飞机的标准装备。20世纪50年代防抱制动系统开始应用于汽车工业。

参 考 文 献

[1] 宋景芬. 汽车文化[M]. 北京：电子工业出版社，2005.

[2] 方集林. 现代汽车文化[M]. 上海：上海人民出版社，1995.

[3] 陈家瑞. 汽车构造[M]. 北京：机械工业出版社，2004.

[4] 蔡兴旺. 汽车概论[M]. 北京：机械工业出版社，2008.

[5] 屠卫星. 汽车文化[M]. 北京：人民交通出版社，2005.

[6] 程正，马芳武. 汽车造型[M]. 长春：吉林科学技术出版社，1992.

[7] 陈迪. 世界名车鉴赏[M]. 成都：西南交通大学出版社，1996.

[8] 胡宁，范钦满. 汽车文化[M]. 北京：北京理工大学出版社，2007.

[9] 王震坡. 现代汽车艺术鉴赏[M]. 北京：北京理工大学出版社，2008.

[10] 刘雅琴. 上海桑塔纳轿车结构图册[M]. 上海：上海科学技术出版社，1997.

[11] 【日】出射忠明. 汽车构造图解[M]. 郝长文，等译. 长春：吉林科学技术出版社，1995.

[12] 郎全栋，曹晓光. 汽车文化[M]. 北京：高等教育出版社，2005.